111 GRÜNDE, ANGELN ZU GEHEN

Moritz Rott

111 GRÜNDE, ANGELN ZU GEHEN

Das große Glück am kleinen Haken

Aktualisierte und
erweiterte Neuausgabe
mit elf Bonusgründen
und zwei farbigen Bildteilen

SCHWARZKOPF & SCHWARZKOPF

INHALT

MEHR ALS EIN HOBBY: VORWORT 8

KAPITEL 1: ANANGELN 11
Warum Angeln viel mehr ist als nur ein Hobby
Weil man »Petri« sagt – Weil es ein Sport ist – Weil es die Wirtschaft ankurbelt – Weil es Tradition hat – Weil Shimano nicht nur Fahrräder herstellt – Weil 1,6 Millionen Deutsche sich nicht irren können – Weil es auch Menschen mit Behinderung machen können – Weil es Philosophie ist

KAPITEL 2: TACKLEBOX 29
Was man so alles zum Angeln braucht, oder auch nicht
Weil es Rutenbauer gibt – Weil es verschiedene Ruten gibt – Weil es verschiedene Rollen gibt – Weil es Kunstköder gibt – Weil es Naturköder gibt – Weil ein Waggler kein Wackeldackel ist und Drillinge keine Geschwister sind – Weil man Tarnkleidung tragen darf – Weil »die Sache einen Haken hat« – Weil alles an einem seidenen Faden hängt – Weil es Fischkuscheltiere gibt

KAPITEL 3: SZENETALK 53
Von tollen Hechten, kleinen Würmchen und wahren Legenden
Weil es Terry »The Tench« Hearn gibt – Weil es Uli Beyer gibt – Weil es Markus Pelzer gibt – Weil es Ray Scott gibt – Weil es Babs Kijewski gibt – Weil man Profi werden kann – Weil man Amateur bleiben darf – Weil

man mit den Stars auf Augenhöhe ist – Weil es Rivalitäten gibt – Weil viele berühmte Menschen Angler sind

KAPITEL 4: DIE ANGLER 71
Was sind das eigentlich für komische Menschen, und was machen die da überhaupt?
Weil es süchtig macht – Weil es auch etwas für Frauen ist – Weil man Angler schon von Weitem erkennt – Weil es Spinnfischen gibt – Weil es Karpfenangeln gibt – Weil es Friedfischangeln gibt – Weil es Fliegenfischen gibt – Weil es Noodling gibt – Weil es Casting gibt – Weil es egal ist, ob man dick oder dünn ist – Weil jeder eine Auszeit verdient hat – Weil es ein Leben lang glücklich macht – Weil es Lifestyle ist

KAPITEL 5: DER GROSSE FANG 97
Von der Jagd nach Rekorden: Warum Fische mehr als nur Beute sind
Weil nicht alle Fische gleich aussehen – Weil Fische lecker schmecken – Weil Fische schön sind und nicht stinken – Weil Fische eine Nase und Ohren haben – Weil Fische Fabel(hafte)Wesen sind – Weil Fische ihrem eigenen Rhythmus folgen – Weil es Großfischjagd ist – Weil man Rekorde aufstellen kann – Weil Fische Namen haben – Weil es ganz besondere Gewässer gibt

KAPITEL 6: ANGLERLATEIN 119
Von Klischees, der Wirklichkeit und dem, worum es beim Angeln wirklich geht
Weil man lernt zu warten – Weil man lernt, Misserfolge zu verkraften – Weil man herrlich shoppen kann – Weil es spannend ist – Weil es entspannend ist – Weil man es alleine machen kann – Weil man es gemeinsam machen kann – Weil es keine Regeln gibt (eigentlich) – Weil Erfolg relativ ist – Weil egal ist, ob man jung oder alt ist – Weil es egal

ist, ob man reich oder arm ist – Weil man (nicht) schlau sein muss – Weil es immer eine passende Ausrede gibt – Weil es Anglerlatein gibt – Weil man dabei Alkohol trinken kann

KAPITEL 7: ANGELZIRKUS 151
Von Freundschaften, Events und dem Big Business
Weil es professionelle Guidings gibt – Weil es Angelmessen gibt – Weil man schnell und überall nette Menschen findet – Weil es hohe Preisgelder gibt – Weil man überall auf der Welt angeln kann – Weil man Kuttertouren machen kann – Weil es Wettkämpfe gibt – Weil es Internetangler gibt – Weil es die Royal Fishing Kinderhilfe gibt

KAPITEL 8: NATUR PUR 171
Ein Hobby für Puristen und Naturliebhaber
Weil es satt macht – Weil es nicht satt machen muss – Weil es um Leben und Tod geht – Weil es fair ist – Weil es gesund ist – Weil man im Einklang mit der Natur ist – Weil wir Jäger und Sammler sind – Weil es ein Abenteuer ist – Weil man sich schmutzig machen darf – Weil man dabei grillen kann – Weil man dabei campen kann

KAPITEL 9: FISCHE FANGEN 197
Wie geht das eigentlich?
Weil man es leicht lernen kann – Weil man es leicht lehren kann – Weil man es tags und nachts machen kann – Weil es keine Saison gibt – Weil es kein schlechtes Wetter gibt – Weil es Watercraft gibt – Weil man (nicht) trainieren muss – Weil es etwas für Technikfreaks und Bastler ist – Weil es Koordinationsfähigkeit und Feinmotorik trainiert – Weil man seines eigenen Glückes Schmied ist

KAPITEL 10: AUF BILDSCHIRM UND PAPIER 215
Warum Angeln mehr ist als nur Sport
Weil es den Film »Aus der Mitte entspringt ein Fluss« gibt – Weil man es auch auf dem Computer spielen kann – Weil es Angelbücher gibt – Weil Angeln die Vorlage für große Schriftsteller und Dichter war – Weil es Angeldokumentationen gibt – Weil es DMAX gibt

KAPITEL 11: ABANGELN 229
»Eigentlich wollte ich doch nur angeln!« – Warum Angeln manchmal zur Hassliebe wird!
Weil es ohne Angler weniger Fische gäbe – Weil man eine Prüfung absolvieren muss – Weil man einem Verein beitreten kann – Weil Angler Naturschützer sind – Weil es Catch & Release gibt – Weil ein schlechter Angeltag besser als ein guter Arbeitstag ist – Weil es Pleiten, Pech und Pannen gibt – Weil es Anglerwitze gibt – Weil man einen verständnisvollen Partner braucht

KAPITEL 12: DIE BONUSGRÜNDE 253
Nur noch ein Wurf (dann können wir einpacken)
Weil man Fische auch ohne Haken fangen kann – Weil Fische wandern gehen – Weil man mit Vögeln angeln kann – Weil es Prof. Dr. Robert Arlinghaus gibt – Weil nicht nur alte Autos wahre Klassiker werden können – Weil es Kajakangeln gibt – Weil man aus dem Auto angeln kann – Weil man Freunde fürs Leben findet – Weil Fische viele Namen haben – Weil man sein Hobby zum Beruf machen kann – Weil es die Kreativität fördert

MEHR ALS EIN HOBBY
VORWORT

Der Angelsport fasziniert Menschen weltweit. Wo es Wasser gibt, gibt es Fische und damit auch Angler. Immer mehr Menschen greifen zur Angelrute. Kein Wunder, denn in einer hektischen und digitalen Welt bedeutet Angeln Entschleunigung.

Beim Angeln dringt man in ein mystisches Reich jenseits der Wasseroberfläche ein. Eine unbekannte Welt, mit der man nur durch eine hauchdünne Schnur verbunden ist. Angeln bietet Raum für Träume und die Suche nach sich selbst. Gleichzeitig ist Angeln auch ein Abenteuer. Plötzlich beißt ein Fisch an, und der Kampf beginnt.

Angelprofis bereisen den Planeten und verdienen auf Wettkämpfen und mit Sponsorenverträgen ein kleines Vermögen. Wer einen Weltrekordfisch fängt, hat finanziell ausgesorgt. Angelverrückte Jungspunde beginnen damit, Angelköder selbst herzustellen, und werden über Nacht zum Millionär. An Kultgewässern herrscht ein verbitterter Kampf um die besten Angelplätze und die größten Fische, der notfalls auch einmal mit Fäusten ausgetragen wird.

Dieses Buch veranschaulicht das Angeln mit all seinen Facetten. Den vielen schönen Dingen, aber auch den Schattenseiten dieses Sports. Daneben beschreibt es meinen persönlichen Weg als Petrijünger mit vielen Geschichten, in denen sich der eine oder andere Angelkollege wiederkennen dürfte. Alles fing an mit einem Bambusstock und einer Brotflocke, später bereiste ich die Gewässer meiner Umgebung mit meinem Fahrrad und einem Anhänger, der meist so hoch beladen war, dass man bei einem Blick auf alte Fotos meinen könnte, es handle sich um einen Linienbus in Indien. Heute halte ich Vorträge auf Messen, reise zum Angeln ins Ausland und entwickle Angelgerät, doch am Wasser fühle ich mich heute immer noch wie der kleine Junge von damals mit der Bambusrute in der Hand. Aus einem Urlaubserlebnis wurde ein Hobby, aus einem Hobby eine Passion. Um es auf den Punkt zu bringen: »Ich kann mich dem Wasser nicht entziehen!«[1]

… Und so geht es anscheinend nicht nur mir. Anfang 2018 deutete sich das an, was ich anfangs nicht für möglich gehalten hätte. *111 Gründe, Angeln zu gehen* war fast ausverkauft. Schnell war der Entschluss für eine Neuauflage gefasst. Jedoch wollte ich mich nicht auf einen schlichten Nachdruck beschränken. Oft wurde ich gefragt, wie es mir gelingen konnte, 111 Gründe über das Angeln zu verfassen. Um ehrlich zu sein, es waren sehr viel mehr. Daher freue ich mich, dass es mit der Neuausgabe nun weitere elf bisher unveröffentlichte Bonusgründe in mein Buch geschafft haben. Außerdem enthält die Neuauflage jetzt auch den von manchen Lesern bisher vermissten farbigen Bildteil. Angeln ist eben doch auch was fürs Auge.

Moritz Rott

Kapitel 1

ANANGELN

*Warum
Angeln
viel
mehr
ist
als
nur
ein
Hobby*

1. GRUND

WEIL MAN »PETRI« SAGT

Jeder Angler kennt diesen Gruß, auch wenn er nach und nach etwas in Vergessenheit gerät. Begegnet man einem anderen Angler am See, wird dieser mit einem freundlichen »Petri Heil« begrüßt, worauf die höfliche Antwort »Petri Dank« folgt. Das negativ belastete »Heil« wird dabei häufig unterschlagen. Der Gruß lautet dann auf beiden Seiten schlicht »Petri«. Mit dem Gruß »Heil« wird dem Sportsfreund gutes Gelingen gewünscht. Der Ausspruch »Petri« bezieht sich auf Petrus, den Schutzpatron der Angler.

Der Ursprung unseres Grußes liegt in der Bibelgeschichte aus dem Lukasevangelium begründet, nach der es sich folgendermaßen zugetragen haben soll: 30 Jahre nach Christi Geburt befischte der Fischer Simon den See Genezareth in Galiläa in Nordisrael. Seit Tagen war es weder ihm noch den anderen Fischern gelungen, einen einzigen Fisch zu fangen. Die Fischer hatten schon aufgegeben, als sie einen Fremden trafen, der ihnen riet, es noch ein letztes Mal zu probieren. Aus irgendeinem Grund vertrauten die Fischer dem Fremden und warfen ihre Netze noch einmal aus. Als sie die Netze kurz darauf wieder einholten, waren diese randvoll mit Fisch. Aus Simon wurde später Petrus. Petrus, der Menschenfischer, der engste Vertraute und einer der ersten Jünger von Jesus, dem Fremden vom Ufer. Und auch etwas später – im Johannesevangelium – findet man in der Bibel Geschichten über Petrus, in denen er beachtliche Fangerfolge verzeichnen konnte. Wir wünschen unseren Mitanglern nicht nur ähnliche Erfolge, sondern hoffen auch auf Petrus' Wohlwollen und dass er seiner Aufgabe als Schutzpatron aller Fischer gerecht wird.

So lautete zum Beispiel in diesem Sommer eine Schlagzeile im Lokalteil einer Tageszeitung »Schutzpatron lässt Angler im Stich«. Anstelle von rauen Mengen Fisch bescherte Petrus den Anglern aus einem schwäbischen Örtchen nicht weit von Stuttgart zu ihrem Jubiläumsfest nämlich jede Menge Regen.

Auch wenn man das Thema »Religion« komplett außen vor lässt, hat die Geschichte über Petrus und seinen Erfolg beim Fischen für uns Angler eine zentrale Bedeutung. Ohne Geduld, Zuversicht und Vertrauen in das eigene Vorgehen kann man beim Fischfang nicht erfolgreich sein. Denn wir können nicht unter die Wasseroberfläche schauen und nur erahnen, was unter ihr vor sich geht.

Auch Fische sind nach unserem Schutzpatron benannt. Der Tilapia ist besser als »Petrusfisch« bekannt. Seinen Namen erhielt er zu Ehren des Jüngers Petrus. Eine namentliche Erwähnung genau dieses Fisches in der Bibel existiert nicht. Jedoch kam diese Fischart im See Genezareth besonders häufig vor. Nach der biblischen Überlieferung soll der Fisch es Petrus und Jesus ermöglicht haben, die Tempelsteuer zu zahlen. Petrus warf auf Jesu Rat seine Angel aus und fing einen Fisch, in dessen Maul er ein Vierdrachmenstück fand, was genau dem Steuerbetrag für zwei Männer entsprach.

Zumindest unter den Anglern noch populärer ist der St. Petersfisch, der ebenfalls nach dem Heiligen Petrus benannt ist, jedoch einer völlig anderen Fischart angehört. Der Meeresfisch hat auf der Flanke einen auffälligen schwarzen Punkt, der an einen Fingerabdruck erinnert. Der Legende nach soll der heilige Petrus seinen Fingerabdruck auf dem Fisch hinterlassen haben, als er das Geldstück aus dessen Maul herausholte und dem Fisch anschließend die Freiheit schenkte. Eine frühe Form des heute weit verbreiteten »Catch & Release«, wenn man so will.

Im Ausland gibt es einen solchen Petri-Gruß wie in Deutschland nicht. Wie begrüßt man sich also dort als Angler?

Im englischsprachigen Raum sagt man schlicht »Good Fishing«. Ähnlich lauten die Anglergrüße in anderen Ländern, natürlich in der jeweiligen Landessprache. Doch auch außerhalb von Deutschland gilt Petrus als Schutzpatron der Angler und Fischer und hat somit Einzug in den Sprachgebrauch gefunden. So bekommt man von englischen Anglern, meist älteren Baujahrs, auf die Frage, ob sie denn damit rechnen, einen Fisch zu fangen, häufig die poetische Antwort »It is all in the hands of Saint Peter« (»Alles liegt in den Händen von Petrus«) zu hören. Und auch darin steckt mehr als nur eine Redewendung. Denn beim Angeln liegen Erfolg und Misserfolg, zumindest ein Stück weit, außerhalb des eigenen Einflussbereichs. Man kann sich noch so gut vorbereiten; sobald der Köder ausgebracht ist, hat man keinen Einfluss mehr darauf, ob ein Fisch anbeißt. Und gerade das macht Angeln so geheimnisvoll und spannend. Es wird immer etwas Ungewisses und Mystisches geben, was wir nicht beeinflussen können. Und das ist gut so, denn sonst würde unser Hobby viel von seiner Anziehungskraft verlieren.

2. GRUND

WEIL ES EIN SPORT IST

»Herr Rott, in welchen Bereichen engagieren Sie sich denn noch so? Was haben Sie für Hobbys, machen Sie Sport?«, fragt mich der Partner einer größeren Kölner Rechtsanwaltskanzlei in meinem Vorstellungsgespräch für meinen ersten juristischen Job nach meinem Abschluss als Diplom-Jurist. Ich überlege kurz. Früher habe ich viel Sport getrieben, Fußball, Baseball, Klettern, Volleyball, Kampfsport, aber das ist ewig her und während meiner Examensvorbereitung endgültig eingeschlafen. Um Fragen wie »Ach schön, in welchem Verein spielen Sie denn?« und meiner peinlichen Antwort »Ich bin nicht mehr aktiv« vorzubeugen, nenne ich das Einzige, was definitiv noch topaktuell ist. »Ja, ich bin Angler«, lautet daher meine Antwort.

Angeln wird als Hobby in der Regel einigermaßen ernst genommen. Bezeichnet man es in der Gegenwart von Nichtanglern als

Sport, ist der Spott oft groß, und man kommt in Zugzwang, sich verteidigen zu müssen.

Selbst unter den Anglern scheint man sich nicht ganz sicher zu sein, ob Angeln denn nun wirklich Sport ist. Und auch die Wissenschaft ist sich uneinig. So heißt es im Lexikon recht kompliziert: »Seit Beginn des 20. Jahrhunderts hat sich Sport zu einem umgangssprachlichen, weltweit gebrauchten Begriff entwickelt. Eine präzise oder gar eindeutige begriffliche Abgrenzung lässt sich deshalb nicht vornehmen. Was im Allgemeinen unter Sport verstanden wird, ist weniger eine Frage wissenschaftlicher Dimensionsanalysen, sondern wird weit mehr vom alltagstheoretischen Gebrauch sowie von den historisch gewachsenen und tradierten Einbindungen in soziale, ökonomische, politische und rechtliche Gegebenheiten bestimmt. Darüber hinaus verändert, erweitert und differenziert das faktische Geschehen des Sporttreibens selbst das Begriffverständnis von Sport.«[2]

Mit anderen Worten: Alles kann der Theorie nach ein Sport sein, solange es im Hinblick auf unsere Gesellschaft auch als solcher gewertet und anerkannt wird. Die größte theoretische Aussagekraft über den Stellenwert eines Sports hat hierbei wohl die Entscheidung von Sportbünden und -komitees, allen voran das Internationale Olympische Komitee (IOC). Die meisten dieser Vereinigungen setzen einen motorischen Grundzug voraus, um einer Tätigkeit die Bezeichnung »Sport« zuzusprechen. Seit Längerem nun zählt jedoch auch das eher wenig motorische Schach-»Spielen« zu den vom IOC anerkannten Sportarten. Dies ist insbesondere der Austragungsweise von Schach, in Form von Wettkämpfen und Turnieren, zu verdanken. Dass Angeln deutschlandweit sowie auch international nicht zu den offiziell anerkannten Sportarten gehört, ist vor allem diesen beiden Punkten geschuldet.

Weder die (fehlende) motorische Komponente ist ein schlagkräftiges Argument für die offizielle Anerkennung des Angelns als Sport, noch die mangelnde Durchführbarkeit von Angelwettkämpfen.

Das Thema »Sport- und Wettkampfangeln« ist nämlich, besonders in Deutschland, ein sehr heikles. Das deutsche Tierschutzgesetz ist streng und das Angeln daher nur mit triftigem Grund gestattet. Den sieht man in der Regel im Nahrungserwerb und der Hege. Nicht gestattet soll das reine Trophäenangeln sein. Da man, zugegebenermaßen nicht ganz zu Unrecht, Letzteres beim Wettkampfangeln als vordergründiges Ziel betrachtet, wurden Wettkämpfe, bei denen es um das Fangen von Fischen geht, unter Anglern schon vor langer Zeit verboten.

Warum also sollte man Angeln als Sport bezeichnen? Woher bekommt der Begriff »Angelsport« seine Daseinsberechtigung? Nun, erst einmal ist es doch so, dass die wenigsten Angler einzig und allein angeln gehen, weil sie gerne Fisch essen. Vor allem aber muss Sport nicht immer gleich einen direkten Wettkampf gegen andere bedeuten.

Vielmehr liegt der sportliche Charakter beim Angeln, so wie bei anderen Outdoorsportarten, wie zum Beispiel Bergsteigen oder meinetwegen Fitnesssport wie Bodybuilding, im (Wett-)Kampf gegen sich selbst. Der Anspruch an die eigene Leistung steht absolut im Fokus. Die Technik und Ausrüstung zu verbessern ist für den Angelerfolg essenziell. Man muss seine Technik und sein Material stetig verfeinern, um den eigenen Erfolg zu steigern. Und natürlich misst man sich zumindest indirekt auch mit seinen Mitstreitern.

Vielleicht kommt es auch ein wenig darauf an, wie professionell man das Ganze betreibt. Derjenige, der einmal im Jahr im Urlaub sein Glück versucht, wird Angeln meist als ein Hobby bezeichnen, der Angler mit dem Zweitwohnsitz am See wohl eher als Sport.

Auch wer meint, Angeln sei kein Sport, weil es körperlich nicht anstrengend ist, irrt sich. Mit schweißtreibender Fitness, die den Blutdruck in die Höhe schießen lässt, hat Angeln zugegebenermaßen auf den ersten Blick recht wenig zu tun. Und natürlich muss man als Angler kein Hochleistungssportler sein. Das wird einem spätestens dann schnell klar, wenn man sich einige der besten

Angler Englands anguckt, die die 150-Kilogramm-Marke deutlich überschritten haben dürften. Aber Angeln ist facettenreich, und so gibt es neben dem Angeln an sogenannten »Pools« – Sie ahnen die Analogie zu »Swimmingpool« – auch richtige »Sportsgewässer« für harte Jungs und taffe Mädels. Dabei handelt es sich meist um riesige Seen, die mitten in der Wildnis liegen und die einem alles abverlangen können.

An einem solchen Gewässer verbrachte ich im Herbst 2011 vier Tage und drei Nächte. Die Bilanz: 20 Karpfen bis 20 Kilogramm. Was in diesem Fall aber nicht unbedingt nur ein Grund zur Freude war. Denn das Wetter war mit 0 Sonnenstunden, 100 Prozent Regenwahrscheinlichkeit und Windstärke 7–8 nicht unbedingt angenehm. Insgesamt verbrachte ich circa 20 Stunden, bis auf die Knochen durchnässt, gegen Sturm und Fisch kämpfend, in meiner kleinen Nussschale auf dem Wasser. Ich war am Ende der Session so fertig, dass mir ein Freund dabei helfen musste, meine Angelsachen den Hang hinauf in mein Auto zu tragen. Dieses Angelerlebnis war nicht nur mein ganz persönlicher Ironman, sondern macht ebenfalls mehr als deutlich, dass auch Angeln zu körperlicher Erschöpfung führen kann. Für mich persönlich ist Angeln jedenfalls auch ohne olympische Anerkennung ein Sport.

Die übliche Verteidigungspredigt konnte ich mir im Falle meines Vorstellungsgesprächs glücklicherweise sparen. Freudestrahlend begann mein Gegenüber, über seine Kindheitserinnerungen zu berichten, als er mit seinem Vater im Schwedenurlaub regelmäßig zum Angeln losgezogen war. Ob auch das Sport war, weiß ich nicht, ihm schien es jedenfalls egal zu sein, und mir ist es das im Endeffekt auch.

Den Job habe ich übrigens bekommen!

3. GRUND

WEIL ES DIE WIRTSCHAFT ANKURBELT

Der vermeintliche Underdog Angeln ist ein beachtlicher Wirtschaftsmotor – so das Ergebnis einer Studie von Robert Arlinghaus, der auch als »angelnder Professor« bekannt ist. Er gilt als ausgewiesener Experte auf dem Gebiet der Gewässerökologie und Binnenfischerei, und seine Expertenbeiträge sorgen immer wieder für Gesprächsstoff. So bringen seine Forschungen über »Catch & Release« dieses spannende und durchaus kontrovers diskutierte Thema über das Fangen und Zurücksetzen von Fischen beim Angeln auf eine sachliche und wissenschaftliche Ebene.

In seinem Buch *Der unterschätzte Angler* (2006) beschreibt Robert Arlinghaus die weitreichende Bedeutung des Angelsports für die deutsche Gesellschaft. Was Angler schon längst geahnt hatten, wird wissenschaftlich belegt: Angeln ist eine bedeutsame Freizeitindustrie mit Milliardenumsätzen in Handel und Tourismus. Demnach betragen in Deutschland die direkten jährlichen Ausgaben im Mittel pro Angler etwa 920 Euro. Im Ergebnis kommt der Autor zu einem ökonomischen Nutzen der Angelfischerei von über 6,4 Milliarden Euro pro Jahr. Die Nutznießer sind Händler, Reiseveranstalter, Gastwirte und Bootsvermieter. Etwa 52.000 Arbeitsplätze sollen direkt oder indirekt vom Angeln abhängen.[3]

Dass Angeln dennoch nach wie vor von Teilen der Öffentlichkeit überhaupt nicht oder sogar mehr als lästiger Störfaktor als ein wichtiger Freizeitsport wahrgenommen wird, ist mir mitunter ein Rätsel. Bei den einen ist es vielleicht noch pures Desinteresse für die Anglerschaft, bei manch anderen artet es zum Teil schon in Diskriminierung aus. Viel zu häufig werden die Angler rein auf das Fangen und Essen und dem voran das Töten von Fischen reduziert. Insbesondere die »Tierschutzorganisation« Peta hat die Angler auf dem Kieker und versucht durch gruselige Kampagnen und Massen-

Strafanzeigen gegen Hobbyangler, die Öffentlichkeit zu mobilisieren. Auch die 2013 ausgestrahlte NDR-Dokumentation mit dem Titel *Hobby mit Widerhaken* warf beispielsweise jüngst ein sehr kritisches Licht auf Angler. Allen gemein ist der dahinter stehende Vorwurf, Angler seien Tierquäler. Leider ist es viel zu häufig so, dass dieser Vorwurf, wie bei vielen anderen Sportarten und Hobbys, die mit Tieren zu tun haben, allen voran das Jagen, sämtliche positive Aspekte in den Hintergrund zu drängen scheint. Hinter einem einzelnen Angler, der am Parkteich Fische »ärgert«, oder hinter einem Familienvater, der mit seinen Kindern im Sommer ein paar Forellen für den Grill fängt, steckt viel mehr (Gutes), als wohl manch einer wahrhaben möchte.

Um das Bild von Sport- und Freizeitanglern in der Öffentlichkeit aufzupolieren, gibt es seit vielen Jahren auch über deutsche Grenzen hinaus Bestrebungen, den Wert unseres Hobbys zu ermitteln und zu präsentieren. So wurde 1994 in Brüssel die European Angling Alliance gegründet, die vor allem auf politischer und wissenschaftlicher Ebene an diesen Zielen arbeitet. Immer wieder liefert die EAA interessante und neue Erkenntnisse, vor allem, was globale wirtschaftliche Aspekte angeht.

Wussten Sie zum Beispiel, dass weltweit knapp 220 Millionen Menschen in ihrer Freizeit angeln gehen?[4] Das entspricht drei Prozent der Weltbevölkerung – oder auch: Jeder 33. Mensch ist Angler! Da könnte man fast sagen: »Die Welt ist kleiner, als man denkt.« Oder wohl eher: »Angeln ist größer ...« Und dank der Bestrebungen von offizieller Seite, aber auch durch die wachsende Akzeptanz im Alltag wird es immer größer. Achten Sie in Zukunft einmal auf Symbole des Angelns im Alltag. Auf Aufkleber in den Heckscheiben der vorbeifahrenden Autos, auf Passanten in der Innenstadt, die Mützen und Pullover von Angellabels tragen, oder die Ferien-Angel-Ausrüstung im Prospekt Ihres Lieblingssupermarkts. Der Angelsport ist überall.

4. GRUND

WEIL ES TRADITION HAT

In meiner Familie gibt es außer mir keine Angler. Keinen Vater, Opa oder Onkel, der mir das Angeln hätte ans Herz legen können. Dennoch hat mich der Angelvirus infiziert. Schon immer hat mich die Natur begeistert. Ich wollte sie nicht nur anschauen und in ihr herumrennen, ich wollte sie spüren. In ihr »jagen« und sie so entdecken. Als Kindergartenkind watschelte ich im Familienurlaub mit meiner roten Schubkarre über die Felder und sammelte tonnenweise Schnecken. Als Grundschüler verbrachte ich ganze Urlaubstage auf den Wellenbrechern der Nordsee und fing Krebse mit einer an einem Bindfaden befestigten und mit Garn garnierten Büroklammer. Im Alter von 13 Jahren fing ich im Italienurlaub meinen ersten Minifisch mit einer echten Angel. Spätestens ab diesem Erlebnis gab es für mich kein Zurück mehr. Da es in meiner Familie keine Angler gibt, habe ich sehr viel vom Wissen und von den Kenntnissen älterer Angler aus meinem Umkreis, zum Beispiel aus dem Angelverein in der Nähe meines Wohnortes, profitiert. Später habe ich dann mein Wissen mit jüngeren Anglern geteilt, die mittlerweile auf Jugendveranstaltungen auch schon die einen oder anderen Tipps weitergeben. Auch das ist für mich ein Inbegriff von Tradition – das generationsübergreifende Weitergeben und Teilen von Informationen.

Doch Angeln hat nicht nur für mich und mein Umfeld eine mittlerweile recht lange Tradition. Wie man an den typischen urigen, scheinbar steinalten Männern mit den Cordhosen und den mit Blinkern bestückten Förstermützen erkennt, gibt es das Angeln oder besser gesagt das Fischen beinahe so lange, wie es Menschen gibt.

Traditionen sind in der heutigen multikulturellen, globalen Welt häufig verpönt, gelten als altbacken und zukunftsfeindlich. Natürlich bedienen Traditionen mitunter das ein oder andere Klischee. Sie sind aber gleichzeitig Teil unserer Geschichte und bewahren damit ein kulturelles Erbe. Das gilt ganz besonders für das Angeln. Das Jagen und Fallenstellen scheint dem Menschen einfach im Blut zu liegen. Ich habe erst wenige Kinder am Wasser erlebt, die vom Fischefangen nicht begeistert gewesen wären. Wohl jeder von uns kann sich daran erinnern, wie er mit Begeisterung auf der Gartenwiese Schnecken und Würmer sammelte, am Teich Fröschen und Kaulquappen nachjagte oder an der Nordsee Krabben und Garnelen mit dem Kescher fing. Nicht, um diese zu verspeisen, sondern einfach, weil es irgendwie aufregend und interessant war.

In den letzten Jahren passt sich der Angelsport den Gegebenheiten der Moderne zunehmend an. Das zuvor beschriebene Klischee vom typischen Angel-Opi trifft man immer seltener am Wasser und meist nur noch im Vereinslokal an. Dort kann man dann den Geschichten der guten alten Zeit lauschen, als echte Männer ohne modernen Schnickschnack quasi mit bloßer Hand Meterhechte am laufenden Band aus dem Wasser zogen. In den einschlägigen Gaststätten findet man noch heute Vitrinen mit Angelpokalen und Fischtrophäen an den Wänden. Heute hält Hightech Einzug in den Angelsport. Fische werden nicht mehr ausgestopft, sondern fotografiert oder gefilmt. Angelruten sind nicht mehr aus Bambus, sondern aus Kohlefaser. Für die Angler der neuen Generation ist Angeln vor allem Sport und Naturerlebnis, der Nahrungserwerb gerät immer mehr in den Hintergrund. Das Abenteuer in der freien Natur steht im Fokus. Das auch deshalb, weil der Kontakt von Mensch und Natur immer seltener wird und für viele leider nicht mehr selbstverständlich ist. Tiere kennt man als Haustiere oder als Wurst, Golfplätze werden mit Natur verwechselt und der Gedanke, unter freiem Himmel schlafen zu müssen, löst bei vielen regelrechte Angstzustände aus. Es gibt immer weniger Möglichkeiten, Natur bewusst zu erleben. Angeln schlägt hier eine Brücke als Tradition des Menschseins. Wer einen Fisch fängt, hat sich als echter Jäger und Sammler bewiesen und ist nicht unbedingt von Supermärkten abhängig. Die Entscheidung, einen Fisch zu töten und anschließend zuzubereiten und zu verspeisen, ist natürlich herausfordernder als eine Bestellung im Fastfoodrestaurant. Wer über Stunden oder Tage am Wasser haust, muss mit Zelt und Schlafsack dem Wetter trotzen und sich mit echtem Feuer und ganz ohne Mikrowelle eine Mahlzeit zubereiten sowie mit der Erkenntnis zurechtkommen, dass eine Nacht in der Kölner Innenstadt nichts mit echter Dunkelheit in der Natur zu tun hat.

Aus meiner Sicht ist Angeln daher eine Tradition, die es aufrechtzuerhalten gilt. Eine Tradition, die uns an unsere Wurzeln erinnert. Das hat auch nichts mit antiquiertem und barbarischem Verhalten zu tun. Es geht darum, *mit* der Natur und unserer Umwelt zu leben und für sie Verantwortung zu übernehmen. Die Technik mag sich ändern. Ebenso die Frage, ob man den gefangenen Fisch nun später isst oder nicht. Doch was stets bleibt, ist der »Spirit«, die Seele und Essenz des Angelns. Wir Angler wollen und wollten schon immer eins: Fische fangen und Natur erleben.

Schon jetzt freue ich mich, irgendwann einmal mit meinen Kindern in die Natur hinauszuziehen und sie für unser wunderbares Hobby zu begeistern und damit eine neue Familientradition zu begründen.

5. GRUND

WEIL SHIMANO NICHT NUR FAHRRÄDER HERSTELLT

Jeder von Ihnen dürfte die Firma Shimano kennen. Jedenfalls jeder, der ein Fahrrad hat. Shimano ist in der Fahrradindustrie für viele das, was Volkswagen in der Automobilindustrie ist. Mit einem Jahresumsatz von mehr als 1,5 Milliarden Euro gehört Shimano zu den ganz Großen im Geschäft. Fast kein Fahrrad auf diesem Planeten kommt ohne irgendein Bauteil von Shimano aus. Meist sind es Bauteile wie Bremsen oder Gangschaltung.

Was den meisten Anglern klar ist, aber Außenstehende in der Regel nicht wissen, ist, dass Shimano außerdem einer der größten Angelgerätehersteller weltweit ist. Während die Firma Pure Fishing vor allem den angloamerikanischen Raum dominiert, ist es in Europa die Firma Shimano, die den Ton angibt. Ein nicht ganz unerheblicher Teil des Jahresumsatzes (circa 1/5) fällt auf die Angelsparte zurück. Seit ich ein Kind war, gelten Ruten, aber vor allem Rollen von Shimano in den Angelläden als der Inbegriff von Qualität.

Alte Angelrollenkartons können die Herkunft des Konzerns nicht verbergen. Neben der Aufschrift mit lateinischen Buchstaben findet man auch stets eine Beschriftung mit japanischen Schriftzeichen. Der Umstand, dass eine Angelrolle oder ein Angelhaken aus Japan kommt, womöglich sogar dort produziert wurde, spricht in der Regel für außerordentliche Qualität. Obwohl Japan auf der Landkarte im Vergleich zu anderen Weltwirtschaftsnationen wie Russland und China schon fast klitzeklein erscheint, ist es nach wie vor einer der Top-Industriestaaten der Welt und was das Qualitätsmanagement anbelangt, im asiatischen Raum die absolute Ausnahme. So greifen beispielsweise immer mehr Angelgerätehersteller bei dem Bau ihrer Ruten auf billige Kohlefaser aus China zurück. Wer sich durch Qualität auszeichnen möchte, greift lieber zu Karbon aus dem Nachbarland Japan.

Das Unternehmen Shimano wurde 1921 in Japan gegründet und befasste sich zunächst mit der Herstellung von Kaltschmiedeteilen. Deutsche Redewendungen wie »hart wie Kruppstahl« zeugen von der Qualität der Produkte der deutschen Stahlindustrie. Doch auch Japan stand und steht den Europäern in der Stahlproduktion in nichts nach. Ohnehin hat die Schmiedekunst in Japan eine lange und von höchster Qualität zeugende Tradition. Der sogenannte Japanstahl ist auf der ganzen Welt bekannt und macht Japan zu einem der führenden Länder, was die Metallproduktion angeht.

Von diesem Image profitieren Angelhaken und Rollen aus Japan noch heute. Es ist ein bisschen so wie bei Uhrwerken aus der Schweiz. Der Herstellung von Fahrradkomponenten folgte 1970 die Herstellung der ersten Angelrolle. Das Projekt war so erfolgreich, dass unmittelbar danach auch die Produktion von Angelruten startete. 1974 begann Shimano mit dem Verkauf von Angelgeräten in Europa. Mittlerweile ist die Firma über den ganzen Globus verteilt. Zum Produktportfolio zählen heute neben Ruten und Rollen auch Schnur, Taschen und Kleidung. Jüngst baute das Unternehmen seine Produktpalette durch den Kauf von Spezialfirmen beziehungsweise Joint-Venture-Gründungen weiter aus: Die skandinavische Kunstköderfirma Rapala, der englische Angelfutterproduzent Dynamite Baits und die Kleinteilefirma »Carp Spirit« gehören nun auch dazu.

6. GRUND

WEIL 1,6 MILLIONEN DEUTSCHE SICH NICHT IRREN KÖNNEN

1,6 Millionen Angler gibt es Statistiken zufolge in Deutschland.[5] Erfasst sind aber nur die amtlich registrierten, also durch die Fischereischeininhaberschaft oder die Organisation in Vereinen und Verbänden aktenkundigen Petrijünger. Die Zahl derer, die nur gelegentlich, zum Beispiel im Urlaub mit der Familie, den Fischen mit der Angel nachstellen, dürfte deutlich größer sein. Damit kann man Angeln wohl als Volkssport bezeichnen. Schauen Sie sich auf der nächsten Familienfeier einmal um, wenigstens einen Angler werden Sie bestimmt finden, und wenn Sie es sind. So viele Menschen können sich unmöglich irren. Am Angeln muss mehr dran sein, als das Klischee hergibt. Wenn Sie schon Angler sind, wissen Sie das selbst. Wenn Sie noch kein Angler sind, dieses Buch aber von einem Freund oder Verwandten geschenkt bekommen haben, geben Sie sich einen Ruck. Schnappen Sie sich eine Angel und ziehen Sie zusammen los. Ich bin sicher, Sie werden überrascht sein, wie Angeln wirklich ist. Oder halten Sie dieses Buch sogar ohne jegliche Vorbelastung und ganz freiwillig in den Händen? Na dann ist der erste Schritt ohnehin schon gemacht. Sie finden es interessant, über das Angeln zu lesen? Welche Begeisterungen wird dann erst der erste Ansitz am Wasser oder gar der Fang des ersten Fisches bei Ihnen auslösen!?

7. GRUND

WEIL ES AUCH MENSCHEN MIT BEHINDERUNG MACHEN KÖNNEN

Angeln ist ein Hobby für jedermann und -frau. Ob alt oder jung, sportlich oder unsportlich, jeder kann angeln. Das gilt übrigens auch für Menschen mit Behinderung.

Mein erstes Angelerlebnis mit Menschen mit Behinderung hatte ich während meiner Zeit als Zivildienstleistender. Ich arbeitete bei einer Freizeiteinrichtung für Menschen mit Lernschwierigkeiten. Auf einer Ferienfreizeit in Norddeutschland kam mein damaliger Chef dann dahinter, dass ich begeisterter Angler bin, und ehe ich mich's versah, stand ich zusammen mit einer Horde Angelanfänger am örtlichen Forellenteich. Das konnte ja heiter werden, dachte ich mir noch, denn meine Schützlinge waren bisher nicht unbedingt durch Ruhe und Geduld aufgefallen. Heiter wurde es dann auch zu meiner Überraschung, aber im positiven Sinne. Als die ersten Fische gefangen wurden, erblickte ich um mich herum nur strahlende Gesichter. Mein Team schien topmotiviert und konzentriert zu sein und versprühte bei jedem gefangenen Fisch eine Freude, die einfach anstecken musste. Auch mein Chef war begeistert, und so besuchten wir noch mehrmals den See und seinen wirklich sympathischen Eigentümer, der für das Ganze keine müde Mark sehen wollte. Ein Erlebnis, das ich sicher nie vergessen werde.

»Kennst du den Einarmigen?«, fragte mich ein Vereinsmitglied auf dem jährlichen Sommerfest. Ich verstand nicht ganz, was er mir sagen wollte, und zuckte mit den Achseln. »Geh mal runter ans Wasser, da sitzt der und angelt«, meinte mein Gesprächspartner. Also machte ich mich auf den Weg zu den Angelstellen und staunte nicht schlecht. Vor mir am Ufer stand ein Mann mit nur einem Arm, der angelte, als sei es das Selbstverständlichste der Welt. Dabei ist Angeln schon ohne körperliche Behinderung kompliziert genug und verlangt einiges an Fingerspitzengefühl. Aber meinen Kollegen schien das nicht zu beeindrucken. Mit größter Gelassenheit und viel Geschick beförderte er vor meinen Augen ein Rotauge nach dem anderen aus dem Wasser. Hut ab!

Leider sind die meisten Gewässer recht schwer zugänglich, vor allem für Rollstuhlfahrer. »Barrierefreiheit« ist im öffentlichen Nahverkehr und bei der Arbeit längst kein Fremdwort mehr, beim Angeln sieht es da schon etwas anders aus. Zum Glück gibt es mittlerweile aber die ersten rollstuhlgerechten Angelstellen, hoffentlich bald auch an meinem Vereinsgewässer.

Wenn es einen Menschen auf der Welt gibt, der einem sehr anschaulich erklärt, dass *jeder* angeln kann, dann ist es Clay Dyer. Sein Motto ist: »If I can, you can«, und damit hat der Mann wohl auch hundertprozentig recht. Clay Dyer wurde ohne Arme und Beine geboren. Dennoch ist der Amerikaner nicht bloß Angler, sondern gleich gesponserter Profi geworden, der nicht nur auf einem Turnier seinen Kollegen ohne Behinderung den Sieg vor der Nase weggeschnappt hat. Wie der Mann das macht? Schauen Sie sich einfach eines der YouTube-Videos über ihn an oder kaufen Sie sein Buch. Was für ein Vorbild![6]

8. GRUND

WEIL ES PHILOSOPHIE IST

Was braucht man, um beim Angeln erfolgreich zu sein? Zunächst eine möglichst perfekte Vorbereitung. Wann? Wo? Wie? Das sind die entscheidenden Fragen, die sich ein Angler stellen muss. Nicht erst am Wasser bedarf es einer minutiösen Vorbereitung. Alles muss perfekt sein, denn vielleicht hat man nur den einen Anbiss, die eine Chance. Jedem Angler ist dabei bewusst, dass der Fisch, der gerade den Hakenköder umkreist, der Fang seines Lebens sein könnte. Ist die Vorbereitung nicht perfekt, beißt er sicher nicht an. Vielleicht hat man auch einfach nur Pech, und es ist gerade kein Fisch in der Nähe. Letztlich kann man sich nie ganz sicher sein, ob sich der ganze Aufwand rentiert und man schließlich mit dem Fang des Lebens belohnt wird. Aber kaum ein Angler möchte sich vorwerfen, es nicht wenigstens versucht zu haben, und diese Einstellung wird am Ende meistens auch belohnt. Ich selbst habe den Fisch meines Lebens noch nicht gefangen, anderen ist es bereits gelungen. Woher man weiß, dass man den Fisch seines Lebens gefangen hat? Ich glaube, man spürt so etwas einfach. Vielleicht so wie es bei der großen Liebe ist!? Natürlich kann man sich nie hundertprozentig sicher sein. Aber wenn man den riesigsten und wunderschönsten Fisch in den Händen hält, den man jemals gesehen oder wovon man gehört hat, dann muss man einfach daran glauben.

Doch was kommt nach dem großen Fang, gibt es vielleicht doch irgendwo einen noch größeren Fisch zu fangen? Vielen wird erst am Ende ihrer Karriere bewusst, dass eigentlich der Weg das Ziel ist.

Beim Angeln geht es um sehr viel mehr als nur darum, Fische zu fangen. Das Angeln bietet einem wie kaum ein anderes Hobby eine Basis, um in Ruhe nachzudenken. Wenn ich einige Tage oder gar eine Woche am Wasser verbringe, merke ich, wie ich immer mehr Distanz zum Alltag gewinne. Das ist wichtig, um sein Leben einmal in Ruhe von außen zu betrachten. Bin ich zufrieden? Und wo will ich eigentlich hin? Das sind Fragen, für die im Alltagsstress kaum Raum bleibt. Ebenso wird einem bewusst, wie unwesentlich materielle Dinge eigentlich für das persönliche Glück sind. Die Magie der Natur ist mehr als genug. Am Wasser braucht man keine schicken Klamotten, kein dickes Auto und muss niemandem außer vielleicht sich selbst etwas beweisen. Ebenso wird einem auch der Kreislauf des Lebens bewusst. Das Leben ist wunderschön, aber vergänglich. Man lebt mit der Sonne, wacht auf, wenn es hell ist, erlebt den Moment, wenn aus dem Himmelsblau Schwarz wird, hautnah. Mit der Zeit wird man wieder Teil der Natur, von der wir uns als Menschen mittlerweile sehr weit entfernt haben.

Kapitel 2

TACKLEBOX

*Was
man
so
alles
zum
Angeln
braucht,
oder
auch
nicht*

9. GRUND

WEIL ES RUTENBAUER GIBT

Der Rutenbauer ist der Schuhmacher der Anglerschaft. In Zeiten, in denen alles für ein paar Cent in Fernost zusammengetackert wird, ist er die letzte Bastion für Qualität und Handwerk.

Es ist schon ziemlich frustrierend, schaut man sich das Fiasko an, in dem wir uns mittlerweile befinden. Egal wie viel Geld man zu zahlen bereit ist, eine allen Anforderungen entsprechende Angelrute gibt es von der Stange nicht mehr zu kaufen. Regelmäßig könnte ich laut schreiend durch den Angelladen rennen, wenn ich mir moderne Angelruten anschaue. Werbewirksam werden die neuesten Komponenten angepriesen. Karbon wird mit Nanotechnologie behandelt. Rutenringe tragen Inlays aus Teflon. Immer seltener stammen Qualitätskomponenten jedoch aus Japan, England oder Deutschland. Am Ende des Tages scheint man sich einig darüber zu sein, dass Geiz geil ist. Angelruten und deren Komponenten sind heute meist »Made in China«. Leider halten die Produkte häufig nicht, was sie versprechen. Doch es gibt auch Hersteller, die ihre Ruten oder zumindest das Kernstück – die Blanks – noch in Europa oder gar Deutschland fertigen. Die deutsche Traditionsmarke Sportex ist nicht zu Unrecht für Generationen von Anglern der Inbegriff von Qualität. Daneben gibt es eine ganze Reihe von professionellen oder auch Hobbyrutenbauern. Hier kann man die Komponenten seiner Wunsch-Angel selbst zusammenstellen und fachmännisch verbauen lassen. Das Ergebnis sind Ruten, die, sowohl was die Komponenten als auch was die Verarbeitung betrifft, höchsten Standards genügen. Wer einmal eine von einem versierten Rutenbauer gebundene und lackierte Rute gesehen hat, der weiß, was für ein Schrott teilweise über die Ladentheken geht. Was den Preis angeht, so sind handgebaute Ruten »Made in Germany« meist etwas teurer als die Premiummodelle der Angelfirmen.

Wer fremden Händen nicht vertraut oder einfach Spaß am Basteln hat, der kann seine Angelrute übrigens auch selbst zusammenbauen. Der Rutenbau ist leichter, als viele glauben, und es bedarf weniger Hilfsmittel und Komponenten. Eine Angelrute besteht im Prinzip nur aus einem Rohling, dem Blank, den Ringen, einem Rollenhalter und dem Handgriff. Rollenhalter und Handgriff werden verklebt, die Ringe mit Garn an den Blank gebunden. Später bekommt alles eine Schicht Lack verpasst. Fertig!

Gute Rutenbauer findet man fast in jeder Stadt. Groß und bekannt sind/waren CMW und Grabmayer. Karl Bartsch ist zudem als Koryphäe unter den Rutenbauern bekannt. Selten geworden sind aber immer noch Rutenbauer, welche die Fertigkeit besitzen, eine Rute aus gespleißtem Bambus herzustellen. Bambus war der Werkstoff für Angelruten, noch bevor es Glas- und später Kohlefaser gab. Heute werden die edlen Stöcke beim Fliegenfischen eingesetzt.

10. GRUND

WEIL ES VERSCHIEDENE RUTEN GIBT

Angeln ist Materialsport. Und das ist toll, denn so können wir meist männlichen Angler unser Kaufdefizit den Frauen gegenüber kompensieren. Was für die Frau die Handtasche, ist für den Angler die Rute. Was habe ich schon geschimpft – »Muss das sein? Die sieht doch genauso aus wie die Tasche, die du schon hast?« – und mich schließlich beim Schreiben dieses Buches dabei ertappt, dass wir Angler nicht besser sind. Für jede nur erdenkliche Gegebenheit wird ein anderes Modell benötigt. Das gilt ganz bestimmt für Angelruten und meinetwegen des lieben Friedens willen auch für Handtaschen.

Eine Angel muss eine Reihe von unterschiedlichen Eigenschaften in sich vereinen. Sie muss geeignet sein, einen Köder weit und präzise zu werfen. Sie muss dem Fisch im Drill, also beim Einholen,

Paroli bieten können, aber auch sensibel genug sein, um einen Biss zu erkennen oder einen Köder zu führen. Da die Angelmethoden, verwendeten Köder und Fischarten sehr unterschiedlich sind, ist es unmöglich, nur eine Angel für alles zu besitzen. Da ist es wie mit Autos. Wenn Sie ein Autorennen gewinnen und außerdem einen Umzug organisieren wollen, haben Sie eigentlich nur zwei Möglichkeiten: Entweder Sie kaufen sich einen Sportwagen und einen Lkw, oder Sie verzichten auf eines der Projekte, zum Beispiel wenn Sie sich nur ein Fahrzeug leisten können oder wollen. Wenig Sinn macht es, sich für beide Vorhaben einen Kombi zuzulegen. Das Autorennen werden Sie der Geschwindigkeit wegen verlieren und sich beim Umzug vor lauter Hin-und-her-Fahren das Getriebe zerlegen.

Für verschiedene Angelmethoden gibt es verschiedene Angelruten, das wissen selbst Anfänger. Wie viele verschiedene Modelle es tatsächlich gibt, verwundert manchmal aber selbst eingefleischte Angler. Im Grunde gibt es drei Grundtypen: die Kopfruten, Ruten mit (normalem) Rollenhalter und Flugangeln. Zumindest bei den Ruten mit (normalem) Rollenhalter gibt es unzählige Aufspaltungen.

KOPFRUTEN

Kopfruten sind die Urform der Angel. Sie verfügen über keinen Rollenhalter. Da hiermit kein Führen des Köders möglich ist, dienen sie dem Angeln auf Friedfische mit Naturködern an der Posenmontage (Schwimmer). In Ermangelung einer Rolle kann man mit ihnen nur in nächster Nähe zu der eigenen Rutenspitze fischen. Das engt den Aktionsradius ein, steigert aber die Kontrollmöglichkeiten der Pose, verbessert den Anhiebwinkel im Falle eines Bisses und ermöglicht ein schnelles Einholen und Ausbringen. Die Methode wird gerne für das Friedfischangeln auf Rotaugen, Brassen, Karpfen und Co genutzt. Es gibt unterschiedlichste Rutenstärken und Längen. Von zwei bis drei Meter bis 15 Meter oder mehr ist alles vertreten. Längere Modelle können im Drill auseinandergesteckt werden. Das ist auch unbedingt notwendig, da die an der Angel befestigte Schnur meist kürzer als die Rute ist, denn selten wird man in Wassertiefen von 15 Metern angeln. Könnte die Kopfrute nicht auseinandergesteckt werden, müsste man den Fisch also meterhoch aus dem Wasser heben, aber das wollen wir schließlich nicht. Angelt man auf große Fische, die teilweise extrem weite Fluchten zurücklegen, bedient man sich eines Gummizuges im Inneren der Rute. Dieser bietet dem Fisch zusätzlichen Spielraum und federt dessen Fluchten sanft ab.

RUTEN MIT (NORMALEM) ROLLENHALTER

Unter den Ruten mit (normalem) Rollenhalter findet man die meisten Modelle. Match- und Bologneseruten werden ebenfalls für das Friedfischangeln genutzt. Matchruten sind für Stillgewässer bestimmt und beginnen in der Regel bei einer Länge von mindestens drei Metern. Bologneseruten sind für den Einsatz in großen Flüssen konstruiert und daher deutlich länger. Die Ruten haben kleine Ringe und eine recht feine Spitze. So lassen sich selbst kleinste Posen sehr weit werfen und ein vorsichtiger Anhieb setzen, falls die Beute recht klein ist. Auch die Rutenlänge kommt dem zugute.

Winkelpicker und Feederrute sind die Geschwister der Match- und Bologneserute, nur dass sie für das Grundangeln ohne Pose konzipiert sind. Die Spitze der Ruten ist dabei so fein und flexibel, dass der Angler den Biss allein durch das Vibrieren dieser wahrnimmt. Während der Winkelpicker für kleinere Bleigewichte konzipiert ist, lassen sich mit der Feederrute selbst große Futterkörbe mit 100 Gramm und deutlich mehr Gewicht auswerfen.

KARPFEN- UND BRANDUNGSRUTEN

Karpfen- und Brandungsruten haben nur auf den ersten Blick nicht viel miteinander zu tun. Eigentlich unterscheiden sie sich aber, abgesehen von Feinheiten und dem Design, nur bezüglich ihres

Zielfisches. Genau genommen, sind die modernen Karpfenruten den Brandungsruten sogar nachempfunden. Beide Rutentypen sind recht lang und verfügen über ein starkes Rückgrat und wenige, dafür aber große Ringe. Oberstes Ziel ist es, schwere Bleigewichte möglichst weit auswerfen zu können.

SPINNRUTEN

Unter Spinnruten ist zunächst alles zu verstehen, was dafür gedacht ist, eine Fischimitation so reizvoll durch das Wasser zu bewegen, dass der Zielfisch darauf reinfällt und anbeißt. Durch die unterschiedlichsten Kunstköder und Darbietungsstile lässt sich die Form der Ruten heute kaum noch weiter eingrenzen. Von lang bis kurz, knüppelhart und superfein in der Spitze ist alles vertreten, wobei der Trend momentan eher zu härteren Modellen geht. »Trend« ist dabei das richtige Stichwort. Denn je nachdem, welcher Köder gerade aktuell ist und wie dieser geführt wird, ändert sich auch die Anforderung an die Rute. Natürlich gilt auch bei Spinnruten das Motto »Je größer der Fisch, desto stärker die Rute«. Hinzu kommt eine ganze Reihe von Spezialruten. Beispielsweise für das Angeln auf Welse (Waller) oder im Meer, um nur zwei Beispiele zu nennen.

FLUGANGELN

Fliegenruten oder, besser gesagt, Flugangeln zeichnen sich in erster Linie durch die Eigenart aus, wie man mit ihnen wirft. Als Köder dient in der Regel die Imitation einer Fliege oder Larve, welche ohne Bleigewicht oder Pose lose im Wasser treibend angeboten wird. Da dieser Köder kaum Eigengewicht hat, dient die Hauptschnur als Wurfgewicht. In peitschenden Bewegungen wird die Schnur in der Luft vor und zurück geführt. Dabei zieht der Angler so lange zusätzliche Schnur von der Rolle, bis die gewünschte Wurfweite erreicht ist. Fliegenruten sind im Vergleich zu anderen Angeln relativ kurz und flexibel. Der Griff für die spezielle Rolle befindet sich ganz am Ende der Rute.

11. GRUND

WEIL ES VERSCHIEDENE ROLLEN GIBT

Mindestens genauso wichtig wie die richtige Angelrute ist die Wahl der richtigen Angelrolle. Das Equipment spielt beim Angeln eine äußerst wichtige Rolle. Insbesondere kapitale Fische beim Hochseefischen – also solche Kaliber, die ihren Fänger neben sich mickrig erscheinen lassen – verlangen den Angelrollen Unglaubliches ab. Der flüchtende Fisch wird im Wesentlichen durch die Bremse der Angelrolle kontrolliert. Diese sollte so eingestellt sein, dass ein Schnurbruch verhindert wird, der Fisch aber nicht widerstandslos davonziehen kann. Im Drill können die Bremse einer Angelrolle und deren Gehäuse sehr heiß werden. Dabei passiert es dann schon mal, dass dem Angler im Kampf mit dem Fisch Billigprodukte regelrecht zwischen den Händen wegschmelzen. Eine Großfischrolle taugt nicht, um Kleinstköder natürlich im Wasser zu präsentieren und die Fische zum Anbiss zu verführen, und wer eine Stationärsrolle an eine Fliegenrute schraubt, hat bereits verloren.

DIE NOTTINGHAMS

Im Gegensatz zu Gerätschaften wie Rute und Haken, die bereits vor Jahrtausenden erfunden wurden, wurden die ersten Angelrollen zumindest nachweislich erst vor circa 350 Jahren eingesetzt. Ab dem 17. Jahrhundert setzte man zunächst auf kleine Garnspulen. Diese dienten vorerst nur als Schnurreserve; kurbeln oder gar drillen konnte man mit ihnen noch nicht wirklich. Mitte des 19. Jahrhunderts wurde schließlich die Nottingham-Rolle entwickelt, die im Wesentlichen den heutigen Centerpin-Rollen für das Fliegenfischen entspricht. Damals natürlich noch ohne eingebaute Bremse. Es gibt übrigens Überlieferungen, die vermuten lassen, dass die Chinesen Angelspulen lange vor den Europäern benutzt haben. Das werden die Engländer aber, ähnlich wie die Italiener beim Thema Nudeln, bestimmt völlig anders sehen.

DIE MULTIROLLE

Ähnlich alt wie die ersten professionellen Nottinghams ist die Multirolle. Zunächst in England erfunden und in der Folge in Vergessenheit geraten, entwickelte sich in den USA ein regelrechter Boom. Heute sind Multirollen die Angelrolle schlechthin in den USA. Der wesentliche Unterschied der Multis gegenüber den Centerpin-Rollen besteht in der Tatsache, dass Erstere eine Übersetzung haben. Hierdurch kann man mit gleichem Kraftaufwand höhere Lasten einkurbeln und den Angelköder gleichmäßiger durchs Wasser führen. »Multi« steht für »multiplier«, was auf Deutsch am besten mit »Vervielfachen« übersetzt werden kann.

DIE STATIONÄRSROLLE

Im frühen 20. Jahrhundert wurden dann die ersten Stationärsrollen gebaut. Der wesentliche Unterschied zu allen anderen Rollenarten besteht dabei darin, dass nicht die Spule selbst rotiert, sondern die Schnur mittels eines um die Spule rotierenden Bügels aufgewickelt wird. Hierdurch konnten erstmals große Mengen Schnur in kürzester Zeit und mit minimalem Kraftaufwand eingekurbelt werden. Durch den umklappbaren Bügel war es außerdem möglich, ohne nennenswerten Reibungsverlust Schnur auszuwerfen.

Noch heute gibt es alle drei Rollenmodelle, wobei jedes in seinem Fach Spezialist ist. Die Centerpin wird für das Fliegenfischen verwendet und ist vor allem in Großbritannien sehr beliebt. Die besten

Rollenmodelle werden heute immer noch in Großbritannien beziehungsweise Nordeuropa hergestellt. Die Multirolle wird fast ausschließlich für das Spinnfischen mit Kunstköder und Co benutzt, da die hierbei sehr wichtige Köderführung mit einer Multirolle wesentlich leichter von der Hand geht als mit der Stationärsrolle. Während die Multirolle in Amerika und Asien die Rolle schlechthin ist, scheinen sich viele deutsche Angler immer noch dem scheinbaren Exoten beharrlich zu verweigern. Auch für das Big-Game-Angeln werden meist Multis benutzt. Dann teilweise aber sogar mit unterstützendem Motor. Die Stationärsrolle eignet sich für alle Angelarten, mit Ausnahme des Fliegenfischens. Insbesondere für das Friedfisch- und Brandungsangeln ist sie die erste Wahl. Neben Firmen wie zum Beispiel DAM, Penn oder Okuma gibt es noch zwei weitere japanische Firmen, die erstklassige Stationärsrollen herstellen; Shimano- und Daiwa-Angelrollen gelten als besonders hochwertig.

12. GRUND

WEIL ES KUNSTKÖDER GIBT

Unter Kunstködern verstehen wir alles, was die natürliche Nahrung unserer Beute imitiert. Meist wird es sich dabei um die Imitationen kleinerer Beutefische handeln. Mit Kunstködern angelt man also in aller Regel auf Raubfische. Diese lassen sich durch die visuellen, akustischen Reize und die erzeugten Druckwellen zu einer Attacke verleiten. Grob aufgliedern lassen sich die Kunstköder in zwei Gruppen, Hard- und Softbaits, wobei es Ausnahmen gibt.

HARDBAITS

Hardbaits sind Kunstköder, die aus einem harten Rumpf aus Holz oder Kunststoff bestehen und in Form und Dekor meist an ein

Fischchen erinnern sollen. Sie werden in der Regel als »Wobbler« bezeichnet, wobei es auch hier wieder zahlreiche Untergruppierungen gibt. Neben bis zu drei Drillingen sind die Köder teils mit Rasseln im Inneren ihres Kerns ausgestattet. Außerdem haben die Wobbler häufig eine Tauchschaufel an ihrem Kopfende. Je nach Größe und Form der Schaufel tauchen die Köder beim Einkurbeln metertief bis auf den Gewässergrund ab oder dümpeln knapp unter der Wasseroberfläche dahin. Die Tauchtiefe eines hochwertigen Wobblers sollte auf dessen Verpackung vermerkt sein. Das »Führen« des Köders ist beim Angeln mit Kunstködern sehr wichtig, da es die Flucht eines Beutefisches nachahmen soll. Die Laufeigenschaft von Wobblern ist meist bereits durch ihre Körperform vorgegeben. Von leicht hin und her wackelnd bis hin zu wild durch die Gegend taumelnd (sogenannte »Crankbaits«), ist alles vertreten. »Jerkbaits« haben meist keine Tauchschaufel und einen recht wuchtigen Körperbau. Hier ist die Eigeninitiative des Anglers gefragt, der seinen Köder mit ruckartigen (englisch »jerk«) Bewegungen regelrecht durchs Wasser peitscht. Als Könige unter den Wobblern gelten die traditionell aus Holz gefertigten Japan Wobbler. Auf der ein oder anderen Messe können Sie den japanischen Designern mit Kultstatus beim Designen ihrer Wunderwaffen über die Schulter schauen. Ein Markenwobbler kostet übrigens je nach Größe gut und gerne seine 20 Euro – nicht unbedingt ein Schnäppchen.

SOFTBAITS

Softbaits sind Kunstköder, die vollständig aus einer Art weichem Gummi bestehen. In Deutschland waren über Jahre nur der Twister, eine Art kurzer Wurm mit Propellerschwanz, und der Gummifisch, eine Fischimitation mit Schaufelschwanz, bekannt. Neuerdings ist aber der Softbaittrend aus den USA nach Europa herübergeschwappt. Damit sind unzählige neue Köder- und Darbietungsformen hinzugekommen, die das Angeln mit Gummiködern sehr interessant und auch beliebt gemacht haben. Es gibt Gummifische mit riesigen oder fast gar keinen Schwanzflossen, Würmer mit oder ohne Flossen, Krebsimitationen und Gebilde, die an außerirdisches Leben erinnern. Diese werden mit unterschiedlichsten Methoden über den Grund gezupft. Der Klassiker ist der Bleikopf mit Haken. Trendiger sind die amerikanischen Schwarzbarschmethoden wie das Carolina-, Texas- und Drop-Shot-Rig. Eine Zehnerpackung guter Softbaits ist schon für circa fünf bis zehn Euro zu haben. Ein echtes Schnäppchen unter den Kunstködern also.

Sogenannte Blinker oder Spinner sind Köder aus Metall. Andere, modernere Köder haben ihnen mehr und mehr den Rang abgelaufen. Heute werden sie meist etwas abschätzig als »Blech« bezeichnet. Spinner haben ein Spinnerblättchen, welches sich um die Hakenachse dreht. Der Blinker ist eine Art Löffel, der beim Einholen durch das Wasser taumelt. Zumindest für Forellen und Barsche werden Spinner immer noch gerne genommen. Ein bis zwei Kunstköder-Dinosaurier in der Köderkiste können also wohl nicht schaden.

Auch für das Friedfischangeln, zum Beispiel auf Brassen oder Karpfen, gibt es mittlerweile »Kunstköder«. Natürlich werden diese Köder nicht durch das Wasser gezerrt, sondern liegen ruhig am Grunde des Sees. Dabei handelt es sich in der Regel um Maiskorn, Boilies (vom englischen *to boil*, also »kochen«) oder Madennachbildungen. So etwas fressen Fische? Ich habe es zunächst selbst nicht geglaubt, aber ja, es funktioniert. Warum? Vielleicht reicht den Fischen der visuelle Reiz oder sie fühlen sich schon durch das um den Hakenköder liegende Beifutter ausreichend zum Fressen animiert.

Die Fliege ist mit Sicherheit der traditionsreichste Kunstköder. Gebunden werden die Fliegen aus Federn und Garn auf einem langschenkligen Haken. Dabei gibt es drei unterschiedliche Formen. Die Trocken- oder Nassfliege ahmt ein in das Wasser gefallenes Fluginsekt nach. Sie treibt auf oder im Wasser und wird nicht bewegt. Die Nymphe ähnelt im Wasser lebenden Larven und ist mit einem kleinen Gewicht an der Hakenöse versehen. Beim Treiben im

Wasser sinkt sie zunächst an den Gewässergrund, um anschließend mit dem Schnurdruck wie eine echte Larve an die Wasseroberfläche zu steigen. Lediglich der Streamer wird vom Angler aktiv geführt, indem die Angelschnur langsam mit den Händen eingeholt wird. Der Streamer soll einen Beutefisch oder Ähnliches imitieren. Anders als Fliege und Nymphe werden Streamer nicht für Forellen oder Lachse, sondern (auch) für Raubfische wie Hechte eingesetzt. Wer möchte, kann seine Fliegen auch zu Hause selbst binden. Hierfür sind aber viel Übung und reichlich Material vonnöten.

Natürlich gibt es weitere, teils sehr spezielle »Kunstköder«, über die man sicher ein eigenes Buch schreiben könnte.

13. GRUND

WEIL ES NATURKÖDER GIBT

Mit Naturködern zu angeln bedeutet für viele, einen Wurm auf einen Haken zu spießen. Und in der Tat kommt man an diesem, manch einem vielleicht etwas brutal vorkommenden, Akt schwer vorbei, wenn man auf Friedfische angeln will. Friedfische, also Rotaugen, Brassen, Karpfen und Co, lassen sich mit Kunstködern nur schwer überlisten. Naturköder lautet das Zauberwort. Das ist in der Regel alles, was der natürlichen Nahrung der Fische in Aussehen, Konsistenz, Geruch und Nahrungsprofil nahekommt.

WURM UND CO

Würmer und Maden sind nach wie vor der Friedfischköder Nummer eins. Vor allem Maden können kleinere Friedfische wie Rotaugen kaum widerstehen. Von den Lebendködern geht fast schon ein magischer Reiz aus. Wagen Sie nur einmal den Vergleich tote Made versus lebende Made, Sie werden den Unterschied sofort merken.

Das mag zum einen an dem höheren visuellen Reiz liegen. Es ist aber auch so, dass der Fisch einen lebenden Köder immer weniger argwöhnisch fressen wird als einen bewegungslosen. Dieser Faktor ist sehr wichtig, da wir beim Naturköderangeln anders als beim Kunstköderangeln darauf angewiesen sind, dass der Fisch versucht, den Köder zu schlucken, und nicht nur in diesen hineinbeißt. Maden und Würmer eignen sich besonders, um sie an der Posenrute im Freiwasser baumelnd anzubieten.

TEIG UND CO

Teig und Saaten, wie vor allem Mais, sind ebenfalls ein sehr guter Naturköder. Teig am Haken wird heute nur noch selten verwendet. Heutzutage wird Teig meist als gekochte Kugel (»Boilie«) an der Haarmontage angeboten. Mais kann dank seiner Konsistenz auch direkt auf den Haken gespießt werden. Mais ist der Allrounder schlechthin, vor allem Cypriniden (Karpfenartige) können ihm kaum widerstehen. Karpfen und Brassen fressen meist mit dem rüsselartigen Mund am Gewässergrund wühlend. Sie bevorzugen bequeme proteinreiche Nahrung. Da kommt ihnen ein Feld bestehend aus Maiskörnern gerade recht. Wird die Montage am Grund liegend angeboten, schöpfen die gründelnden Fische nur selten Verdacht. Teig lässt sich zum Beispiel aus altem Toastbrot, Butterkeksen und Wasser formen. Ein Boilieteig ist dann schon etwas aufwendiger in der Herstellung. Mais gibt es aus der Dose oder im Agrarshop in Trockenform; Letzterer muss dann aber noch in Wasser aufgequollen werden.

AUSNAHME KÖDERFISCH

Auch auf Raubfische kann man mit Naturködern angeln. Natürlich nicht mit Mais. Aber mit dem Friedfisch, den man zuvor mit Mais gefangen hat. Dazu wird der Friedfisch, sofern er klein genug ist (maximal Handflächengröße), direkt angeködert oder in mundgerechte Streifen zerlegt. Der Köderfisch oder Fischfetzen wird dann am Drilling oder Einzelhaken an der Pose im Freiwasser oder auf Grund angeboten. Vor allem die nachtaktiven Zander und großen Aale stehen auf Fischfetzen, aber auch Hechte können dem leicht zu erbeutenden Happen oft nicht widerstehen.

An dieser Stelle der wichtige Hinweis: Mit »Köderfischen« sind tote Köderfische gemeint. Das verlangt der Gesetzgeber und meiner Meinung nach schon die eigene Ethik!

EXTRAWÜRSTE

Übrigens: Erlaubt ist alles, was Fische fängt. Lassen Sie sich daher nicht von dem Überangebot herkömmlicher Angelköder beeinflussen. Im Prinzip gibt es kaum etwas, was nicht irgendein Fisch fressen würde. Insbesondere Karpfen sind Allesfresser. Nicht umsonst werden sie daher gerne als »Wasserschweine« bezeichnet. Hundefutter, wie zum Beispiel Frolic, ist, an der Haarmontage angeboten, ein erstklassiger Köder, dem auch Brassen nicht widerstehen können. Garnelen aus dem Supermarkt sind ein prima Forellenköder. An Forellenteichen sind sie ein regelrechter Geheimtipp, wenn eigentlich nichts mehr geht. Richtig angeködert, rotieren sie beim Einholen im Wasser und locken so selbst träge Salmoniden aus der Deckung. Auch Kochschinken, oder besser Frühstücksfleisch, kann ein echter Renner sein. Es gibt sogar extra Werkzeuge, mit denen man runde oder eckige Stücke aus dem Fleisch herausschneiden kann. Ebenfalls den Praxistest überstanden haben bei mir außerdem Bonbons. Ich kann mir nicht vorstellen, dass es irgendetwas Essbares gibt, womit man keine Fische fangen kann. Hauptsache, man bekommt das Ganze einigermaßen vernünftig angeködert.

14. GRUND

WEIL EIN WAGGLER KEIN WACKELDACKEL IST UND DRILLINGE KEINE GESCHWISTER SIND

Dass wir Angler eine ganz eigene Sprache, auch bekannt als »Anglerlatein«, sprechen, ist uns häufig gar nicht richtig bewusst. Zum einen gibt es die vielen Fachbegriffe für unser Gerät, zum anderen die unzähligen Anglizismen – nicht Angelzismen, obwohl das auch gut passen würde – und dann noch das übliche Kauderwelsch, das sich in der Szene über die Jahre durchgesetzt hat.

Wenn wir Karpfenangler davon reden, »die Ruten rauszubringen«, bringen wir die Angelrute in Wirklichkeit nirgendwohin. Gemeint ist das Hinausrudern der Montage samt Haken und Köder. Die Rute bleibt selbstverständlich am Ufer; da, wo sie hingehört. Die Montage landet im Wasser.

Ein »Waggler« ist kein Wackeldackel, sondern eine Pose oder besser gesagt ein Schwimmer. »Drop Shot« hat nichts mit dem Abladen von Schrott zu tun, sondern beschreibt eine aus den USA stammende Methode des Spinnfischens. Apropos »Spinnfischen«, »Spinner« ist keine Beleidigung, sondern die Bezeichnung eines rotierenden Kunstköders aus Metall. »Latten« oder »Stöcke« sind Angelruten. »Murmeln« sind Boilies, »Boilies« wiederum sind runde gekochte Teigkugeln. Wer einen »Run« oder »Lauf« hat, hat weder eine Glückssträhne, noch nimmt er an einem Laufwettbewerb teil. Es ist noch viel besser, er hat gerade einen Biss, das heißt, ein Fisch hängt an der Angel. Wenn ein Angler davon redet, dass er »gestern füttern war«, ist damit nicht die Nachbarskatze und erst recht kein Kleinkind gemeint. »Gefüttert« oder besser »angefüttert« werden selbstverständlich nur Fische. »Tackle« ist kein Verteidigungsmanöver beim Football, sondern der englische Fachausdruck für unser heiß geliebtes Material. Sie verstehen nur noch Bahnhof? Dann geht es Ihnen wie meinem Gesprächspartner auf der letzten Grillparty.

Und selbst in der Fischerprüfung ist man sich des Schlamassels anscheinend bewusst und gibt als Antwortmöglichkeiten auf die Frage »Was ist ein Drilling?« folgende Auswahl: a) der Fang von drei Fischen gleichzeitig, b) Geschwister, c) ein Haken. Ich werte das Ganze mal als Scherz.

Neuerdings bemühe ich mich bei Gesprächen mit fachfremden Personen darum, keine Spezialwörter zu verwenden, um deren zartes Interesse für mein Hobby nicht im Keim zu ersticken. Und siehe da, es geht nicht – oder ich habe es verlernt. Viele Begriffe im Angelsport stammen aus England oder den USA, und selbst dort sind sie Fachbegriffe oder Kunstwörter; eine passende Übersetzung zu finden ist schwierig, und oft klingt sie gestelzt. Die einzig adäquate Lösung scheint es mir deshalb zu sein, Nichtanglern den zusätzlichen Wortschatz anzutrainieren.

15. GRUND

WEIL MAN TARNKLEIDUNG TRAGEN DARF

Für viele gibt es nur einen korrekten Ort für Tarnkleidung: das Militär. Ab und zu wird der Camou-Look auch von der Modewelt für sich (wieder-)entdeckt, aber das ist hier nicht das Thema.

Meiner Meinung nach ist der Camou-Look am Wasser völlig okay, wobei eine Ganzkörperkampfmontur sicher übertrieben ist. Für manche hat Tarnkleidung etwas Militaristisches. Reduziert man das Ganze jedoch auf das, was es eigentlich in erster Linie ist, nämlich Outdoorfunktionskleidung mit Tarneigenschaften, sieht das Ganze schon weniger dramatisch aus.

Ohnehin sind die Zeiten, in denen jeder zweite Angler mit Bundeswehrparka am Wasser rumstiefelte, passé. Dieser Look der Neunzigerjahre war vor allem dem Umstand geschuldet, dass es damals wenig bis gar keine vernünftige Outdoorbekleidung für

Angler gab. Herkömmliche Tarnkleidung ist zudem recht günstig, da sie in der Regel vom Militär stammt. Zu Zeiten der Wehrpflicht hatten viele Männer ohnehin die ein oder andere Flecktarnklamotte im Kleiderschrank.

Aber warum tragen Angler nicht einfach ganz normale Outdoorbekleidung? Zunächst einmal, weil sie bunt ist. Irgendwie scheint die Outdoor-/Trekking-Bekleidungsindustrie von dem Gedanken getrieben zu sein, dass möglichst bunt besonders gut ist. Bei Outdooraktivitäten wie Klettern, Wandern oder Radfahren mag es meinetwegen auch seinen Sinn haben, als bunter Farbklecks durch die Gegend zu wandeln. Beim Angeln ist Auffallen jedoch nicht unbedingt das, was wir erreichen wollen. Tarnung ist nicht nur besonders wichtig, um unsere Beute nicht zu verscheuchen, es gehört auch zum Spirit des Angelns, nicht bloß ein Fremdkörper in der Natur zu sein, sondern mit ihr verschmelzen zu wollen, auch optisch. Vom Thema Farbe einmal abgesehen, ist Trekkingausrüstung in der Regel sehr teuer und für den Einsatz beim Angeln häufig auch zu empfindlich. Der Lightweighttrend geht am Ende auf Kosten der Robustheit. Beim Angeln können wir jedoch unser Camp nicht immer dort errichten, wo es eigentlich gut wäre. Der Angler muss zum Fisch, nicht umgekehrt. Zudem ist Trekkingbekleidung und -ausrüstung für den Angelsport in hiesigen Gefilden meist doch etwas zu hoch gestapelt. Ein Angeltörn am Baggerloch um die Ecke ist keine Mount-Everest-Besteigung. Angelkleidung muss in erster Linie warm und trocken halten und vor allem eins sein: gemütlich.

Das alles trifft auch auf die Jagd zu, und so wird der ein oder andere sich sicher berechtigterweise fragen, warum Angler nicht einfach zu Jagdbekleidung anstelle der Armeekluft greifen. Tatsächlich bieten vor allem skandinavische und nordamerikanische Firmen erstklassige Bekleidung an. Aus der Jagdbranche kommt auch der Realtree-Trend. Anstelle von braunen und grünen Flecken zieren die Jagdkleidung der Zukunft täuschend echte Abbildungen von Rinde, Stöckchen und Blättern. Dieser Look hat in den letzten Jahren für einen regelrechten Hype in der Angelszene gesorgt. Plötzlich war so gut wie alles in Realtree erhältlich, selbst Angelrollen und Handytaschen. Mittlerweile heißt es aber auch wieder »back to the roots«. Der Retrostil ist neuerdings angesagt. Das gute alte Flecktarn kehrt zurück. Aber zur Eingangsfrage: Warum benutzen Angler nicht einfach Jägerkluft? Leider ist die meiste Jagdbekleidung skurrilerweise neben dem Tarnmuster mit orangenen Signalstreifen oder einem orangenen Wendefutter versehen. Als könne man sich nicht ganz entscheiden, ob nun Tarnung oder Sicherheit bei der Jagd wichtiger sei. Für uns Angler ist Orange am Wasser natürlich ein absolutes No-Go.

Aber warum greifen Angler nicht einfach auf das traditionelle Olivgrün zurück? Eigentlich wäre das Tarnung genug. Aber ein bisschen modische Abwechslung brauchen selbst Angler, und so stellt sich einem jeden Angel-Morgen die gleiche leidige Frage: Was soll ich heute nur anziehen? Olivgrün, Flecktarn oder Realtree?

16. GRUND

WEIL »DIE SACHE EINEN HAKEN HAT«

»Da ist doch sicher ein Haken an der Sache?« ist ein bekanntes Sprichwort. Und tatsächlich bringt es die Sache auf den Punkt. Der Haken ist beim Angeln von elementarer Bedeutung. Wenn man das Handwerkszeug des Anglers auf die wirklich unverzichtbaren Teile reduziert, braucht man eigentlich nur ein Stück Schnur, einen Köder und einen Haken. Dem Haken kommt dabei eine besondere Bedeutung und Symbolik zu. Er muss so unauffällig sein, dass der Fisch keinen Argwohn schöpft, aber so groß, dass er selbst kapitale Kaliber sicher im Zaum hält. Er muss dünn und spitz sein, damit er leicht im Fischmaul greift, aber dick genug, um unter Last nicht aufzubiegen.

Historisch betrachtet, bedeutet die Entdeckung des Hakens für das Angeln genau so viel wie die der Speerspitze für die Jagd. Der älteste bekannte Angelhaken ist Untersuchungen zufolge zwischen 16.000 und 23.000 Jahre alt und wurde im heutigen Osttimor gefunden. Der Haken wurde aus der Schale einer Meeresschnecke gefertigt. In Europa sind erste Angelhaken aus dem Spätpaläolithikum (circa 12500 bis 9700 vor Christus) bekannt. Aus dem Mesolithikum (circa 9600 bis 5500 vor Christus) ist eine größere Anzahl von Angelhaken gefunden worden, die aus Hirschgeweih oder Knochen hergestellt worden waren.[7]

Die Anforderungen verschiedener Angelmethoden und Fischarten haben bis dato eine ganze Reihe unterschiedlichster Hakenformen hervorgebracht. Neben der Standardversion, dem Einzelhaken, gibt es Haken mit zwei Spitzen (sogenannte Ryderhaken), oder Drillinge (mit drei Hakenspitzen). Während für Friedfische nur Einzelhaken eingesetzt werden und auch nur dürfen, dienen Hakenmodelle mit mehr Spitzen ausschließlich dem Fang von Raubfischen. Im Gegensatz zu ihren vielspitzigen Verwandten unterscheiden sich die verschiedenen Einzelhakenmodelle teils recht stark voneinander. Es gibt Haken mit langem oder kurzem Hakenschenkel und solche, deren Hakenschenkel stark gebogen ist. Für das Fliegenfischen entwickelte Streamerhaken haben einen extrem langen Hakenschenkel. Haken, die für das amerikanische Spinnfischen konzipiert sind, benötigen ein nach außen gebogenes Öhr (offset). Die aberwitzigste Form hat der für die Meeresfischerei entwickelte Circlehook. Der erinnert tatsächlich an einen Kreis. Sogar die Hakenspitze ist entgegen aller Logik nach innen gebogen. Sieht sehr seltsam aus, funktioniert jedoch ganz offensichtlich ausgezeichnet. Haken werden mal mit, mal ohne Widerhaken angeboten. Wurmhaken verfügen über zusätzliche Häkchen auf dem Hakenschenkel, um ein Verrutschen des Köders zu verhindern. Haken mit angebrachter Minispirale sollen den Teig längere Zeit festhalten.

Auf die Größe kommt es an! Es wird zwischen zwei Gruppen unterschieden: »kleine Haken« und »große Haken«. Die Größe von kleinen Haken wird mit einer einfachen Zahl (in der Regel 2 bis 18) beschrieben. Je größer die Zahl ist, desto kleiner ist der Haken. Ein 2er-Haken eignet sich zum Beispiel zum Fang von Großkarpfen jenseits der 20-Kilogramm-Marke. Ein 18er-Häkchen taugt, um kleinste Rotaugen zu überlisten. Die Größe von großen Haken schreibt man mit einer Zahl und »/0« dahinter (zum Beispiel 1/0). Je größer die Zahl, desto größer ist auch der Haken. Spricht der Angler von der Verwendung eines »Zweinullers«, meint er einen Haken der Größe 2/0, der für Wels und Co taugt. Größere Haken werden aber vor allem im Salzwasser eingesetzt. Haken für das Big-Game-Angeln, zum Beispiel auf riesige Schwertfische, erinnern dann schon eher an Fleischerhaken.

In der modernen Angelfischerei ist längst Stahl das Mittel der Wahl. Aber auch hier gibt es große Qualitätsunterschiede. Traditionell haben Haken aus Japan einen sehr guten Ruf. Tatsächlich verfügt Japan über eine jahrhundertealte Schmiedekunst. Verpackungen mit dem Hinweis »Japanstahl« und Modellbezeichnungen wie »Samurai« sollen dem Kunden das verdeutlichen. Heute gibt es eine riesige Auswahl auf dem Markt, aber darunter sind auch immer mehr Billigprodukte. Viele Angler sparen bei der Hakenwahl leider am falschen Ende. Spitz genug sind heutzutage, dank der Methode des chemischen Schärfens, fast alle Angelhaken. An der Festigkeit hapert es jedoch häufig. Der neueste Schrei auf dem Markt sind Anbieter wie die Firma Pinpoint Hooks, die fertige Haken zusätzlich nachschärfen oder entsprechendes Werkzeug für den Eigengebrauch anbieten. So wird aus scharf superscharf. Als Vergleich darf man sich den Unterschied zwischen einer Nähnadel und der Nadel einer Injektionsspritze vorstellen.

Übrigens, den peniblen Angler erkennt man an seinen zerstochenen Fingerkuppen. An ihnen lässt sich bekanntlich sehr gut testen, ob ein Haken noch scharf genug für den Einsatz ist.

17. GRUND

WEIL ALLES AN EINEM SEIDENEN FADEN HÄNGT

Die Redewendung »am seiden Faden hängen« stammt aus einer Geschichte, die unter anderem von Cicero und Horaz überliefert ist: Bei einem Festmahl durfte Damokles an der Tafel den Platz von Dionys, seinem Herrn, den er um seine Macht beneidete, einnehmen. Über Damokles wurde jedoch ein Schwert befestigt, das nur an einem Rosshaar hing. Der Herrscher wollte Damokles damit die ständigen Gefahren, die mit seiner Position verbunden sind, vor Augen führen.[8]

Aber auch in Bezug auf das Angeln ist diese Redewendung sehr treffend, denn beim Angeln hängt auch etwas am seidenen Faden, nämlich unsere Beute. Moderne Angelschnüre sind sehr dünn, sodass die Bezeichnung »seidener Faden« durchaus passend ist. Manchmal bin ich selbst verwundert, wie man mit diesen dünnen Schnürchen so riesige Fische an Land befördern kann. Beim Angeln ist die Schnur die fast unsichtbare Dutzende oder sogar Hunderte Meter lange Verbindung zwischen Angler und Fisch. Durch sie spürt der Angler selbst auf Distanz die Bewegungen des Fisches. Hängt erst einmal ein Fisch an der Angel, ist der Erfolg zum Greifen nah, und doch kann noch so viel schiefgehen.

MONO UND GEFLOCHTENE

Als »Mono« bezeichnen Angler Monofilament. Diese Angelschnur wird standardmäßig für die meisten Angelarten verwendet. Die aus Nylon bestehenden Schnüre sind in der Regel transparent, können aber auch eingefärbt werden. Monos haben einen gewissen Bungee-Effekt, das heißt, sie dehnen sich unter Zugkraft. Das kann Vorteile im Drill bedeuten, da die Schnur Fluchten des Fisches abfängt und Fehler des Anglers vermeidet. Ebenfalls zu den

Monofilamenten zählt die sogenannte Fluorocarbonschnur. Sie gilt als besonders unauffällig, da sie einen Lichtbrechungsfaktor ähnlich dem von Wasser besitzt. Außerdem ist sie anders als normale Monos schwerer als Wasser und sinkt daher auf den Grund. Das hat beim Grundangeln entscheidende Vorteile.

Geflochtene Schnur besteht aus miteinander verflochtenen Dyneemafasern. Geflochtene Schnüre sind bei gleicher Dicke wie Monofilamente deutlich stabiler. Ursprünglich weiß, werden die Fasern in der Regel gefärbt und beschichtet. Das bringt eine etwas natürlichere Färbung und macht die Schnur widerstands- und gleitfähiger. Die meisten geflochtenen Schnüre treiben auf dem Wasser. Durch das Hinzufügen sinkender Fasern, aus Wolfram oder saugfähigem Material, kann jedoch auch ein Absinken der Schnur erreicht werden. Geflochtene Schnur hat fast keine Dehnung. Damit eignet sich die Schnur besonders für das Kunstköderangeln. Mehr Kontrolle über Köder und Fisch bedeutet aber auch weniger Raum für Fehler des Anglers. Jeder noch so kleine Ruckler wird von der Schnur an den Fisch oder den Angler weitergegeben, da ist Fingerspitzengefühl gefragt.

Der Durchmesser einer Angelschnur wird sinnvollerweise in Millimetern angegeben. Im Süßwasser sind bei monofilen Schnüren Durchmesser von 0,18 Millimeter (zum Beispiel für Rotaugen und Brassen) bis hin zu 0,35 Millimeter (zum Beispiel für Karpfen und Hecht) gängige Schnurdicken. Benutzt man geflochtene Schnur, kann man problemlos auf wesentlich dünnere Leinen zurückgreifen, der höheren Tragkraft sei Dank. Zur Verdeutlichung: Während die seltensten 30er-Monos zehn Kilogramm Tragkraft haben, hält eine gute Geflochtene fast das Dreifache an Belastung aus. Im Anglerjargon ist die Null vor dem Komma übrigens stumm. Spricht ein Karpfenangler beispielsweise von einer 30er-Schnur, verbessern Sie ihn bitte nicht. Natürlich sind nicht 30, sondern 0,30 Millimeter gemeint.

Als Faustregel bei der Wahl der richtigen Schnurdicke gilt grundsätzlich: »So dick wie nötig, so dünn wie möglich.« Je dünner die

Schnur, desto geringer die Gefahr, dass der Fisch sie entdeckt und den Braten riecht. Es gibt jedoch auch Fälle, in denen die Schnur nicht dick genug sein kann. Sind Hindernisse im Wasser zu befürchten, gilt »viel hilft viel«. Abriebfestigkeit lautet das Zauberwort.

Wer sich jetzt übrigens wundert, warum man mit einer Schnur mit nur zehn Kilogramm Tragkraft 20-Kilo-Karpfen bändigen kann, der sei daran erinnert, dass im Wasser andere Schwerkräfte gelten. Die Fische werden auch nicht an der Angel aus dem Wasser gehoben, sondern schonend mit einem Unterfangkescher eingefangen.

18. GRUND

WEIL ES FISCHKUSCHELTIERE GIBT

Wie konnte die Angelindustrie diese Marktlücke nur all die Jahre übersehen? Fischkuscheltiere sind neuerdings der letzte Schrei. Vorbei sind die Zeiten, in denen man seinem Angelkumpel zur Geburt seines Kindes peinlichen Babyschnickschnack schenken musste. Frühkindliche Prägung ist wichtig, und so verschenkt man als Angler logischerweise Fischkuscheltiere. So kann sich der Nachwuchs schon früh an seine spätere Beute gewöhnen. Natürlich muss man sich nicht damit begnügen, irgendein nach Universalfisch aussehendes Exemplar zu verschenken. Von A wie Aal bis Z wie Zander ist alles verfügbar. Dabei hat man die Wahl zwischen, dank Fotodruck, täuschend echt anmutenden Versionen und dem kuscheligen und damit wohl kindgerechten Klassiker. Unter Anglern sind vor allem die realistischeren Versionen beliebt. Mittlerweile führt beinahe jeder größere Onlinehandel für Angelbedarf die »Gaby«-Kuschelfische. Die kuschelige Variante wird bei verschiedenen Firmen vertrieben. Wer das Internet durchforstet, wird schnell fündig werden. Aber auch in einem der zwei großen deutschen Kaufhäuser habe ich zwischen den Teddybären erst kürzlich einen Koi und einen Schuppenkarpfen entdeckt. Kuschelfische eignen sich übrigens auch prima, um eine Fangflaute zu überbrücken. Einfach ein Foto mit dem plüschigen Fang machen und auf Facebook oder Instagram hochladen. Den Fang nimmt einem zwar keiner ab, erfahrungsgemäß gibt es dennoch reichlich positives Feedback.

Kapitel 3

SZENETALK

*Von
tollen
Hechten,
kleinen
Würmchen
und
wahren
Legenden*

19. GRUND

WEIL ES TERRY »THE TENCH« HEARN GIBT

Terry Hearn ist sicher der berühmteste Karpfenangler der Welt. Er hat fantastische Bücher über seinen Aufstieg und Werdegang als Angler geschrieben. Bücher, die den Spirit des Angelns, so wie auch ich ihn empfinde, so gut beschreiben, dass sie kaum zu übertrumpfen sind. Terry gelang in seinen damals jungen Jahren eine Serie von britischen Rekordfängen, die wohl für immer unangefochten bleibt. Terrys bekanntester Fang ist der der Spieglerdame »Mary«. Terry gehört zu den wenigen Vertretern einer jüngeren Generation englischer Karpfenangler, denen es noch vergönnt war, die einstigen schuppigen Stars der Angelszene zu Gesicht zu bekommen, bevor sie schließlich nach und nach verstarben. Terry Hearn hat eine ganze Generation junger Karpfenangler geprägt und wird bis heute auch von den alten Hasen der Szene geschätzt, was nicht unbedingt selbstverständlich ist.

Es gibt viele Geschichten über Mr Hearn, die verdeutlichen, was ihn als Angler so bedeutsam macht. In einem seiner Bücher beschreibt Terry sein Vorgehen auf der Jagd nach einem einzelnen ganz besonderen Fisch. Einen Großteil des Seebestandes hatte er bereits gefangen. Sein Zielfisch ging dabei jedoch nie ins Netz. Terry Hearn hatte an dem See bisher nur Bodenköder eingesetzt, da bekannt war, dass die Fische Angst vor Pop-ups (also auftreibendenKödern) hatten. Schließlich hörte er aber Gerüchte, dass dieser eine Fisch, der auf seiner Wunschliste noch fehlte, jene Pop-ups bevorzugte. Terry zögerte nicht lange. Er stellte seine Taktik vollständig um und angelte fortan an allen Fischen vorbei, nur um die Chance zu haben, seinen Zielfisch vielleicht so fangen zu können. Wochen und Monate vergingen, ohne dass sich der Angler beirren ließ. Ob es ihm schließlich gelingen sollte? Was glauben Sie denn? Warum Terry Hearn den Spitznamen trägt, müssen Sie übrigens selbst herausfinden. Nur so viel: »tench« ist das englische Wort für die Fischart Schleie. Ein wesentliches Merkmal der schlauen Fische sind ihre kleinen rötlichen Augen.

Wer Terry Hearn besser kennenlernen will, dem empfehle ich sein Buch *In Pursuit of the Largest,* welches bis heute leider nur in englischer Sprache erhältlich ist.

20. GRUND

WEIL ES ULI BEYER GIBT

Uli ist als einer *der* Raubfischexperten in Deutschland und Europa bekannt. Schon als Kindergartenkind startete er seine ersten Angelversuche und dominierte später mit seinen kapitalen Hechtfängen jahrzehntelang diese Szene. Heute, mit über 50, ist er etwas entspannter geworden, was die Jagd nach Rekorden angeht. Der Maschinenbauingenieur arbeitet als Autor bei dem renommierten Parey Verlag für die Magazine *Fisch & Fang* und *Raubfisch.* Außerdem betreibt er einen der am besten sortierten Angelläden mit dem Schwerpunkt Raubfisch in ganz Deutschland. Uli bietet seit einiger Zeit auch Guidingtouren an, bei denen er sowohl Einsteigern als auch eingefleischten Raubfischanglern zu deren Traumfisch verhilft.

Wer keine Zeit findet, Uli Beyer persönlich zu treffen, der kann demnächst seine neue DVD zum Thema Zanderangeln erwerben. Die DVD wurde für den Paul Parey Verlag von Think Big Media produziert. Schon der Trailer verspricht einen super Film, der neben Inhalten – da bin ich mir bei Uli sicher – vor allem durch seine gute Machart begeistern wird.

Der Angelprofi Uli Beyer existiert für mich, solange ich zurückdenken kann. Dabei fällt mir keine Szenegröße ein, die sich so lange gehalten hat wie er. Uli Beyer ist immer noch up to date, auch wenn er nicht jeden Modetrend mitmacht. Damit ist er eine echte Ausnahmeerscheinung. Auf Messen wird er regelmäßig um Autogramme gebeten. Auf dem europäischen Markt sind sogar schon Plagiate mit seinem Namen darauf aufgetaucht. Und eine alte Marketingweisheit besagt ja bekanntlich: »Spätestens, wenn du kopiert wirst, hast du es geschafft.«

Ulis Zielfisch Nummer eins ist der Hecht, dicht gefolgt vom Zander. Am Wasser trifft man ihn meist am Möhnesee oder Bodden – eben dort, wo die ganz dicken Kaliber schwimmen. Wirft man einen Blick in seine gut gefüllte Köderbox, fallen gleich die vielen verschiedenen Slottershads (spezielle Gummifische) auf. Für jene, die Uli kennen, ist es kein Geheimnis, dass dieser Köder zu seinen absoluten Favoriten zählt. Kein Wunder, dass er sie selbst produziert und in seinem Shop verkauft.

21. GRUND

WEIL ES MARKUS PELZER GIBT

Markus Pelzer ist mit Abstand der bekannteste Karpfenangler Deutschlands und das weit über die Landesgrenzen hinaus. Damit ist er eine echte Ausnahme, denn in der Regel schaffen es sonst nur die britischen und US-amerikanischen Kollegen zu internationalem Ruhm. Aber was ist es, was den Rheinländer so besonders macht? Markus begann bereits Ende der Achtzigerjahre mit dem Karpfenangeln und ist damit einer der Pioniere der deutschen Karpfenszene. Ohne die Leistung der Talente meiner Generation abwerten zu wollen, kann man doch, glaube ich, behaupten, dass damals vieles schwieriger war. Heutzutage ist ein 30-Pfund-Karpfen Standard; damals wäre es ein Riese gewesen. Der Karpfenboom und das Internet haben dazu geführt, dass man heute leicht erfährt, an welchem Gewässer gute Fische zu fangen sind. Es gibt unzähliges

Material, das dem Angler das Leben leichter macht, und mindestens genauso viel abgepacktes Angelfutter. All das bezieht der Angler des 21. Jahrhunderts bequem über das Internet. Viele dieser Möglichkeiten gab es damals nicht, und so musste man Ende der Achtziger als guter Angler nicht nur ein guter Nachahmer sein, denn nachzuahmen gab es damals nicht viel, sondern vor allem einfallsreich und innovativ.

Mehr aufgrund der Tatsache, dass es auf dem deutschen Markt kaum brauchbare Köder für das professionelle Karpfenangeln mit der Haarmontage – also Boilies – gab, begann Markus mit der Eigenproduktion. Doch die Fängigkeit der bunten Kugeln sprach sich schnell herum. Erst fragten Markus' Freunde, ob sie Boilies von ihm bekommen könnten, dann auch andere Angler. In einem unserer gemeinsamen Gespräche sagte Markus zu mir: »Das Geld, das ich mit der Boilieherstellung verdiente, war eigentlich nur dafür da, mein eigenes Angeln zu finanzieren. Aber das Karpfenangeln wurde immer populärer, und immer mehr Leute wollten meine Boilies, Mixe, Flavons und so weiter, es war verrückt.« 1993 gründete Markus schließlich die Firma Pelzerbaits. Damals die erste Karpfenköderfirma in Deutschland.

Wer Markus dabei zuhört, wie er über das Angeln auf Karpfen berichtet, der merkt schnell, wie dieser Mann so erfolgreich werden konnte. Markus ist ein unheimlich facettenreicher Angler und auch nach Jahren der Routine nicht festgefahren. Von sinnlosen Spielereien und Modetrends hat er dagegen immer die Finger gelassen. Heute hat er mehr als hundert Gewässer auf der ganzen Welt befischt.

Zu Markus Pelzers größten anglerischen Erfolgen gehört der Fang von fünf unterschiedlichen Fischen über der magischen 30-Kilogramm-Marke, darunter auch der Weltrekord-Schuppenkarpfen »Mary«.

Markus hat unzählige Fachartikel und auch Bücher geschrieben. Auf einer Reihe von Angelvideos kann man ihn bei der »Arbeit«

beobachten. Auf Angelmessen gab und gibt er sein Wissen in Form von Interviews und Vorträgen preis. Mittlerweile ist es etwas ruhiger um Markus Pelzer geworden. Warum auch nicht? Beweisen muss er niemandem mehr etwas. Viel mehr als er kann man als Karpfenangler in seinem Leben nicht erreichen. Am Ende steht für mich fest: Markus ist einer der erfolgreichsten Karpfenangler der Welt.

22. GRUND

WEIL ES RAY SCOTT GIBT

Ray Scott, der Mann mit dem Cowboyhut, ist vielleicht *die* Outdoor- und Angellegende der USA. Er ist nicht nur der Autor und Herausgeber unzähliger Artikel und Zeitschriften, sondern schuf auch die TV-Serie *The Bassmasters* auf TNN. Als seine größte Errungenschaft für den modernen Angelsport gilt aber die Gründung der Bass Anglers Sportsman Society (B.A.S.S.). Von vielen wird Ray daher schlicht der »Bass Boss« genannt.

Alles begann im Jahre 1967 als fixe Idee. Angeblich soll Ray Scott der Einfall an einem verregneten Tag in einem Hotelzimmer gekommen sein. Eigentlich wollten er und ein paar Freunde fischen gehen, aber das Wetter hatte ihnen einen Strich durch die Rechnung gemacht. Alle waren heiß aufs Angeln, aber im TV lief als einzige Sportart Basketball. Empört soll Ray daraufhin gerufen haben: »Warum zeigen sie im TV kein Angeln, es gibt verdammt noch mal Leute, die sich mehr fürs Angeln als für Basketball interessieren.«

Kurz nach diesem Ereignis gründete Ray Scott die B.A.S.S., um ein nationales Barsch-Angel-Turnier zu organisieren. So etwas war in den Sechzigerjahren eine absolut verrückte Idee, denn damals verstand man unter Angeln vor allem Entspannung; mit Wettkampf hatte das Ganze für die meisten wenig zu tun. Doch Ray ließ sich nicht beirren. Heute finden die Bassmaster Turniere auf der ganzen Welt statt. Sie sind so etwas wie der Super Bowl im American Football.

Aber Ray Scott ging es nie nur um den kommerziellen Erfolg. Mit allen Mitteln kämpfte er gegen die damals fast schon selbstverständliche Verschmutzung von Flüssen und Seen durch die Industrie. Um die 200 Klagen brachte Ray über die Zeit so auf den Weg. Es ist vor allem seinem unablässigen Engagement zu verdanken, dass der Sportangelboom in den US-amerikanischen Seen und Flüssen nicht ein frühes Ende gefunden hat.

Ray Scott war, was das Angeln betrifft, seiner Zeit weit voraus. So verwundert es auch nicht, dass es seiner Initiative zu verdanken ist, dass das heute bei fast allen Angelmethoden weit verbreitete »Catch & Release« Einzug in die Barschangelei hielt. Bis dahin hatte man auch auf Wettkämpfen alle Fänge getötet. Ray führte die ersten »Don't kill your catch«-Turniere ein. Heute gehört »Catch & Release«, also das Fangen und Zurücksetzen von Fischen, in den USA nicht nur zum guten Ton, es trägt auch maßgeblich zum Erhalt der Fischbestände bei.

Aus dem Stein, den Ray Scott angestoßen hat, entwickelte sich über die Jahre eine Multimillionen-Dollar-Angelindustrie. Wer mehr über Rays, nicht nur für Angel- und Outdoorfans inspirierende, Geschichte erfahren will, dem sei sein Buch *Prospecting and Selling: From a Fishing Hole to a Pot of Gold* oder das Porträt *Bass Boss* von Robert H. Boyle empfohlen.

23. GRUND

WEIL ES BABS KIJEWSKI GIBT

Barbara Kijewski, wie Babs mit bürgerlichem Namen heißt, ist Deutschlands bekannteste Anglerin. Mittlerweile ist sie berühmter als die meisten ihrer angelnden männlichen Kollegen und das auch weit über die Landesgrenzen hinaus. Seit einiger Zeit ist Babs Profianglerin, Moderatorin und Journalistin. In einer sonst von Männern dominierten Sportart ist sie eine absolute Exotin. Das hat ihr zu einem beachtlichen Promifaktor verholfen. Über 50.000 Likes auf ihrer Facebook-Fanpage sprechen eine deutliche Sprache.

Ihre Leidenschaft für Fische hat Babs von ihrem Vater. Mit dem Hobbytaucher schaute sie in ihrer Jugend unzählige Fischdokumentationen im TV und auf Video an. Zum Angeln kam sie später durch einen Freund. Seit 2010 wohnt Babs, die ursprünglich aus Berlin stammt, im Kölner Raum, was uns sozusagen zu Nachbarn macht. Ihre Hausgewässer sind, ähnlich wie bei mir, der Rhein und verschiedene Baggerseen in und um Köln. Da läuft man sich des Öfteren am Wasser über den Weg. Babs' Lieblingsfische sind Räuber wie Barsch, Hecht, Zander und Wels.

Am liebsten ist sie mit ihrer Spinnrute unterwegs und liegt damit insbesondere bei Junganglern voll im Trend. Das Texas-Rig-Fischen auf Barsch ist ihre absolute Lieblingstechnik. Aber auch Fliegen-, Wels- und Karpfenfischen zählen zu ihren Interessen. Das macht Babs zu einer der wenigen Allrounder(innen) in unserer Branche. Sie verbrachte bereits Angelurlaube in Spanien, Frankreich, Holland und Irland, den USA, der Karibik, Norwegen, Österreich und auf Inseln im Indischen Ozean.

Immer wieder ist Babs im TV zu sehen, zum Beispiel bei Stefan Raab auf dem Studiosofa von *TV Total*. Zusammen mit dem bekannten englischen TV-Angler Matt Hayes war sie für den Discovery Channel in Großbritannien unterwegs. Sie moderiert die Fisch & Fang-Profiliga und ist seit 2014 zusammen mit Auwa Thiemann (verstorben am 5. Mai 2014) in der Angelshow *Zwei Profis am Haken* auf DMAX zu sehen. Außerdem hält sie Messe-Vorträge zum Thema Angeln.

Neben Babs' sympathisch-quirliger Art und der Tatsache, dass viele Männer ihr wahrscheinlich schon aus optischen Gründen gerne beim Angeln zusehen, gibt es etwas, was mir an ihrer Popularität besonders gefällt: Wenn immer mehr Frauen angeln gehen, liegt darin eine große Chance, dass unser Hobby auch in der breiten Öffentlichkeit Anerkennung findet. Angeln ist dann kein Hobby für raubeinige Herren mehr, sondern eine Freizeitbeschäftigung für jedermann und die ganze Familie. Barbara Kijewski hat unseren Sport jedenfalls in einer Art und Intensität in die Öffentlichkeit getragen, wie es wohl keinem männlichen Kollegen gelungen wäre. Um es mit einem fast schon legendären Zitat von Babs zu sagen: »Und jeder Fisch bekommt einen Kuss.«[9]

24. GRUND

WEIL MAN PROFI WERDEN KANN

Das Wort »Profi« sorgt im Zusammenhang mit dem Angelsport immer wieder für Verwirrung. Als Profi gilt für mich mehr oder weniger jeder gute oder sehr gute Angler, der einen gewissen kommerziellen Erfolg hat. Dieser muss nicht unbedingt in Geld messbar sein.

Profi zu werden ist einfacher, als man denkt. Man muss nur möglichst viele dicke Fische fangen … so die etwas naive Annahme. Natürlich ist der Fang gewichtiger Exemplare – wobei die Betonung auf dem Schluss-»e« liegt – schon mal ein Anfang und keineswegs hinderlich. Um im Angelsport erfolgreich zu sein, bedarf es aber schon etwas mehr. Man muss vor allem ein guter Selbstpromoter sein.

Anders als bei It-Girls reicht es nämlich nicht aus, einfach nur schön auszusehen. Das ist Anglern ziemlich egal, zumindest wenn es um männliche Angler geht. Es reicht noch nicht einmal aus, seinen »Job« gut zu machen, also möglichst viele große Fische zu fangen. Wer in einer Zeitschrift abgedruckt werden will, der schreibt den entsprechenden Bericht am besten gleich selbst. Schließlich kann man als Angler in der Regel nicht erwarten, dass die Presse von alleine über die eigene Person berichtet. Dieser Status bleibt Spitzensportlern, dem Hochadel und Popstars vorbehalten. Die meisten Redakteure der einschlägigen Angelmagazine sind selbst talentierte Angler. Über jemand anderen zu schreiben ist unüblich, schließlich kann man dann auch gleich alles selbst machen. Wer es auf die Bühne einer Angelmesse schaffen will, der wird in der Regel nicht zum Interview geladen, sondern muss seine Show medial alleine auf die Beine stellen. Natürlich könnte man eine Medienfirma damit beauftragen. So etwas kostet aber eine Menge Geld. Und wer glaubt, man könne als Angelprofi mit Vorträgen Honorare auf C-Promi-Niveau einfahren, der irrt sich. Auch die meisten Videoprojekte entstehen in Eigenregie. Eine professionelle Produktionsfirma ist häufig zu teuer. Das Hauptproblem beim Angeln ist die Tatsache, dass auch einmal stundenlang nichts beißt. So kann es passieren, dass man einen Kameramann oder mehr fürs Rumsitzen bezahlt.

Auch diejenigen, die damit gerechnet haben, als Angelprofi reich zu werden, muss ich enttäuschen. Natürlich gibt es Profis, die mit dem Angeln ihren Lebensunterhalt verdienen. Dann aber meist als Mitarbeiter in der Marketingabteilung einer Firma oder als Inhaber des eigenen Unternehmens für Angelgeräte.

Der Weg zum Profidasein führt im Angelsport in der Regel über die Magazine und ein Sponsoring. So habe ich es gemacht, und so machen es wohl die meisten. Meinen ersten Artikel schrieb ich circa zwei Jahre nachdem ich mit dem Karpfenangeln begonnen hatte. Anfangs war es fast unmöglich, ein Magazin zu finden, das meine Texte abdrucken wollte. Wer will schließlich schon Tipps von einem Nobody lesen!? Das ein oder andere Foto eines kapitalen Karpfens brach schließlich das Eis. Je mehr ich veröffentlichte, desto beliebter wurden meine Texte. Schließlich wurden Angelfirmen auf mich aufmerksam und fragten, ob ich ihre Produkte kostenlos benutzen wolle. Was ein Sponsoring genau beinhaltet, ist übrigens schwer zu sagen. Während in Deutschland meist kleine Brötchen gebacken werden, zahlt man Angelprofis im Ausland teilweise Spitzengehälter. Von Deals à la »Du machst Werbung für mich, und dafür bekommst du meine Waren etwas günstiger« bis hin zu »Sag mir einfach, was du haben willst, Hauptsache, ich darf mit deinem Namen werben« ist alles vertreten.

Mit einer einflussreichen Firma im Rücken ging es dann noch steiler aufwärts. Nun meldeten sich die Magazine bei mir, um anzufragen, ob ich nicht wieder einen Artikel einreichen wollte. Plötzlich bestand auch die Möglichkeit, auf Messen Vorträge zu halten. Mit der Zeit kam eins zum anderen. Für die Zukunft steht ein Filmprojekt im Raum. Wäre ich nicht Angelprofi geworden, stünde ich heute sicher nicht da, wo ich jetzt stehe. Ich habe unheimlich viel gelernt, die Gelegenheit erhalten, einflussreiche und talentierte Leute kennenzulernen und meine Passion in die Welt hinauszutragen. Wenn ich ehrlich bin, hätte ich mir mein Hobby – zumindest in diesem Ausmaß – ohne die kommerzielle Komponente wohl kaum finanziell leisten können.

25. GRUND

WEIL MAN AMATEUR BLEIBEN DARF

Man darf Amateur bleiben. Gott sei Dank! Manchmal frage ich mich: Wofür mache ich den ganzen Rummel hier überhaupt mit? Noch einmal ganz normal angeln gehen, ganz ohne Hintergedanken und Verpflichtungen, einfach nur so für mich selbst. Damit wir uns nicht falsch verstehen, ich will mich wirklich nicht beschweren, ich mache den Job gerne. Ich liebe Angeln so sehr, dass ich am liebsten der ganzen Welt das Angeln näherbringen würde. Aber ob man sich nun Profi nennen darf oder nicht, im Vordergrund sollte ohnehin immer die Freude am Hobby stehen.

Immer wieder treffe ich auf Normalangler, die meinen, sich für ihren Status rechtfertigen zu müssen. Vor allem für Jungangler gibt es oft nur ein Ziel: Angelprofi werden. Aber Angeln bedeutet Freiheit, einmal loszulassen und einfach nur das zu tun, worauf man Lust hat. Diese Freiheit geht zumindest ein Stück weit verloren, wenn man als Profi Verpflichtungen wie Messeauftritte und Berichterstattung zu bewältigen hat. Da wird das geliebte Hobby schnell zum Pflichtprogramm. Stellen Sie diese Behauptung beim nächsten Messe- oder Angelladenbesuch einfach einmal auf die Probe und fragen sie einen Angler, der sein Hobby zum Beruf gemacht hat, wie oft er privat noch angeln geht. Als Amateur hat man es da leichter. Man kann tun und lassen, was man will.

Beim Angeln ist es auch nicht so wie zum Beispiel in der Formel 1. Man braucht sicher kein millionenschweres Sponsoring, um halbwegs erfolgreich zu sein. Sie können problemlos einer der besten Angler der Welt werden und dieses Projekt mit den eigenen finanziellen Mitteln stemmen. Ein Sponsor hilft, ist aber keineswegs Bedingung für erfolgreiches Angeln. Als Angelprofi wird einem zugegebenermaßen ein gewisses Maß an Aufmerksamkeit zuteil. In der von Narzissmus bestimmten Welt der modernen Medien scheint das vielen sehr wichtig zu sein. Dadurch fängt man aber nicht mehr Fische, und der Wert einer Person wird auch nicht in »Likes« gemessen. Ob ein Angler ein guter Angler ist, lässt sich meiner Überzeugung nach ohnehin nicht an dessen Bekanntheitsgrad ablesen, sondern an dem, was er wirklich kann. Ich kenne genug erstklassige Angler, auf deren Konto unzählige Rekordfänge gehen; nur sind diese völlig unbekannt, weil ihnen der eigene Erfolg genug ist und sie ihn nicht erst mit anderen teilen müssen, damit er für sie Bedeutung erlangt. Fazit: Auch unbekannte Angler können begnadete Angler sein.

26. GRUND

WEIL MAN MIT DEN STARS AUF AUGENHÖHE IST

Je unbekannter die Sportart, je kleiner die Community, desto direkter ist der Kontakt zu den eigenen Idolen. Den Großteil meiner Angelidole habe ich live kennengelernt, ich durfte ihnen die Hand schütteln oder gar im Pub ein paar Biere mit ihnen genießen. Manche sind sogar zu meinen Freunden geworden. Was zum Beispiel im Profifußball unmöglich wäre, ist in Anglerkreisen gar kein so großes Kunststück. Während der Fußballstar, wie ein Popstar abgeschirmt, in einem für den Fan unbezahlbaren Luxushotel residiert, pennt der Angelprofi womöglich nur wenige Meter vom eigenen Bivvy entfernt auf seiner Liege. Zwar gibt es mittlerweile auch Angler, die Autogramme geben, jedoch werden die noch selbst geschrieben, und der Fan muss auch nicht befürchten, von einem Security-Guard oder gar vom Idol selbst beschimpft oder verprügelt zu werden.

Als Angelprofis beangelt man die gleichen Gewässer wie jeder andere auch. Die meisten Profis werden nichts dagegen haben, wenn man ihnen am Wasser einen kurzen Besuch abstattet und die eine oder andere Frage stellt. Natürlich kann man sich gelegentlich auch mal eine Abfuhr einfangen. Auch unter Angelprofis gibt es Blödmänner. Vielleicht sind Sie aber auch nur der hundertste Besucher an diesem Tag. Die meisten Kollegen, die ich am Wasser getroffen habe, sind äußerst entspannt. Meiner Meinung nach gehört es fast schon zur Pflicht eines jeden Anglers, seinen Kollegen mit Rat und Tat zur Seite zu stehen. Insbesondere, wenn man sich als Angeljournalist und Consultant einen Namen machen möchte, sollte man sich bemühen, beim Angeln nicht allzu eigenbrötlerisch daherzukommen.

27. GRUND

WEIL ES RIVALITÄTEN GIBT

Manchmal fühle ich mich wie bei *Romeo und Julia*. Regelrechte Fehden werden zwischen den verfeindeten Anglerlagern ausgefochten. Ich habe so etwas nie verstanden und werde es auch wohl nie. Stets habe ich versucht, mich aus allem herauszuhalten, um schließlich feststellen zu müssen, dass das gar nicht so leicht ist.

Angler stellen sich gerne als eine große Szene dar. Eine nette Gemeinschaft, die sonst keiner versteht. In Wirklichkeit verstehen sich aber die meisten Angler untereinander auch nicht besonders gut.

Ein typischer Aufreger sind Rivalitäten bezüglich der besten Angelstellen. Darüber hinaus ist es aber auch in Mode gekommen, für oder gegen jemanden Partei zu ergreifen. Gibt man sich dagegen neutral, blickt man häufig in verwunderte Gesichter. So kam es schon vor, dass man mich offen darauf ansprach, warum ich die Köder von XY fischen würde, schließlich sei das doch ein absoluter Blödmann. Warum das angeblich so war, konnte mir mein Gegenüber aber nicht verraten. Sogar Schlägereien habe ich auf Messen schon mit ansehen müssen. Verfeindete Parteien gingen aufeinander los, nur weil der eine über den anderen angeblich irgendetwas gesagt hatte. Mein Tipp an alle Beteiligten: mehr angeln, weniger Gerüchteküche.

28. GRUND

WEIL VIELE BERÜHMTE MENSCHEN ANGLER SIND

Unglaublich viele berühmte Menschen sind oder waren passionierte Angler. Das macht Angeln nur noch sympathischer. Das Problem ist nur, dass es keiner so richtig weiß. Dem möchte ich natürlich gerne entgegenwirken.

MIROSLAV »MIRO« KLOSE

Zugegeben, ich bin nicht unbedingt das, was man als einen eingefleischten Fußballfan bezeichnen kann. Irgendwie hat bei mir nach der C-Jugend die Begeisterung für den Sport nachgelassen. Weder mein Vater noch mein Großvater waren große Fußballfans, und so gab es auch keinen Traditionsverein, den man mir in die Wiege gelegt hätte. Natürlich schaue ich trotzdem gerne ab und an Fußball. Meist wenn die Nationalmannschaft spielt. Mein absoluter Lieblingsspieler ist seit jeher Miro Klose. Nicht nur, weil er ein erstklassiger Spieler ist, sondern weil er so unglaublich authentisch und bescheiden daherkommt. Umso mehr habe ich mich darüber gefreut, als mir während der Fußballweltmeisterschaft zu Ohren kam, dass Miro Klose begeisterter Angler ist. In Kontakt mit dem Angeln kam Miroslav Klose durch seinen Vater und einen Freund. Das ist jetzt gut zehn Jahre her. Trotz seiner Karriere als Profifußballer geht er regelmäßig angeln. Seine Söhne begleiten ihn dabei gelegentlich. Sein Hausgewässer ist die Isar. Genaueres weiß man nicht, und das ist für Miroslav Klose, der nach eigener Aussage angeln geht, um »runterzukommen«, wohl auch besser so.[10]

MARTEN »MARTERIA« LACINY

Endlich mal ein hipper junger Mensch, der angelt! Ein bisschen Imagepflege kann sicher nicht schaden. Irgendwie habe ich neuerdings den Eindruck, dass die halbe deutsche HipHop-Szene angelt. Bushido, Sido, Marteria. Alles Angler? Jedenfalls was Marteria betrifft, kann ich das bestätigen. Der Rapper, welcher den meisten durch Songs wie *Lila Wolken*, *OMG* und *Welt der Wunder* bekannt sein dürfte, liebt das Angeln. Dieser Eindruck muss sich einem einfach aufdrängen, wenn man Marterias unzählige Interviews, Videos und Facebookeinträge sieht, die allesamt im Zusammenhang mit dem Angeln stehen. So war Marteria bereits mit meinem *Blinker*-Kollegen Veit Wilde auf Zanderjagd und betonte in unzähligen

Interviews, wie sehr er für das Angeln brennt.[11] Jüngst musste sogar seine aktuelle Deutschlandtour herhalten. Auf Facebook startete Marten einen Aufruf. Interessierte sollten sich bei ihm melden, um mit ihm einen Angelausflug in den jeweiligen Konzertstädten zu starten.

ERNEST HEMINGWAY

Hemingway war Angler durch und durch. Angeblich fing er seinen ersten Fisch im Alter von gerade einmal drei Jahren. In viele seiner Geschichten ließ er das Thema Angeln und Fische einfließen. So auch in seiner Novelle *Der alte Mann und das Meer*, die den Kampf eines alten Fischers mit einem riesigen Marlin erzählt. Dieser Kampf steht für das Ringen der Menschen mit der Natur. Das Buch gilt als eines der wichtigsten Werke des 20. Jahrhunderts und bescherte Hemingway einen Nobelpreis. Trotz seiner Passion scheint Hemingway das Angeln aber auch von einer ironischen Seite betrachtet zu haben. So soll er einmal gesagt haben: »Das interessanteste Geschöpf der Zoologie ist der Fisch. Er wächst noch, wenn er längst verspeist ist. Wenigstens in den Augen des Anglers.«[12]

ANGELNDE POLITIKER

Sicher kennen Sie die im Internet kursierenden Fotos des angelnden russischen Präsidenten Wladimir Putin. Wladimir mit Angel bewaffnet, in Rambo-Macho-Pose, das Ganze oberkörperfrei selbstverständlich. Das ist zugegebenermaßen Geschmackssache. Aber ich habe bessere Beispiele auf Lager, keine Sorge. Googeln Sie einmal die vergangenen amerikanischen Präsidenten! Sie werden überrascht sein, allesamt Angler, besser gesagt Fliegenfischer. Eine Ausnahme bildet anscheinend nur Barack Obama. Das ist wohl auch den Mitarbeitern des amtierenden US-Präsidenten aufgefallen. Und so wurde Barack Obama kurzerhand in Watstiefel gesteckt und zusammen mit einem professionellen Guide am Gallatin River ausgesetzt. Das Ergebnis: sechs Anbisse, keine Landung, aber was soll's, der Mann wird schließlich nicht fürs Angeln bezahlt.[13] Und auch den ein oder anderen deutschen Politiker hat schon das Angelfieber gepackt. Wussten Sie zum Beispiel, dass Bundeskanzlerin Angela Merkel einen Angelschein hat und in ihren jungen Jahren Mitglied, ja sogar Vorstandsmitglied eines Angelvereins war?[14] Außerdem gibt es da noch die skurrile Anekdote des Altkanzlers Kohl über einen Angeltörn mit dem indonesischen Diktator Suharto. Eigentlich waren ernste Gespräche wegen der Besetzung der Insel Bira vorgesehen, doch die Herren blieben lieber beim Thema Angeln. Angeblich haben Helfer dem Anglerglück der beiden aber etwas nachgeholfen. Am Ende des Tages soll Suharto Kohl dann mit den Worten »Viel Glück, und pass auf, dass dich kein Fisch frisst« verabschiedet haben.[15]

Kapitel 4

DIE ANGLER

*Was
sind
das
eigentlich
für
komische
Menschen,
und
was
machen
die
da
überhaupt?*

29. GRUND

WEIL ES SÜCHTIG MACHT

Ein weiterer Grund, das Angeln zu lieben? Na, weil man es muss natürlich! Es ist eine Sucht … Woran erkennt man einen Süchtigen? Daran, dass er seine Sucht leugnet. Süchtige sind die perfekten Lügner. Angler investieren in ihr Hobby eine Menge Zeit und Geld. Das ist für Außenstehende nur schwer verständlich. Das Thema »Angeln« wird in einer Beziehung nicht selten zur Zerreißprobe. Als Angler bedient man sich daher gerne einer Reihe von Notlügen, um den Partner und sich selbst vor der Wahrheit zu schützen. Das eigentlich Schlimme: Wir merken es häufig noch nicht einmal. Wie ein pubertierender Kiffer brüstet sich der Angler zwar vor seinen Kollegen mit Sprüchen wie »Ich bin vom Angelvirus befallen«, glaubt aber insgeheim, dass er das ganze Spielchen freiwillig macht und jederzeit aufhören könnte, wenn er das wollte – will man aber natürlich nicht. Dem Unterbewusstsein scheint der Ernst der Lage dagegen klar zu sein, und so bemüht sich unser Verstand unablässig um Notlügen und Ausreden, die das brisante Thema »Angeln« scheinbar runterzukochen vermögen.

Angeln kostet Zeit, zu viel Zeit. Was dem Angler viel zu wenig ist, ist dem Partner meist deutlich zu viel. Die Auffassungen davon, was ein angemessener Zeitaufwand für ein Hobby ist, gehen zwischen den Parteien weit auseinander. Der Fachmann weiß, dass ein vernünftiger Ansitz mindestens zwei Tage und eine Nacht – besser ein ganzes Wochenende – umfasst. Die bessere Hälfte meint, dass auch ein paar »Stündchen« reichen. Um dennoch auf seine Kosten zu kommen, bedient sich der Angler eines Tricks aus der Welt der Investmentbranche, er schönt die Zahlen. Zunächst fasst man sich möglichst ungenau und behauptet, man würde mal »eine Nacht« fischen gehen. Gemeint ist natürlich eine Nacht plus An- und Abreise bei Tag, also eigentlich zwei volle Tage inklusive Nacht. Es bis zum See zu schaffen ist die halbe Miete. Nun gilt es, Zeit zu schinden. Kurz vor Ablauf der vereinbarten Zeit ist ein Anruf zu Hause fällig. »Ja Schatz, tut mir leid, es muss einfach sein, ich hänge noch 'ne Nacht dran« (in einem möglichst weinerlichen Ton), ist das, was jetzt kommt. Warum denn nun noch eine Nacht? Natürlich entweder, weil es gerade so gut beißt und man diesen glücklichen Moment einfach auskosten muss, oder weil es eben gar nicht läuft, man aber das Gefühl hat, dass man doch auf seine Kosten kommt, wenn man nur noch ein paar Stündchen bleibt. Ein liebevoller Partner kann da doch nicht Nein sagen.

Es gibt Dinge, für die *muss* einfach Geld vorhanden sein. Für Angelsachen zum Beispiel. Wenn man keins hat, verschuldet man sich notfalls. Dass Angler süchtig nach neuem Angelgerät sind, hat mittlerweile auch der Onlinehandel begriffen. Dort gibt es 0-Prozent-Finanzierungsmodelle mit Vertragslaufzeiten von bis zu 48 Monaten. Der Gang in den Angelladen ist zudem tückisch. Kleinteile kosten oft nur 1,20 Euro, die Kosten summieren sich aber. Aus dem geplanten Madenkauf wird so mir nichts, dir nichts ein Millionengrab. Aber auch das muss sich der Suchti nicht eingestehen. Erstens braucht er das Zeug ganz, ganz dringend, und zweitens kann man sich selbst und anderen immer noch weismachen, dass man nur »ein paar Euro« ausgegeben hat. Über Geld spricht man nicht!

Seien Sie jetzt aber nicht zu hart mit sich selbst oder ihrem Angler. Angeln ist keine so schlimme Sucht, als dass man den Betroffenen völlig heilen müsste. Finger weg also vom kalten Entzug. Etwas Maßregelung reicht meist schon aus.

30. GRUND

WEIL ES AUCH ETWAS FÜR FRAUEN IST

Angeln gilt gemeinhin als Herrensport. Doch immer mehr Frauen interessieren sich ebenfalls dafür. Und damit meine ich nicht jene gelangweilten Ehefrauen, die ihren Mann am Wochenende in der Hoffnung begleiten, wenigstens auf diesem Wege ein wenig Zeit mit ihm verbringen zu können. Frauen angeln aus den gleichen Gründen wie Männer. Warum auch nicht!

Babs Kijewski ist ein gutes Beispiel. Sie hat es weit in den Fokus der Öffentlichkeit geschafft. Natürlich auch, weil sie als Frau (noch) eine Exotin in diesem Hobby ist. Früher lernten Frauen, wenn überhaupt, das Angeln über ihren Partner kennen, oder sie waren von ihrem Vater oder älteren Brüdern zum Angeln mitgenommen worden. Mittlerweile gibt es eine ganze Reihe Mädels, die auch ohne männlichen Impuls den Weg ans Wasser finden oder zumindest bleiben, nachdem der Angelpartner das Hobby schon längst aufgegeben hat. So wundert es nicht, dass ich auf Angelmessen immer häufiger Besucherinnen bei meinen Vorträgen oder am Stand eines meiner Sponsoren antreffe. Besonders gefreut habe ich mich über den Umstand, dass 2012 erstmals zwei junge Frauen an meinem Jugendevent »Kids on Carp« teilnahmen. Dabei schien die Verunsicherung bei den männlichen Teilnehmern und Betreuern größer zu sein als bei unserem weiblichen Zuwachs. Frauen am Wasser, das kannten die meisten nicht. Neben dem deutlich positiven Zuspruch schienen die Männer jedoch zwei Punkte umzutreiben: 1. Keiner der Jungs wollte schlechter angeln als die Mädchen. Natürlich nicht! Wie peinlich wäre das denn? 2. Insbesondere die Betreuer mussten sich zusammenreißen, die Teilnehmerinnen nicht wie zerbrechliche Vasen, sondern wie Angelkollegen zu behandeln. Klingt einfach, stellt einen aber ungewollt vor eine ganz schöne Herausforderung. Immer noch gibt es in der Anglerschaft Vorurteile gegenüber angelnden Frauen. Für manch einen scheinen Frauen beim Angeln (nur) auf »Sexy Angel-Kalender« zu gehören, ähnlich wie Boxenluder in der Formel 1 oder Nummerngirls beim Boxsport. Aber auch gut gemeinte Kommentare wie »Ach komm, lass den Papa mal machen« kommen bei angelnden Frauen eher chauvinistisch als hilfsbereit rüber, wie ich aus zuverlässiger Quelle weiß. Und das wohl auch nicht ganz zu Unrecht. Unter den angelnden Frauen finden sich immer mehr Profis. Insbesondere in Amerika und Skandinavien gibt es Anglerinnen mit Sponsoringvertrag.

Und tatsächlich ist Angeln ein Hobby, in dem Männer im Gegensatz zu anderen Sportarten nicht mit ihrer körperlichen Überlegenheit auftrumpfen können. Beim Angeln geht es nicht um Kraft, sondern um Technik und Feingefühl. Das gilt jedenfalls für den Großteil der gängigen Süßwasserangelei. Insbesondere aktive Angelmethoden wie das Spinn- und Fliegenfischen sind Technikdisziplinen. Mit der »Was nicht passt, wird passend gemacht«-Methode kommt Mann hier nicht weit. Das Binden von Montagen ist eine ganz schöne Frickelei, beim Futteranmischen ist der gute Geschmack gefragt, bei Auswurf, Köderführung und Drill geht es in erster Linie um Feingefühl. Böse Zungen könnten also sogar behaupten, dass Frauen uns Männern beim Angeln überlegen sein müssten. So weit würde ich aber selbstverständlich nicht gehen.

Dass Frauen jetzt auch vermehrt angeln, hat übrigens auf das ganze Hobby einen sehr positiven Effekt. Irgendwie scheint die sonst in puncto Angeln oft sehr kritische Öffentlichkeit der Meinung zu sein, dass Angeln doch nicht so schlimm sein kann, wenn Frauen sich auch dafür interessieren.

31. GRUND

WEIL MAN ANGLER SCHON VON WEITEM ERKENNT

Wir Angler geben uns ziemlich klischeehaft, auch ich, das gebe ich offen zu. Damit meine ich aber nicht das Bild, unter dem sich vermutlich die meisten Nichtangler unsere Sippe vorstellen. Nein, wir sehen nicht alle aus wie Trachten tragende Opis aus dem Schützenverein. Und selbstverständlich gleicht auch nicht ein Angler dem anderen. Über die Jahre ist das Angeln immer spezialisierter geworden. Karpfen-, Friedfisch-, Fliegen-, Raubfisch-, Meeres- und Forellenteichangler unterscheiden sich nicht nur durch ihre Zielfische und die verwendete Methode, sondern auch durch Optik und Gemüt. Wenn ich darüber nachdenke, muss ich schon ein wenig über uns selbst schmunzeln.

KARPFENANGLER

Der Karpfenangler ist der Soldat unter den Anglern. Bis an die Zähne mit Angelgerät bewaffnet und wild entschlossen, die Mission »Karpfenfangen« zu erfüllen, kämpft er sich seinen Weg frei, koste es, was es wolle. Karpfenangler sind keine Einzelgänger, sondern profilieren sich gerne in der Gruppe. Es ist daher auch sehr beliebt, sich in Teams oder Gruppen zusammenzuschließen. Namenszusätze wie -Fanatics, -Army oder -Hunter sollen ganz offensichtlich zum Ausdruck bringen, wie ernst man es mit seinem Hobby meint. Als Carphunter trägt man Camouflage oder besser noch Realtree. Tarnung ist *alles,* damit man mit der Natur verschmilzt und für die Fische unauffällig ist. Vielleicht aber auch nur, weil es saucool aussieht, wer weiß das schon so genau.

FRIEDFISCHANGLER

Der Friedfischangler, sei es nun Feedern oder Stippen, einfacher ausgedrückt das Angeln auf Grund mit Futterkorb oder an der Oberfläche mit einem Schwimmer, ist der nette Onkel unter den Anglern. Still und unauffällig verbringt er den ganzen Tag auf seiner ein Quadratmeter großen Stipp-Plattform, einer Art vierbeinigem Podium aus Aluminium, die Angler und Material einen sicheren und trockenen Stand am Ufer des Sees oder Flusses gewähren soll. Dabei angelt er auf, dem Rest der Anglerschaft lächerlich winzig vorkommende, Fischlein. Gefangen wird im Akkord, wobei außerdem Unmengen von Anfutter ins Wasser geworfen werden, sodass das Ganze nicht selten in einer ganz schön heftigen Matscherei aus Fischschleim und Teigresten gipfelt. Beliebt ist daher das Tragen einer Schürze, mit der zumindest die etwas besser beleibten Angler wie Fleischer hinter der Wursttheke daherkommen. Als Lieblingsoutfit hat sich eine Art Latzhose herausgebildet, die auch noch vor Wind und Wetter schützen soll, sich modisch aber an Kleinkindern orientiert.

FLIEGENFISCHER

Der Fliegenfischer ist der Golfer unter den Anglern. Er angelt nicht, er fischt! Mit dem Pöbel der restlichen Anglerschaft muss er sich erst gar nicht einlassen. Fliegenfischen gilt als die hohe Kunst des Angelns, und das ist dem Fliegenfischer auch verdammt bewusst. Zum Fischen fährt er mit dem SUV, so etwas gibt es jetzt endlich auch von Porsche. Neben einer sündhaft teuren Wathose und -jacke mit skandinavisch anmutendem Namen gehört eine ebenso kostspielige Pol-Brille in Fliegeroptik mit zum Dresscode. Die Fliegenrute ist aus gespleißtem Bambus oder mindestens einem Hightech-Nano-Karbon-Material handgefertigt, ebenso wie die Centerpinrolle aus Raumfahrt-Alu-Dingsbums. Ein Mann ist eben nur so gut wie sein Werkzeug.

RAUBFISCHANGLER

Raubfischangeln ist absolut angesagt, seit der Trend des US-amerikanischen Kunstköderangelns zu uns herübergeschwappt ist. Amerikanisches Sportangeln *ist* Kunstköderangeln! Alles andere wird dort nicht ernst genommen. Bunte Schnellboote, Echolot und GPS gehören zur Grundausstattung. Hinzu kommt eine Art Trikot, das weniger an einen Angler als an eine Kreuzung aus Rennradfahrer und Formel-1-Pilot erinnert. Hauptsache schrill, bunt und möglichst viele Sponsoren auf dem Leibchen, dann ist das Outfit perfekt. Raubfischangler sind Sportler, da muss man ein gewisses Ego mitbringen, um erfolgreich zu sein.

MEERESANGLER

Der Meeresangler ist das Nordlicht unserer Zunft, und das nicht nur, weil hier das deutsche Meer liegt, sondern auch, was sein Gemüt betrifft. Er ist rau, aber herzlich, trink- und magenfest. Wer schon einmal auf einem nussschalenförmigen Fischkutter bei stürmischer See mitgefahren ist, weiß, dass dies wichtige Attribute sind. Die meisten Meeresangler, die ich kenne, haben eine ganz schöne Plauze, wahrscheinlich, um eine ausreichende Standfestigkeit bei Wind und Wetter zu gewährleisten. Zum Schutz vor Kälte und Nässe trägt der Meeresangler am liebsten einen Ganzkörperoverall samt tief ins Gesicht gezogener Kapuze, vorzugsweise in den Trendfarben Knallgelb und Rot. Das sieht dann entweder nach Serienmörder à la *Ich weiß, was du letzten Sommer getan hast* oder Teletubby-Alarm aus. Aber so etwas ist echten Männern egal.

FORELLENTEICHANGLER

Des Forellenanglers liebster Köder ist Powerbait, eine bunte, mit Glitzer vollgestopfte Paste für den Forellenfang. Unter seinen Kollegen ist er als Stümper verschrien, weil ein vernünftiger Angler sein Glück in der Wildnis versucht und nicht an einer kommerziell bewirtschafteten Badewanne, wo einem für ein paar Euro ein Eimer hungriger Forellen vor die Füße gekippt wird. So zumindest das Vorurteil. Aus dem gleichen Grund sind solche Seen auch als »Forellenzirkus« oder gar »Forellenpuff« bekannt. Wen wundert es da, dass man den sonst völlig unscheinbaren Forellenangler genau wie den Stripclubbesucher auch noch nach Tagen an den Glitzerrückständen in seinem Gesicht erkennt.

32. GRUND

WEIL ES SPINNFISCHEN GIBT

Spinnfischen ist etwas für echte Angelaktivisten. »Aktive Pirsch statt Aussitzen« lautet das Motto. Und tatsächlich scheiden sich hier unter Anglern die Geister. Während die einen froh darüber sind, im Schatten schlafend auf den nächsten Anbiss warten zu können, wollen die anderen Action pur – schließlich kann man so sein Glück selbst in die Hand nehmen.

Grob gesagt, versteht man unter »Spinnfischen« das bewegte Angeln mit Kunstködern. Diese werden unter Verwendung verschiedenster Techniken durch das Wasser gezogen und verleiten den Raubfisch so zum Anbiss.

Und auch bei der Wahl der Beute sind sich Spinnfischer und Ansitzangler uneinig. So behauptete ein befreundeter Spinnangler zuletzt doch tatsächlich, dass Karpfen langweilig wären. Konnte er damit wirklich die gleichen majestätischen Riesen meinen, wie ich sie kenne? Andererseits kann ich dem Fang eines 40 Zentimeter großen Barschs nicht wirklich viel Spektakuläres abgewinnen. Im Vergleich zu einem Karpfen sind Barsche Winzlinge, und das, was sie dem Angler im Drill entgegenzusetzen haben, fällt allenfalls unter die Kategorie »einen Versuch war es wenigstens wert«.

Übrigens gibt es weitere Formen des Spinnfischens. Beim Schleppfischen wird der Köder nicht mit der Angelrolle eingeholt, sondern mit dem Ruderboot gezogen. Beim Trawling bedient man sich eines Motorboots. Der Köder wird mittels Bleigewichten, die an einer Seilwinde hängen, auf Tiefe gehalten. Im Endeffekt ist auch das Pilken auf Dorsch und Co mit dem Spinnfischen verwandt. Im Prinzip ist der Pilker nichts anderes als ein sauschwerer Blinker von 100 Gramm und mehr, den der Angler über oder in der Nähe des Seegrunds hüpfen lässt. Auch beim »normalen« Spinnfischen gibt es Techniken, bei denen der Köder vertikal vom Boot aus geführt wird. Im Süßwasser sind die Köder hierbei meist sogenannte Softbaits. Die im Meer verwendeten Pilker sind dagegen aus Blei, hauptsächlich um trotz Drift und Gewässertiefe in Grundnähe zu gelangen. Auch wenn beim Spinnfischen größtenteils Kunstköder eingesetzt werden, eignen sich Naturköder wie tote Köderfische ebenfalls bestens für diesen Stil. Zwei gängige Montagen sind der Fireball (für das Vertikalangeln) und das Drachkovitch System. Der Fireball besteht aus einer Bleikugel und einem daran befestigten flexiblen Einzelhaken, auf dem der Köderfisch aufgespießt wird. Das Drachkovitch System macht aus einem toten Köderfisch eine Art Wobbler. Es ist mit einer Tauchschaufel, einem Draht zur Befestigung des Fisches und mit Drilligen bestückten Auslegern bewaffnet.

33. GRUND

WEIL ES KARPFENANGELN GIBT

Meine große Liebe ist das Karpfenfischen. Die Frage, warum das so ist, ist aber gar nicht so leicht zu beantworten. Ich habe viele Diskussionen miterlebt, in denen sich die Vertreter der verschiedenen Stile gegenseitig davon überzeugen wollten, dass ihre Kunst die größte ist. Fakt ist, Geschmäcker sind verschieden, und wir können froh sein, ein so facettenreiches Hobby zu haben. Wahrscheinlich ist das auch der Grund dafür, dass sich immer noch der Großteil der Angler nicht auf einen Fachbereich versteift, sondern mehr oder weniger intensiv ab und an auch mal in fremden Gefilden fischt. Ich kenne viele Kollegen, die als Ausgleich zum Ansitzangeln auf Karpfen ab und an spinn- oder fliegenfischen gehen. Viele Welsangler sind ehemalige Karpfenangler. Irgendwann waren ihnen die Fische nicht mehr schwer und der Drill nicht mehr hart genug, und eine noch größere und stärkere Fischart musste her. Andere geben das Karpfenangeln aus Zeit- oder Platzgründen auf und werden zum Beispiel Fliegenfischer.

Bis heute ist das Karpfenangeln aber meine große Leidenschaft geblieben. Für mich sind diese Fische mit der absoluten Ruhe und Entspannung verbunden, die plötzlich mit dem Schrei des Bissanzeigers in Action und Adrenalin umschlagen kann. Karpfen sind aus meiner Sicht die majestätischsten Fische, die unser Kontinent zu bieten hat. Dabei ziehen sie ihre Bahnen an den Gründen unserer Gewässer so gemächlich, als wäre ihnen wohl bewusst, dass ihnen kein natürlicher Feind etwas anhaben kann. Im Drill kippt das Bild des sanften Riesen dann ins Gegenteil. Die dickbäuchigen Karpfen sind unglaublich starke und ausdauernde Kämpfer. Selbst kapitale Hechte sehen dagegen blass aus. Im Drill bestätigt sich auch das Image des kapitalen Karpfens als alter Krieger. Kampferprobt lassen sich die Veteranen nicht aus der Ruhe bringen. Statt wie ihre kleineren Artgenossen panisch die Flucht zu ergreifen, werfen sie ihre Erfahrung und ihr Gewicht in die Waagschale. Über Hunderte Meter steuern sie zielstrebig Unterschlüpfe und Hindernisse an. An der Angel machen sie sich bleischwer, indem sie alle Luft aus den Schwimmblasen lassen. Minutenlang verharren sie so am Gewässergrund, ohne dass es einem gelingen würde, den Fisch auch nur einen Zentimeter in Richtung Wasseroberfläche zu bewegen.

Karpfenangler sprechen oft vom »Fallenstellen«. Und das beschreibt die Art des Angelns auf Karpfen auch am besten. Wie eine

Bärenfalle wird die Montage gut präpariert und möglichst getarnt an der bestmöglichsten Stelle platziert. Danach gilt es Geduld zu bewahren, um später vielleicht die Früchte seiner Bemühungen ernten zu können. Wann und ob ein Biss kommt, ist völlig ungewiss. Meist erfolgen sie völlig unvermittelt. Und das macht letztlich einen großen Teil des Reizes aus.

34. GRUND

WEIL ES FRIEDFISCHANGELN GIBT

Friedfischangeln ist so etwas wie das Grundstudium des Angelns. Fast jeder Angler hat einmal klein angefangen und dabei meist mit der Jagd auf Rotaugen und Brassen begonnen, um sich schließlich an größere Exemplare wie Karpfen heranzuwagen. Es zu Beginn vor allem mit dem Fang von Rotaugen und Brassen zu versuchen macht auch durchaus Sinn. Zum einen sind die beiden Fischarten eigentlich in jedem deutschen Gewässer heimisch, zum anderen kommen sie meist in recht großen Schwärmen vor. Methoden und Fanggerät können, müssen aber nicht kompliziert sein. So hat selbst der blutigste Anfänger eine reelle Chance auf seinen ersten Fisch. Mit der Zeit lernt man dazu und passt Methoden und Gerät auf die äußeren Gegebenheiten und die Eigenarten der beangelten Fischart an. Auch lernt man das Handling mit den Fischen. Beim Rotaugen- und Brassenzanken (so nennt der eingefleischte Angler die Jagd auf diese relativ »einfach« zu fangenden Fischarten gerne) lernt man alles, was für das Angeln essenziell ist, ohne allzu sehr in Spezialthemen abzudriften. Neben einer halbwegs geeigneten Rute und Rolle ist vor allem die Wahl einer nicht zu dicken Schnur erforderlich. Entweder wird der Köder an einer Pose treibend oder an einem Grundblei auf dem Gewässerboden liegend angeboten. Vor allem der Einsatz einer Pose erfordert einiges an Geschick, denn die durch Wind und Strömung verursachte Drift ist größer, als es einem die Augen glauben machen wollen. Auch bezüglich der Montage fängt man bei null an. Einfach, aber effektiv muss sie sein. Der Köder – zumeist Maden oder Mais – sollte genau so auf dem Haken aufgespießt sein, dass der Fisch keinen Verdacht schöpft und die Hakenspitze bei einem Anbiss aber im Fischmaul greifen kann. All diese Punkte sind für das gesamte Angeln rudimentär und lassen sich nahezu uneingeschränkt übertragen.

Ein ungekonnter Auswurf mit der Angel mag im Zweifelsfall nur etwas plump aussehen. Beim Anhieb sind jedoch Fingerspitzengefühl und Timing gefragt. Dies erlangt man am besten durch den Fang Dutzender Fische. Wer gleich mit dem Karpfenangeln beginnt, lernt solche Fertigkeiten nie. Wie ich zu meinem Erschrecken feststellen musste, kann man sie auch verlernen. Als ich nach Jahren des Karpfenangelns eine Runde stippen wollte, war ich anfangs frustriert. Mir fehlte völlig das Feingefühl. Alles war so schrecklich klein und verhedderte sich dauernd. Die Bisse waren zaghaft, mein Anhieb meist viel zu kräftig. Erst nach einem halben Tag am Wasser war ich wieder in meinem Element.

Der Umgang mit Fischen ist ein heikles Thema. Unbedingt sollten wir dabei so viel Fingerspitzengefühl wie möglich zeigen. Ich gönne jedem Anfänger seinen kapitalen Riesen, habe aber die Erfahrung gemacht, dass es manchmal besser ist, klein anzufangen. Bei einem vergangenen Jugendfischen fing ein Neuling den dritten Fisch seines Lebens und dann gleich einen über 30 Pfund schweren Karpfen. Der Drill war ein heilloses Durcheinander, die Landung klappte nur mit Glück, am Ufer musste ich dann beherzt eingreifen, um das völlige Chaos zu verhindern.

Auch wenn ich das Friedfischangeln, genauer das Feedern und Stippen, als Basis für andere Angelarten ansehe, heißt das aber nicht, dass es nicht auch hier absolute Profis und Spezialthemen gibt. Während ein Anfänger mit Teleskoprute womöglich ein bis zwei Fischlein fängt, kann es sein, dass gleich daneben ein Profi mit seiner 15 Meter langen Kopfrute oder mit Feederrute und Futterkorb die Fische im Minutentakt aus dem Wasser kurbelt. Doch Übung macht den Meister, und das geht beim Angeln oft schneller, als man denkt.

35. GRUND

WEIL ES FLIEGENFISCHEN GIBT

Fliegenfischen hat unter Anglern einen ähnlichen Status wie Golf unter den Ballsportarten. Es gilt als Königsdisziplin und Gentlemansport, steht aber auch für eine versnobte Anhängerschaft.

Bis vor Kurzem ging es mir beim Thema »Fliegenfischen« wie den meisten Anglern. Ich hatte davon gehört und hatte eine gewisse Vorstellung im Kopf, war aber weit davon entfernt, mich als versierter Fliegenfischer bezeichnen zu können. Fliegenfischen ist einfach anders als normales Angeln. Man braucht einen besonderen und technisch recht anspruchsvollen Wurfstil, und auch die Darbietung des Köders ist völlig anders.

Fliegenfischen steht auch für Minimalismus. Rute, Rolle, Schnur, Fliege, fertig! Dieser Minimalismus war es dann auch, der mein Interesse weckte. Endlich einmal nicht stundenlang Angelgerät einpacken und anschließend mühevoll zum See schleppen, nur um dann nach kurzem Ansitz gleich wieder wie ein Esel bepackt den Heimweg antreten zu müssen. Um mir Peinlichkeiten bei meinem ersten Versuch zu ersparen, und auch weil ich kein eigenes Gerät besaß beziehungsweise keinen Fliegenfischer in meinem Bekanntenkreis habe, der mir Material hätte leihen können, buchte ich kurzerhand einen Einsteigerkurs. Dabei fiel meine Wahl auf Rolf Renell, einen sympathischen Rheinländer, der zu meiner Freude so gar nicht in das Klischee des versnobten Fliegenfischers passt.

Stundenlang übte er mit uns hingebungsvoll Wurfbewegungen auf einer Wiese mitten in der Eifel. Von Wasser oder gar Fischen erst einmal keine Spur. Da guckte der ein oder andere Kursteilnehmer ein bisschen irritiert aus der Wäsche. Schließlich ging es dann doch unter den Augen der naserümpfenden Profis, die gerade in ihren 1.000-Euro-Watstiefeln ihre SUVs deutscher Premiummarken ansteuerten, ans Wasser. Gefangen haben wir natürlich nichts, zu dilettantisch waren unsere ersten Versuche. Statt »Fliege vorsichtig ablegen«, wie Rolf immer wieder forderte, war wildes Wassergepeitsche angesagt. Doch schon beim zweiten Versuch, den ich dann einige Wochen später in Ruhe mit einem Freund startete, klappte es.

Mein Fazit: Fliegenfischen ist wirklich etwas ganz Besonderes, was jeder Angler zumindest einmal ausprobiert haben sollte. Das Gefühl und die Spannung, die in einem aufsteigen, wenn man einen Fisch aktiv anwirft und dann dabei beobachtet, wie er durch das glasklare Wasser zur Oberfläche schwimmt, sind einfach unbeschreiblich und so nur bei dieser Angelmethode zu erleben. Nach einer Weile fühlt man sich wirklich mit der Natur im Einklang. Das hat fast schon etwas Meditatives, und auch wenn einige Fliegenfischer die typischen Klischees bestätigen, waren die meisten meiner neuen Kollegen überaus entspannte und sympathische Angler.

36. GRUND

WEIL ES NOODLING GIBT

Noodling[16] ist nicht etwa eine Herstellungsweise für italienische Teigwaren, sondern eine Angel-, oder besser gesagt Fischfangmethode. Das Noodling hat seinen Ursprung höchstwahrscheinlich in den Südstaaten und dem Mittleren Westen der USA. Es wurde dort einst für den Fang von Fischen zum Nahrungserwerb entwickelt, ist heute aber vor allem eine beliebte Sportart. Je nach Region wird es auch Grabbing, Grabbling, Hogging, Snatching und Tickling genannt. All diese Bezeichnungen lassen erahnen, welcher Technik sich der Noodler beim Fischfang bedient.

In den USA war Noodling lange als Zeitvertreib halbgescheiter Rednecks verschrien. Durch diverse Fernsehauftritte in Talkshows und eigene Sendungen wird es heute von der Öffentlichkeit aber mehr und mehr als Sportart akzeptiert. Bis vor Kurzem war das Noodling in Europa quasi unbekannt. Doch spätestens seit der Outdoor-Männer-Sender DMAX in seinem TV-Programm eine Sendung über eine Familie verrückter Südstaatler ausstrahlte, die in sumpfigen Tümpeln Jagd auf teilweise recht beachtliche Welse machte, ist das Thema auch bei Nichtanglern in aller Munde.

Anders als beim herkömmlichen Angeln braucht der Noodler weder Köder noch Haken oder Rute – besser gesagt, er selbst stellt all diese Gerätschaften dar. Zielfisch der Noodler ist der Wels beziehungsweise die vielen verschiedenen Arten von Katzenwelsen, die vor allem in den USA zahlreich vorhanden sind. Diese leben meist in selbst gegrabenen Höhlen am Grund schlammiger Gewässer, wo sie auf Beutefische warten. Der Noodler macht sich eben diese Lebensweise des Welses zunutze. Dafür taucht er den Grund nach Löchern ab, in denen er einen Wels vermutet. Ist ein solches Loch gefunden, wird die eigene Hand zum Köder umfunktioniert. Im trüben Wasser halten die Welse die Hand des Jägers für einen Köder und packen zu. Nun beginnt der Kampf zwischen Fisch und Fischer. Während der Wels versucht, seine vermeintliche Beute zu verspeisen, packt sich der Noodler den Fisch und versucht, diesen möglichst schnell an die Wasseroberfläche zu befördern.

Diese Prozedur ufert nicht selten in einen regelrechten Ringkampf aus. Dabei ist keinesfalls von Anfang an klar, wer aus dem Wettstreit als Sieger hervorgehen wird. Tatsächlich ist Noodling ein recht gefährliches Unterfangen. Die größeren Arten der Katzenwelse erreichen Gewichte von mehr als 20 Kilogramm bei einer Länge von bis zu 150 Zentimetern, wobei das bestätigte Höchstgewicht bei 65 Kilogramm liegt. Für den Noodler besteht daher die akute Gefahr, zu ertrinken. Doch auch sonst ist das Noodling kein Zuckerschlecken. Neben dem Risiko, sich am Gewässergrund zu verfangen oder im trüben Wasser die Orientierung zu verlieren, lauern in den Jagdgründen der Noodler weitere Tiere ihrer Beute auf. Hierzu zählt neben giftigen Schlangen vor allem die Alligatorschildkröte, deren Bisskraft ausreicht, um eine menschliche Hand zu durchtrennen. Auch Biber, die sich den Lebensraum mit den Welsen teilen, sehen es gar nicht gerne, wenn man ihnen ungefragt auf den Pelz rückt.

Der Fischfang mit der Hand ist auch in den USA nicht unumstritten. In vielen Bundesstaaten ist er sogar verboten. Ähnlich dürfte die Rechtslage in Deutschland sein. Allerdings ist auch hierzulande der Fang von Fischen mit der Hand nicht ganz unbekannt. Manch einer hat schon mit einem beherzten Griff unter das unterspülte Ufer eines Forellenbachs sein Abendessen gesichert.

37. GRUND

WEIL ES CASTING GIBT

Erstens, schlagen Sie sich das Bild von Dieter Bohlen lieber schnell wieder aus dem Kopf. Hier geht es nicht um einen Musikwettbewerb für angehende Superstars oder solche, die sich dafür halten. Zweitens, um ganz ehrlich zu sein, ich liebe Angeln nicht, weil es Casting gibt. Aber dieses Buch heißt auch nicht *111 Gründe, warum ich angeln gehe,* sondern schlicht *111 Gründe, angeln zu gehen.* Und eines steht fest, Casting ist in Deutschland, insbesondere im Osten der Republik, sehr beliebt. Vielleicht ist Casting ja auch etwas für Sie!? Ich werde also berichten.

Casting ist Angeln ohne Köder und Fisch, sogar ohne Wasser. Da sträuben sich mir schon die Nackenhaare. Aber Casting ist nicht

Angeln ohne Ziel. Es gibt sogar ein Ziel im wahrsten Sinne des Wortes. Mit fest vorgeschriebenem Gerät und bestimmten Wurfstilen wird auf mal näher, mal weiter entfernte, auf dem Boden liegende Zielscheiben geworfen. Der treffsicherste Sportler gewinnt am Ende. Ein wenig wie Darts mit der Angel.

Casting stammt ursprünglich aus den USA, fand aber später auch in Deutschland Gefallen und wurde in der DDR teilweise sogar als Schulsport praktiziert. Bislang erfolgreichste Athletin mit 67 Weltmeisterschaftstiteln und damit erfolgreichste Sportlerin überhaupt ist Jana Maisel.[17]

Neuerdings gibt es übrigens auch Angelgolf. Wenn man zu viel Zeit zum Nachdenken hat, entstehen manchmal die kuriosesten Dinge. So hatte Thorsten Waschnig, der Erfinder des »Angelgolfs«, die Idee zu dieser ausgefallenen Sportart, während er auf seinen Einsatz bei einem Castingwettbewerb wartete. Wie bei diesen Wettbewerben üblich, verbrachte er die Wartezeit mit Übungen für seinen späteren Wurf. Beim Casting werden eher kleinere Gewichte verwendet. Thorsten Waschnig hatte, während er übte, die Idee, dem Ganzen etwas mehr Spannung zu verleihen und mit größeren Gewichten und größeren Ruten zu arbeiten. Somit war die Idee zum Angelgolf im Jahre 2006 geboren. Bereits ein Jahr später konnte das erste Turnier stattfinden.

Beim Angelgolf wird statt der üblichen Bleigewichte ein echter Golfball, der durch eine kleine Öse speziell modifiziert wird, verwendet. Dieser wird an der Schnur befestigt. Zum sicheren Einsatz der Schnüre werden geflochtene oder monofile Schnüre verwendet, die eine Mindestdicke von 0,25 Millimeter haben müssen. Als Ruten kommen vor allem Karpfen- oder Brandungsruten, aber auch Spinnruten, die ein Wurfgewicht von 30–60 Gramm haben, infrage. Ein handelsüblicher Golfball wiegt circa 40–45 Gramm. Angelgolf-Turniere werden auf einem 6-, 9- oder 18-Loch-Golfplatz abgehalten. Je nach Teilnehmerzahl sind in einer Gruppe bis zu fünf Spieler, insgesamt können bis zu 80 Spieler an einem Turnier teilnehmen.

Ziel ist es, wie beim echten Golf, mit möglichst wenigen Würfen den Ball zum Loch zu bringen. Das Golfloch ist dabei mit einem 30 cm × 30 cm großen, meist gelben Tuch überdeckt, welches in der Mitte (genau über dem Golfloch) ein Loch hat.

Für jeden Wurf, den der Spieler auf seinem Weg zur Platzierung des Balls auf dem farbigen Tuch tätigen muss, erhält er einen Punkt. Sollte es ihm gelingen, den Ball nicht nur auf das Tuch, sondern in das Loch zu werfen, so wird dieser letzte Wurf mit 0,5 Punkten gewertet. Auch Strafpunkte können vergeben werden, wenn der Spieler seinen Ball beispielsweise in einen Baum oder ein Wasserhindernis wirft. Der Spieler, der nach Addition aller auf den verschiedenen Bahnen erzielten Ergebnisse die wenigsten Punkte hat, ist der Sieger des Turniers.

Mit Angeln im engeren Sinn hat dieser Sport natürlich nicht mehr viel gemeinsam. Denn weder findet er im oder am Wasser statt, noch spielen Fische hier eine Rolle. Trotzdem ist der Sport vor allem für Angler eine willkommene Herausforderung. Da in Deutschland ein Wettfisch-Verbot besteht, gibt das Angelgolfen den Anglern, die sich gerne in Wettkämpfen miteinander messen, eine Möglichkeit, sich fernab von langwierigen Casting-Wettbewerben auszutoben. Die ersten offiziellen Turniere, die in der Nähe von Berlin stattgefunden haben, wurden auf großen Wiesen ausgetragen. Mittlerweile wurde aber auch schon der ein oder andere Wettbewerb auf einem richtigen Golfplatz veranstaltet.

Eines muss man den Angel-Wurf-Sportlern im Übrigen lassen. Treffsicherheit ist auch beim (richtigen) Angeln nicht zu verachten und teilweise von entscheidender Bedeutung für den Fangerfolg. Außerdem bietet Casting einen weiteren Vorteil. Man braucht kein Wasser, muss keine ekligen Würmer aufspießen und stinkt nach getaner Arbeit auch nicht nach Fisch.

38. GRUND
WEIL ES EGAL IST, OB MAN DICK ODER DÜNN IST

Meiner Ansicht nach ist Angeln Sport. Aber natürlich kein Leistungssport. Als Angler muss man nicht topfit und auch nicht gertenschlank sein, und das sind die meisten Angler zugegebenermaßen nun auch wirklich nicht. Ich will es einmal so ausdrücken: Angeln ist etwas für Genießer.

Ist man nicht von vornherein dick, hat man gute Chancen, es während des Angelns zu werden. Jedenfalls das Karpfenangeln ist für die Figur ein gefährliches Hobby. Wie eine Couch-Potato vor der Glotze, liegt man als Karpfenangler oft stundenlang auf der Angelliege und schaut aufs Wasser. Das allein trägt schon nicht unbedingt zum Kalorienverbrauch bei. Hinzu kommen aber auch noch die kleinen Sünden wie Chips und Süßigkeiten. Zum einen hat man gerade eh nichts Besseres zu tun, als auf irgendetwas Essbarem herumzukauen, zum anderen macht ein Ausflug an der frischen Luft auch irgendwie verdammt hungrig. Natürlich hätte man auch zu gesunden Sachen wie Äpfeln und Salat greifen können, doch wie durch Zauberhand befindet sich in der Proviantkiste wieder nur Junkfood in Form von Bier, Cola, Chips und Weingummi.

Aber man kann nicht alles auf das Angeln schieben. Man munkelt sogar, es soll Leute geben, die waren schon dick, bevor sie mit dem Angeln begannen. In England scheint die Dichte der wohlbeleibten Angler besonders hoch zu sein. Mir fallen auf einen Schlag gleich vier gewichtige Berühmtheiten ein. Schon dieser Umstand zeigt: Wohlleibigkeit ist beim Angeln nicht unbedingt ein Handicap. Natürlich fällt ein Sprint zum kreischenden Bissanzeiger recht schwer, so was machen aber ohnehin nur blutige Anfänger. Unlängst bewarb ein britischer Premiumhersteller für Angelzubehör die Robustheit seiner Angelliegen mit einem der gewichtigsten

Angler Englands. Barry Austin wiegt unglaubliche 350 Kilogramm. Im YouTube-Video (»Nash Indulgence Bedchairs from Fishtec«) gibt er sein Gewicht in der altenglischen Maßeinheit »stones« an, und ich musste mich gleich mehrmals davon überzeugen, dass ich beim Umrechnen wirklich keinen Fehler gemacht hatte.

Allzu dünn zu sein ist beim Angeln aber manchmal auch nicht unbedingt von Vorteil. Etwas Kraft und Gegengewicht braucht man bei manchen Methoden nämlich schon. Schauen Sie sich nur einmal den Standard-Brandungsangler an. Unter den Weitenjägern werden Sie kaum einen Hänfling finden. Denn um eine 4,50 Meter lange und mit 200 Gramm Wurfgewicht behangene Angel auf Hochtouren zu bringen, braucht es einiges an Kraft und Standvermögen. Da können ein paar Kilo extra sicher nicht schaden.

39. GRUND

WEIL JEDER EINE AUSZEIT VERDIENT HAT

Vor der Familie flüchten. Das hört sich jetzt irgendwie total verwerflich an. Als hätten Mütter und Väter beziehungsweise Partner nichts Besseres zu tun, als sich aus der Verantwortung zu stehlen und ihre Familie sitzen zu lassen. Das ist sicher nicht der Fall, aber das Stichwort »Verantwortung« will ich trotzdem aufgreifen.

Von uns erwachsenen Menschen wird gemeinhin erwartet, dass wir die Verantwortung übernehmen, die Brötchen verdienen und/oder die Familie beschützen und sie hegen und verpflegen. Das Bild des Mannes als »Brötchenverdiener« und der Frau als »Hausfrau und Mutter« mag antiquiert erscheinen, ist in vielen deutschen Familien aber immer noch der Normalzustand. Im Zweifelsfall ist es auch genau andersherum, oder es herrscht Aufgabenteilung in Beruf und Haushalt. Wie man es auch dreht und wendet, am Ende des Tages bleibt ein Haufen Arbeit und Verantwortung. Aber *jeder* braucht ab und zu mal eine Auszeit von dieser Verantwortung. Das ist im Alltag schwierig.

Eine Tour mit den Jungs wäre genau das Richtige. Eine Horde 50-jähriger Männer auf Sauftour ist jedoch häufig ein recht peinlicher Anblick und wird von der Hausherrin in der Regel abgelehnt. Meist bedingt durch die Vorfälle vorangegangener »Ausflüge«. Auch das Modell »Eckkneipe« ist in die Jahre gekommen. Zu Großvaters Zeiten war es noch okay, sich abends nach der Arbeit in der Eckkneipe mit den Kumpels ein paar Korn hinter die Binde zu kippen. So etwas machen heute aber nur noch Menschen, die ein echtes Problem haben. Unter dem Deckmantel des Angelns lässt sich das alles jedoch prima vereinen und der Frau als Naturerlebnis verkaufen. Also laden Tausende deutsche Männer jedes Wochenende aufs Neue neben dem Angelzeug heimlich eine Flasche Schnaps und eine Kiste Bier in ihr Auto und fahren an den See. Hier kann man sich in aller Ruhe die Kante geben und endlich einmal entspannen. Keiner schimpft, keiner will etwas von einem. Das ist einfach herrlich, jedenfalls für ein bis zwei Tage.

Das Ganze ist natürlich nicht ganz ernst gemeint, wenn auch so schon erlebt. Ein Wochenende am Wasser kann jedenfalls wahre Wunder bewirken, um wieder neue Kraft für den Alltag zu gewinnen. Das gilt selbstverständlich für Frauen und Männer gleichermaßen.

40. GRUND

WEIL ES EIN LEBEN LANG GLÜCKLICH MACHT

Angeln macht definitiv glücklich, ich muss es schließlich wissen. Warum das so ist, kann ich selbst nicht genau beschreiben, man muss es erlebt haben. Vielleicht ist es das pure Naturerlebnis, vielleicht der Erfolg in Form von Beute, vielleicht die Ruhe gepaart mit

Spannung. Ich glaube, es ist die Mischung all dieser Dinge, die das Angeln so besonders macht. Während ich diese Zeilen schreibe und über das Angeln nachdenke, merke ich, wie ich unentwegt lächeln muss. Erinnerungen geistern durch meinen Kopf, die sich anscheinend dort für immer festgebrannt haben.

Ich kann mich noch heute an den Fang meines ersten Angelausflugs erinnern, als ob es gestern war. Wie ich gebannt auf die Pose starrte, mein Herz vor Spannung bis zum Hals schlug, als die Pose zuerst zu zittern begann, um schließlich abzutauchen. Der Moment des Anhiebs und der kritische Moment der Landung des Fisches. Das Gefühl, als ich am nächsten Tag an das Ufer des Sees zurückkehrte und schon Hunderte Meter vor meiner Angelstelle zu rennen begann, nur weil ich die Spannung kaum noch ertragen konnte. Dieses Gefühl könnte man leicht als den Enthusiasmus eines Grünschnabels abtun. Doch, ehrlich gesagt, hat sich an dieser Reaktion bis heute nichts geändert. Immer noch könnte ich vor Anspannung platzen, wenn ich auf dem Weg zum Angeln bin. Jeder Biss löst immer noch den gleichen Adrenalinkick bei mir aus.

Ebenso wichtig wie das Fangen eines Fisches ist aber das, was man beim Angeln um sich herum erlebt. Der Moment der Morgendämmerung, wenn Schwarz zu Blau wird, lässt mich zuversichtlich in die Zukunft schauen. Der Blick in einen von den Lichtern der Stadt weitestgehend unbeeinflussten Sternenhimmel. Die Milchstraße und vorbeifliegende Sternschnuppen machen einem bewusst, wie klein wir sind und wie wunderbar das Leben ist. Mit der Zeit wird man Teil der Natur, ohne in sie einzugreifen. Der allmorgendliche Besuch einer Entenfamilie, die in mein Zelt spaziert, um mich quakend daran zu erinnern, ihnen von meinem Frühstück abzugeben. Das Prasseln der Regentropfen auf dem Angelschirm, das einen langsam in den Schlaf wiegt.

Warum mich das Angeln so sehr fasziniert, ist mir eigentlich egal, Hauptsache, es bleibt so für immer. Und da bin ich mir fast sicher. Ich kenne sehr wenige Angler, die ihr Hobby eines Tages an den Nagel hängen. Für die meisten bedeutet Angeln eine Passion, die sie das ganze Leben in einem magischen Bann hält. Oder um es mit den Worten Norman Macleans zu sagen: »I am haunted by waters.«

41. GRUND

WEIL ES LIFESTYLE IST

Angeln ist jetzt *hip*. Wussten Sie nicht? Ist aber so! Das ist einigermaßen skurril, da Angeln mitunter auch einiger Kritik ausgesetzt ist. Aber zumindest das Bild der Naturromantik lässt sich sehr gut an den Mann und neuerdings auch die Frau bringen. Achten Sie in den Sommermonaten nur einmal auf die Werbeprospekte der umliegenden Supermärkte. Überall gibt es Einsteigersets für Angler. Diese würden die Supermärkte sicher nicht anbieten, wenn sie keiner kaufen würde. Quality time im Vater-Mutter-Kind-Gespann oder zusammen mit der Clique steht hoch im Kurs. Und was ist besser als Bindeglied einer echten Freundschaft geeignet als Natur und Beute machen. Aber unter uns, wenn Ihr Sohn oder Ihre Tochter beziehungsweise Ihre Kollegen den Wunsch hegen, den ersten gemeinsamen Ansitz zu wagen, besuchen Sie lieber einen Fachhändler, das steigert Ihre Fangchancen erheblich.

Auch die Werbebranche scheint begriffen zu haben: »Angeln ist jetzt cool.« Der Opi im Försterlook ist passé. In der Werbung sieht man jetzt weltmännische Geschäftsleute, die beim Angeln einmal die Seele baumeln lassen, oder junge Männer mit Hipsterbart, die die Natur dem Großstadtdschungel vorziehen. Offenbar ist die Vorstellung, die eigene Nahrung zu erbeuten und zuzubereiten, für viele immer noch reizvoll, ganz besonders für jene, die den ganzen Tag in einem Büro sitzen müssen.

Angeln ist mehr und mehr zu einem Trendsport und einem regelrechten Lifestyle geworden. Vielleicht ein bisschen so wie Skateboarding, Kitesurfen oder Snowboarden. Die moderne Ausrichtung des Angelsports macht es möglich. Mittlerweile gibt es unzähliges hochtechnisches und bestens designtes Angelgerät. Karbon und Chrom bestimmen die Ruten- und Rollenwelt. Wer mag, bekommt das Ganze auch noch »customized«, also entweder von Grund auf handgemacht oder modifiziert. Tuning ist längst nicht mehr nur Autofans vorbehalten. Auch das Kleidungsproblem wurde gelöst. Nun gibt es alltagstaugliche Logoprintshirts, mit denen der Angler seinen Lifestyle auch im normalen Leben zur Schau stellen kann, ohne gleich ausgelacht zu werden. Unlängst stellen größere Firmen eigene Truckercaps her, bei denen selbst amerikanische Basketball-Teams vor Neid erblassen. Auch muss keiner mehr in ausrangierten Bundeswehrklamotten herumlaufen. Die Urban-Tarnmuster-Baggi mit dazugehörigem Hoody ist nur einen Mausklick entfernt.

Stichwort Internet. Auch soziale Medien und moderne Medien schlechthin haben dem Angeln einen gehörigen Kick versetzt. Angler gelten in der Bevölkerung gemeinhin als schweigsam. Auf Facebook sieht das anders aus. Hier kommt man als Angler manchmal schneller zu neuen Freunden, als einem lieb ist. Starten Sie doch einfach mal den Selbstversuch. Ändern Sie Ihr Profilbild auf Facebook und verwenden Sie dabei ein Foto, auf dem Sie oder irgendwer sonst (soweit dieser damit einverstanden ist) einen möglichst großen Fisch präsentiert. Die neuen (Angel-)Freunde sind Ihnen fast schon gewiss. Besonders Jungangler sind von Facebook und Instagram begeistert. Hier kann man sich austauschen, seine Fangerfolge und Ausrüstung vorzeigen. Moderne Fotoapparate, Video- und Actionkameras haben zu einem regelrechten Foto- und Videoboom geführt. Mittlerweile gibt es unzählige Angler, die neben tollen Fischfotos auch unglaublich gute Naturaufnahmen zustande bringen. Es gibt zahlreiche Videoprojekte, die sich dank Know-how und moderner Technik wirklich sehen lassen können.

So schafften es die Jungs der Medienplattform Carpzilla.de kürzlich, bei der Kino-Tournee ihres Angelfilms in vielen deutschen Großstädten ganze Säle zu füllen.

Und letztlich zeigt auch die Tatsache, dass Sie dieses Buch in den Händen halten, dass Angeln längst keine Randsportart mehr ist.

Beim Angeln steht für mich der Spaß im Vordergrund, nicht das Fischefangen. Aber mit so einem Fang macht das Angeln natürlich doppelt Freude.

Oben: Winterkarpfen. In der kalten Jahreszeit ist ein solcher Brocken fast schon ein Glücksgriff.
Unten: Einer von vielen an diesem Tag. Im Frühjahr, kurz vor der Laichzeit, kann man wahre Sternstunden erleben.

Oben: »Lieblingsfisch«. Dieser uralte Spiegler zählt nach wie vor zu einem meiner anglerischen Highlights. **Unten:** Seerekord. Dieses gewichtige Weibchen mit knapp über 20 Kilogramm fand ich um 4 Uhr morgens, kurz vor Beginn der Laichzeit.

Auf zum andren Ufer. Oft muss man an Plätzen fischen, die für andere Angler unerreichbar sind, um erfolgreich zu sein.

Oben: Freundschaft statt Konkurrenz. Beim Angeln habe ich Freunde fürs Leben gefunden.
Unten: Kleiner Köder, große Wirkung. Gelbe PopUps gehören zu meiner Geheimwaffe bei der Jagd nach den ganz Dicken.

Oben: Mein Set-up. Beim Angeln ist mir Ästhetik sehr wichtig; das gilt auch für den Rutenaufbau. Mehr Fische fängt man dadurch natürlich nicht. **Unten:** Kritische Blicke. Vor jedem Wurf prüfe ich mein Material auf Schäden. Kein Fisch soll im Drill verloren gehen.

Oben links: Schnell ein Blick auf das Rig. Ist der Haken auch scharf genug?
Oben rechts: Fußmarsch zum Waldsee. **Unten:** Weitenjagd. Das Angeln auf große Distanz ist eine meiner Leidenschaften.

Oben links: Keep it simple. Viele Karpfenangler machen aus ihrer Montage eine wahre Wissenschaft. Ich setzte auf Funktionalität. **Oben rechts:** Looking for details … **Unten:** Der Blick in den gefüllten Kescher. Dieses Gefühl kennt jeder Angler.

Oben: Das Leben im, auf dem und rund ums Wasser ist wundervoll.
Unten: Lagerfeuerromantik

Oben: Zeit zum Nachdenken. Warten auf den Fisch.
Unten: Fullrun in der Nacht.

Oben: Freund Mark Dörner, Chef von Carpzilla, mit einem kampfstarken Schuppi, gefangen in Marokko.
Unten: »Personal Best« würden die Engländer sagen. Mein bisher größter Karpfen, gefangen in Frankreich.

Oben: Mein allererster Angeltag mit 13 Jahren in Italien.
Unten: Neben dem Karpfenangeln habe ich das Fliegenfischen für mich entdeckt.

Oben: Irlands Küste. Nicht nur ein fantastisches Angelrevier.
Unten: Aus Schwarz wird Blau. Morgenstunden am Wasser.

Oben: Nutrias fühlen sich an den meisten hiesigen Gewässern pudelwohl.
Unten: Winterblues.

Fischbesatz.
Einsatz für
die Zukunft.

Kapitel 5

DER GROSSE FANG

*Von
der
Jagd
nach
Rekorden:
Warum
Fische
mehr
als
nur
Beute
sind*

42. GRUND

WEIL NICHT ALLE FISCHE GLEICH AUSSEHEN

Ich habe schon an verschiedenen Stellen deutlich gemacht, dass Fische recht unterschiedlich aussehen. Neben feineren Unterschieden gibt es aber auch echte Ausreißer. Manche Fische sehen mehr nach Fabelwesen oder Außerirdischen aus als nach Lebewesen, die von diesem Planeten stammen.

FLIEGENDE FISCHE

Sie haben die Anmutung von Elfen oder Kolibris, und ihre großen Brustflossen erinnern an die Flügel von Libellen oder Schmetterlingen. Die Rede ist von sogenannten Fliegenden Fischen. Und diese können tatsächlich das, wonach sie benannt sind, nämlich fliegen. Zwar nicht eigenständig durch Flügel-/Flossenschläge so wie Vögel, beim Gleitflug stehen sie den Federträgern aber in nichts nach. Sie katapultieren sich mit einem Sprung in die Luft und segeln über die Wasseroberfläche. In einer Höhe von 1,50 Meter gleitend, können die Fische über 30 Sekunden lang in der Luft verweilen und dabei Distanzen von bis zu 400 Metern zurücklegen. Gelegentlich erreichen sie bei ihren Gleitflügen Geschwindigkeiten von bis zu 70 km/h und Flughöhen von bis zu fünf Metern. Natürlich gleiten Fliegende Fische nicht zum Spaß durch die Luft, der kurze Abstecher dient vielmehr der Flucht vor Raubfischen.

BLAUER MARLIN

Der majestätische Blue Marlin gilt als König der Meere. Sein royales Blau und das lange Schwert, das er an der Spitze seines Kopfes trägt, lassen ihn wie einen edlen Ritter erscheinen. Seinen Rücken schmückt, ähnlich einer Fahne, eine stattliche Flosse. Der Blue Marlin gehört zur Familie der Schwertfische. Mit Gewichten von bis zu einer halben Tonne und einer Länge von bis zu vier Metern zählt er zu den absoluten Schwergewichten unter den Fischen. Die Tiere können Geschwindigkeiten von 100 km/h erreichen und meterhoch aus dem Wasser springen.

Der Blue Marlin wird unter Gourmets wegen seines Fleisches als Speisefisch, unter Anglern wegen seiner Kampfstärke gleichermaßen geschätzt.

ANGLERFISCH

Tiefsee-Anglerfische sehen wie Ungeheuer aus wahr gewordenen Albträumen aus und könnten glatt als Vorlage für Alien-Filme durchgehen. Sie haben kurze Körper, aber riesige Köpfe mit einem Maul, das so groß wirkt, als könne der Fisch sich damit selbst verschlucken. Ihr Lebensraum sind die Untiefen der Meere. Dort warten sie auf ihre Beute, welche sie mit einer Art Angel mit einem fluoreszierenden Leuchtkörper am Ende anlocken.

BLOBFISCH

Der Blobfisch ist eine echte Internetberühmtheit. Sogar als Fischkuscheltier gibt es ihn mittlerweile zu kaufen. Der rosafarbene Fisch sieht aus wie ein kahlköpfiger, mürrischer Mann und besteht noch dazu aus labbrigem Gallert. 2013 wurde er auf dem British Science Festival in Newcastle zum hässlichsten Tier der Welt gewählt.

SCHLAMMSPRINGER

Der Spaßvogel unter den Fischen ist für mich der Schlammspringer. Dieser sieht ein bisschen aus wie die Mischung aus Kinderzeichentrick-Alien und Babydrachen. Schlammspringer sind amphibisch lebende Fische und verbringen die meiste Zeit außerhalb des Wassers. Dort verweilen sie gerne auf Felsen, wo sie mit ihren Glupschaugen vorwitzig umherschauen, oder sie hüpfen durch Schlamm. Irgendwie habe ich auch das Gefühl, dass diese Tiere mich auf Fotos oder aus dem Aquarium unentwegt anlächeln. Das Leben als Schlammspringer scheint schön zu sein.

Aber auch hierzulande gibt es den ein oder anderen Angel- beziehungsweise Speisefisch, der recht extravagant daherkommt.

HORNHECHT

Der Hornhecht erinnert nur entfernt an das, was man gemeinhin von einem Hecht erwartet. Weder die Farbe noch den markanten krokodilartigen Kiefer teilt er sich mit seinem Verwandten aus dem Süßwasser. Ähnlichkeiten lassen sich lediglich am Körperbau und dabei insbesondere an der Anordnung der Flossen erkennen. Im Verhältnis zur Länge ist der Hornhecht wesentlich dünner als sein Süßwasserkollege. Er erreicht eine Maximallänge von circa 70 Zentimetern und ein Gewicht von gut einem Kilogramm Körpergewicht. Wie der Name verrät, trägt der Hornhecht anstelle eines Mauls eine Art spitzen Schnabel am Ende seines Kopfes, der sehr an das Schwert/Horn eines Schwertfisches erinnert. Der Hornhecht ist ein unheimlich schneller Schwimmer und Jäger und liefert seinem Fänger im Drill spektakuläre Zweikämpfe. Dabei ist etwas Vorsicht geboten, denn das »Horn« des Hornhechtes ist empfindlich und könnte im Drill abbrechen. Das Revier des gewöhnlichen Hornhechtes sind die Atlantikküste, die Nord- und Ostsee sowie das Mittelmeer. Als Köder benutzen Angler meist Blinker, die einen flüchtenden Sandaal imitieren sollen. Die größte Besonderheit des Hornhechtes kennen übrigens meist nur Angler und Fischer. Der Hornhecht hat grüne Gräten, die er einem völlig harmlosen Farbstoff in seinem Organismus zu verdanken hat.

AAL

Der Aal ist nicht nur seines Aussehens wegen ein reichlich seltsamer Fisch. Er ist in Süß- und Salzwasser gleichermaßen zu Hause. Sein Aussehen erinnert mehr an eine Schlange als an einen Fisch. Ein Blick in seine Augen hinterlässt bei vielen ein beunruhigendes Gefühl; er wirkt fast schon heimtückisch. Legendär unter Anglern ist die Robustheit des Aals. Er hat den Ruf, fast unverwüstlich zu sein. Das stellt den Angler, der seinen Fang zum Verzehr mit nach Hause nehmen will, vor eine ganz schöne Herausforderung. Die Angelgerätehersteller bieten spezielle Aaltöter – eine Art Guillotine – an. Doch selbst Aale mit abgetrennten Köpfen sollen ihren Fängern schon zurück in den Fluss entflohen sein. Angler unterscheiden zwischen Breitkopf- und Spitzkopfaalen. Breitkopfaale sind auf die Jagd von Fischen spezialisiert, während Spitzkopfaale sich von kleiner Nahrung, wie zum Beispiel Wasserschnecken, ernähren. Beide entstammen aber derselben Aalart. Der nachtaktive Aal ist ein echter Nomade. Zum Laichen zieht er den Golfstrom bis nach Mittel-/Südamerika hinauf. Im Alltag zeigt der Aal zudem seine amphibischen Fähigkeiten. So kann er über Land von einem Gewässer in das andere gelangen, indem er sich über feuchte Wiesen schlängelt.

PLATTFISCH

Der Plattfisch ist ein unter Anglern an Nord- und Ostsee äußerst beliebter Fisch. Für mich ist er so etwas wie das Rotauge oder die Brasse der Meere, nur dass er wesentlich besser schmeckt. Plattfische leben hauptsächlich am Meeresgrund. Wie der Name schon sagt, sind sie platt wie ein Teller. Was viele jedoch nicht wissen: Auch Plattfische waren einmal ganz normale Fische. Der Evolution haben sie es zu verdanken, dass sie schließlich von einem aufrechten Schwimmer zum Plattfisch wurden. Das Leben auf dem Grund des Meeres dient in erster Linie der Tarnung.

Mit der Zeit verschoben sich Maul und Augen. Wer ganz genau hinschaut, der kann erahnen, dass Maul und Augen von Mutter Natur ursprünglich anders geplant waren. Der Kopf eines Plattfisch erinnert ein wenig an ein Bild Picassos aus seiner surrealistischen Phase.

43. GRUND

WEIL FISCHE LECKER SCHMECKEN

Ein Buch über das Angeln kommt selbstverständlich nicht ohne die ein oder andere Empfehlung der Zubereitung aus. Dabei liegen mir zunächst drei ganz grundsätzliche Punkte am Herzen.
Erstens: Meiner Meinung nach ist bei Fisch wie bei Fleisch weniger mehr. Ein gutes Produkt braucht nicht hundert zusätzliche Komponenten und auch nicht unbedingt eine Soße. Am liebsten genieße ich Fisch nur mit Salz und Pfeffer, vielleicht noch mit etwas Zitrone oder Kräutern frisch vom Grill. Dazu gibt es eventuell etwas gegrilltes Gemüse, eine Folienkartoffel oder etwas Reis, fertig! Dafür braucht man kein Rezept. Ob man den Fisch am Stück gart oder filetiert, ist eigentlich egal. Als Faustregel gilt: Je größer der Fisch, desto eher eignet er sich zum Filetieren.
Zweitens: Garen Sie den Fisch nicht tot, denn tot ist er nämlich schon. Fast alle Fische vertragen einen glasigen Kern. Bei Thunfisch ist der sogar Pflicht, ähnlich wie beim Rindfleisch. Selbst beim Grillen sollte der Fisch keiner zu starken Hitze ausgesetzt sein, da er sonst trocken wird. Gart man den Fisch im Ganzen, zerfallen womöglich die Gräten und machen so das spätere Essen zum Puzzlespiel. Ein klares Zeichen für zu viel Hitze ist austretendes Eiweiß. Auch von gedünstetem oder gekochtem Fisch halte ich nicht allzu viel, da so Geschmacksstoffe aus dem Fisch gespült werden und ich ein gewisses Röstaroma schätze.

Drittens: Der Fisch muss frisch sein. Frischen Fisch erkennen Sie vor allem an einem unfischigen Geruch, klaren Augen und dunkelroten Kiemen. Leider ist das Angebot in deutschen Supermärkten meist etwas begrenzt. Ich kaufe meinen Fisch, wenn ich gerade keinen eigenen gefangen oder Lust auf Meeresfisch habe, gerne auf dem Großmarkt. Dort gibt es tolle Qualität, eine riesige Auswahl und recht moderate Preise. Von gefrorenem Fisch würde ich, wenn es irgendwie geht, abraten. Das hat weniger etwas mit dessen Qualität an sich zu tun. Streng genommen ist er sogar frischer, denn das Einfrieren tötet Parasiten ab. Allerdings schadet das Einfrieren oft der zarten Zellstruktur des Fischfleisches. Aufgetaut beinhaltet der Fisch dann meist nicht nur eine Menge Wasser, sondern zerfällt beim Garen auch sehr schnell in seine Einzelteile.

Natürlich gibt es ein paar echte Klassiker unter den Fischgerichten.

GEBEIZT (Z. B. FORELLE, LACHS, SAIBLING)

Gebeizter Fisch erinnert in der Konsistenz etwas an kalt geräucherten Fisch, hat aber kein Raucharoma. Er ist kinderleicht selbst zuzubereiten. Verwendet werden Fischfilets. Bestenfalls sollte der Fisch vor dem Beizen tiefgefroren und wieder aufgetaut werden, um Mikroorganismen abzutöten.

Zusammen mit der Beize luftdicht – idealerweise in einem Vakuumbeutel – verschlossen, ruht der Fisch drei bis vier Tage im Kühlschrank. Später wird die Beize kurz abgewaschen, fertig! Eine gute Beize besteht aus Zitronensaft, Salz und Zucker. Gewürze und Kräuter können nach Bedarf hinzugegeben werden.

GERÄUCHERT (Z. B. FORELLE, LACHS, SAIBLING ODER AAL, ABER AUCH KARPFEN)

Wir reden hier vom Heißräuchern, denn alles andere wäre ein rieser Aufwand. Eine Durchschnittstemperatur von 60 bis 80 Grad ist beim Heißräuchern gerade richtig.

Am besten funktioniert das Räuchern mittels eines Räucherofens, der mit Buchenholz und speziellem Räuchermehl beheizt wird. Das Ganze funktioniert aber auch prima mit einem regulierbaren Gasgrill mit Deckel. Für den Gasgrill bieten viele Grill- und Grillzubehöranbieter spezielle Räucherspäne an. Diese werden erst gewässert und verdampfen dann in einer separaten Metallschale auf dem Grillrost.

Vor dem Räuchern wird der Fisch im Ganzen oder als Filet in eine Salzlake eingelegt. Spezielle Mischungen gibt es in jedem Angelladen zu kaufen. Ein entscheidender Vorteil des Räucherns ist die anschließende Haltbarkeit des Fischs.

FORELLE ODER KARPFEN »BLAU«

Besonders als Weihnachtskarpfen hat dieses Gericht eine sehr lange Tradition.

Im Prinzip handelt es sich um nichts anderes als einen am Stück gedünsteten oder gekochten Fisch. Dieser wird vor dem Garen mit Essig übergossen und erhält so seine blaue Färbung. Danach gibt man den Fisch samt Essig in einen mit einem Sud gefüllten und ausreichend großen Topf und lässt diesen darin auf kleiner Hitze garen. Die Kochzeit variiert stark mit der Größe des Fisches. Für eine Forelle sollten 15 Minuten genügen, ein Karpfen braucht sicher 30 bis 45 Minuten. Der Sud besteht typischerweise aus einem Fond aus Suppengrün und etwas Weißwein.

SALZKRUSTE (Z. B. HECHT UND DORSCH)

Das Garen im Salzmantel oder in der Salzkruste ist ein traditionelles und besonders schonendes Verfahren zur Zubereitung von Fisch.

Für den Salzmantel verwendet man grobes Meersalz, das mit etwas Wasser und Eiweiß vermischt wird. Für ein Kilogramm Fisch benötigt man etwa zwei Kilogramm Salz. Während die eine Hälfte der Salzmischung auf ein Backblech verteilt wird, wird der zuvor gewürzte, aber ungesalzene Fisch daraufgelegt und mit dem restlichen Salz fest ummantelt. Der Mantel sollte circa einen Zentimeter dick sein. Schließlich wird alles im Backofen bei mittlerer Hitze etwa eine halbe Stunde gegart.

44. GRUND

WEIL FISCHE SCHÖN SIND UND NICHT STINKEN

Zugegeben, Schönheit liegt im Auge des Betrachters. Dass nicht jeder gleich beim Anblick eines Fisches in Ekstase gerät, kann ich verstehen. Aber immer wieder höre ich die gleichen Vorurteile. Offensichtlich finden nicht wenige Menschen meine beschuppten Freund glitschig, stinkig oder sogar hässlich. Was ist nur los mit diesen Menschen? Unvermeidlich muss ich an Meerschweinchen, Zwergpinscher und Nacktkatzen denken. So was liegt den Tierfreunden hierzulande anscheinend mehr. Seltsam finde ich das.

Aber mal im Ernst, Fische sind wirklich schöne Tiere! Natürlich sind sie glitschig. Die eine Fischart mehr, die andere weniger. Aber das macht sie nicht zwangsläufig hässlich. Sehen kann man die Schleimhaut eigentlich nicht. Nur fühlen, und da liegt wohl für viele Tierfreunde das entscheidende Ausschlusskriterium, denn als Schoßtiere zum Totkuscheln eignen sich Fische nun wirklich nicht.

Trotzdem können sie erstaunlich zutraulich werden. Koi-Besitzer kennen dieses Phänomen. Koikarpfen werden mitunter sehr alt. Nicht wenige haben ihr Herrchen schon überlebt. Mit der Zeit werden die asiatischen Zierkarpfen teils extrem zutraulich. Beim Füttern fressen sie ihrem Besitzer aus der Hand, nuckeln ihm am Daumen und lassen sich womöglich sogar anfassen oder aus dem Wasser heben.

Und nicht nur Kois und bunte Tropenfische haben etwas Schönes an sich. Fische sind sehr majestätische Tiere. Ihnen dabei zuzusehen, wie sie lautlos durch ihr Element gleiten, hat etwas Zauberhaftes und Beruhigendes. Gleichzeitig können Fische rasant und kraftvoll sein. Haben Sie Lachse schon einmal dabei beobachtet, wie sie beim Aufstieg in ihre Kinderstube meterhohe Wasserfälle hinaufspringen? Oder Hechte, die bei der Jagd nach Beute ebenfalls meterhoch aus dem Wasser schnellen und dann einen lauten Klatscher verursachen?

Hinzu kommt das edle Aussehen einiger Fischarten. Die Äsche beispielsweise trägt eine riesige einer Fahne nicht unähnliche Flosse auf ihrem Rücken. Regenbogenforellen schimmern in der Sonne wie ein Regenbogen und Hechte erinnern mit ihrem grünen Reptillook fast ein bisschen an Krokodile.

Fische stinken übrigens nicht, außer vielleicht in Asterixcomics. Natürlich haben Fische einen gewissen Eigengeruch. Der ist aber recht subtil und tausendmal besser als Kaninchenstall oder nasser Hund. Wenn Fische stinken, sind sie meistens tot, und das in der Regel zu lange. Auch Fisch in der Fischtheke sollte keinesfalls stinken, sondern allenfalls riechen. Sonst ist was faul an der Sache, und das wortwörtlich.

45. GRUND

WEIL FISCHE EINE NASE UND OHREN HABEN

SEITENLINIENORGAN

Auch wenn Fische keine sichtbaren Ohren haben, können sie doch hören. Dennoch zählt das Gehör sicher nicht zu ihren wichtigsten Sinnesorganen. Stattdessen verfügen Fische über ein weiteres Sinnesorgan, das Säugetieren völlig fremd ist, das sogenannte Seitenlinienorgan.[18] Dieses hoch spezialisierte Organ ist bestens dafür ausgelegt, um Druckwellen – also Erschütterungen, Strömungen und Töne – aus der Umgebung wahrzunehmen und deren Ursprungsort zu bestimmen. Das Seitenlinienorgan befindet sich an der Flanke der Fische und zeichnet sich bei einigen Arten deutlich durch kleine Punkte auf der Haut ab. Ein »normales« Ohr reicht unter Wasser bei Weitem nicht aus, um die genaue Richtung des Schalls zu orten.

Im Wasser schiebt ein schwimmender Fisch eine Wassersäule vor sich her. Trifft diese auf ein Hindernis, Beute oder einen Feind, wird die Druckwelle auf das Seitenlinienorgan des Fisches zurückgeworfen. Stärke und Richtung der Welle informieren den Fisch über Entfernung, Form und Größe des Hindernisses.

Das Seitenlinienorgan ist Freund und Feind des Anglers zugleich. Beim Spinnfischen sorgt es dafür, dass die Fische die Druckwelle unseres Köders wahrnehmen und anbeißen. Andererseits kann die kleinste Erschütterung durch den Angler am Ufer oder eine ungalant ins Wasser platschende Montage die Fische auch mir nichts, dir nichts verscheuchen.

GERUCHS- UND GESCHMACKSSINN

Während Raubfische meist mehr von sensorischen Reizen beeinflusst werden, ist bei Friedfischen alles auf den Geruchs- und Geschmackssinn gepolt. Fische verfügen über Nasenöffnungen oberhalb des Mauls. Diese werden vom Umgebungswasser durchströmt und dienen so dem Geruchssinn, der mit unserem an Land aber wohl nur entfernt etwas gemeinsam hat. Den besten Riecher des Tierreichs hat übrigens ein Fisch. Genauer gesagt der Aal. Sein Geruchssinn ist so gut, dass er selbst den Ursprung eines einzigen Blutstropfens im riesigen Bodensee aufspüren könnte.

Fische wie zum Beispiel Schleien, Barben und Karpfen tragen außerdem am Maul sogenannten Barteln. Über diese Barteln und Geschmacksknospen im Gaumenbereich können Fische schmecken. Fische reagieren recht sensibel auf süße, würzige, saure und salzige Nuancen. Die Angelköderindustrie lässt sich daher immer neue und verrückte Geschmacksrichtungen einfallen. So gibt es beispielsweise neben süßen Ködern mit Bananengeschmack auch solche, die salzig sind und nach Fleisch riechen. Natürlich sehen Fische diese Köder kaum als natürliche Nahrung an, doch hier wird ihnen meist ihre Neugierde zum Verhängnis.

Auch der Geruchs- und Geschmackssinn der Fische muss von uns Anglern berücksichtigt werden. Zum einen können wir Köder so aromatisieren, dass sie für die Fische hoffentlich unwiderstehlich sind. Zum anderen sollten wir darum bemüht sein, störende Gerüche wie zum Beispiel den von Benzin oder Tabak zu vermeiden. Beim Aalangeln verzichten daher viele auf ihre Glimmstängel. Auch mir wurden Störgerüche schon zum Verhängnis. Bei einem Bootsausflug auf der Ostsee fing mein Angelkollege eine Scholle nach der anderen, während ich zunächst leer ausging. Schließlich fiel es mir wie Schuppen von den Augen. Auf der Hinfahrt hatten wir Probleme mit dem Außenborder gehabt, und ich hatte munter in Benzin und Öl herumgematscht. Nach einer »Reinigung« meiner Hände in Fischeingeweiden kam auch ich zum erhofften Erfolg.

46. GRUND

WEIL FISCHE FABEL(HAFTE)WESEN SIND

Fische sind fabelhafte Wesen. Sie weisen einige Merkmale auf, die sich nicht nur völlig von denen von Säugetieren unterscheiden, sondern die auch sonst reichlich fantastisch anmuten.

KIEMEN

Fische haben Kiemen, eine Art Unterwasserlunge, mit der sie den Sauerstoff aus dem Wasser filtern können. Fische können unter

Wasser atmen. So weit, so gut; das weiß eigentlich jedes Kind. Wussten Sie aber auch, dass viele Haiarten ersticken würden, wenn sie nicht ständig in Bewegung blieben? Anders als die meisten Knochenfische können Knorpelfische in der Regel nicht mit den Kiemen aktiv atmen. Knochenfische können ihre Kiemen öffnen und schließen und so für den Zu- und Abfluss von Wasser sorgen. Knorpelfischen fehlt diese Fähigkeit, sie atmen durch Bewegung.

SCHWIMMBLASE

Die Schwimmblase[19] dient dazu, das spezifische Gewicht des Fisches dem des umgebenden Wassers anzugleichen, sodass der Fisch im Wasser schweben kann. Sie dient auch der Lagestabilisierung. Sie befindet sich im oberen Teil des Fisches nahe dem Rücken und verhindert so das Umkippen des Fisches.

Die meisten, aber nicht alle Knochenfische verfügen über eine Schwimmblase. Arten wie beispielsweise die Haie besitzen keine Schwimmblase und müssen daher durch ständiges Schwimmen Auftrieb erzeugen, um nicht zum Boden zu sinken.

SCHUPPEN

Schuppen dienen vor allem dem Schutz der Fische vor Krankheitserregern, Parasiten und Fressfeinden. Sie ergänzen den Schutz, der bereits durch die Schleimhaut besteht. Es gibt auch Fischarten ohne Schuppenkleid. Diese haben dafür eine dickere Schleimhaut. Teilweise wurden diese Dinge von Mutter Natur geregelt, teilweise war aber auch der Mensch nicht ganz unbeteiligt. Spiegelkarpfen sind beispielsweise eine Züchtung aus den ursprünglichen Wildkarpfen, die auch wegen ihrer vielen Schuppen weniger gut als Speisefisch taugten.

Verliert ein Fisch einzelne Schuppen, wachsen diese wieder nach. Übrigens: Wussten Sie, dass man das Alter von Fischen anhand ihrer Schuppen erkennen kann? Das funktioniert zumindest bei großen Schuppen sehr gut. Ähnlich wie bei einem Baum kann man auf den Schuppen Jahresringe ablesen. Hierfür hält man die getrockneten Schuppen eines zuvor gefangenen und getöteten Fischs einfach ins Gegenlicht.[20]

47. GRUND

WEIL FISCHE IHREM EIGENEN RHYTHMUS FOLGEN

WINTERSCHLAF

Fische sind wechselwarme Tiere. Während Säugetiere ihren Organismus selbstständig aufheizen können, sind Fische an ihre Umgebungstemperatur gebunden. Ihre Aktivität hängt daher eng mit der Jahreszeit zusammen. Im Winter verfallen hierzulande vor allem Friedfische in Stillgewässern in eine Art Winterschlaf. Mit den fallenden Wassertemperaturen wird auch der Organismus der Fische immer träger. Schließlich ziehen sich die Fische, zu denen in unseren Seen meist Karpfen und Brassen gehören, an den Gewässergrund zurück. Gerne graben sie sich dann tief in die schützende Schlammschicht am Seegrund ein. Bachbewohner wie Forellen sind im Winter dagegen äußerst agil. Sie sind bestens auf kaltes und sauerstoffreiches Wasser eingestellt.

FORTPFLANZUNG

Auch die Fortpflanzung der Fische wird von den Jahreszeiten oder, besser gesagt, der Wassertemperatur bestimmt. Viele Fische benötigen ganz bestimmte Temperaturen, damit sie in Stimmung geraten und ihre befruchteten Eier später auch prächtig gedeihen. Um die Fische in der für ihren Fortbestand wichtigsten Zeit im

Jahr nicht zu stören, gibt es gesetzliche Schonzeiten, die von Ort zu Ort etwas variieren können. Das Thema ist recht komplex, weswegen ich gerne auf die einschlägigen Tabellen im Internet[21] oder den jeweiligen Bundesfischereischein verweisen möchte. An dieser Stelle nur so viel: Nicht jede Fischart hat eine Schonzeit, wenngleich sie natürlich eine Laichzeit hat. Der Karpfen laicht beispielsweise im späten Frühjahr bis frühen Sommer. Eine Schonzeit gibt es aber in der Regel nicht. Er darf ganzjährig befischt werden. Während insbesondere die karpfenartigen Friedfische meist in den warmen Zeiten und Raubfische wie Hecht und Zander etwas früher im Jahr laichen, konzentriert sich das Laichgeschäft von Salmoniden wie Forellen auf die Wintermonate.

Etwa 25.000 Fischarten sind heute auf der Erde bekannt, die sich grob in die Klasse der Knorpel- und Knochenfische unterteilen lassen. Fische gehören zu den ältesten Lebewesen auf unserem Planeten. Schon vor 450 Millionen Jahren, während der Silurzeit, gab es Fische auf der Erde. In der Jurazeit des Erdmittelalters (vor 175 bis 140 Millionen Jahren) traten erstmalig Haiformen wie der Grauhai auf, die heute noch existieren. Die Geschichte der Echten Knochenfische begann vor 60 Millionen Jahren und ist damit noch recht jung, wenngleich es Urformen schon viel früher gab.

48. GRUND

WEIL ES GROSSFISCHJAGD IST

Jeder kennt sie, die berühmten Big Five. Zu ihnen gehören Elefant, Nashorn, Löwe, Leopard und Wasserbüffel. Ihre Trophäen waren und sind unter Großwildjägern heiß begehrt, aber mindestens ebenso umstritten.

Beim Angeln spricht man von Großfischjagd. Es gibt unzählige sogenannte »Game Fish«, die die Anglerherzen auf der ganzen

Welt höher schlagen lassen. Je größer und schwerer der Fisch, desto besser. Bei den Süßwasserfischen gehören Wels und Stör zu meinen persönlichen Big Five. Zugegebenermaßen ist der Stör kein reiner Süßwasserfisch. Vielmehr zieht er aus dem Meer in die Flüsse, um dort seinem Laichgeschäft nachzugehen. Insofern gibt es Parallelen zum Lachs oder Aal, bei Letzterem aber im umgekehrten Sinne. Dennoch würde ich den Stör jedenfalls auch zu den Süßwasserfischen zählen. Mittlerweile wird er gerne in Seen ausgesetzt und beangelt. Zudem zieht es nicht jeden Stör, der einmal ins Süßwasser gekommen ist, zurück ins Meer. Einige, vor allem kapitale, Exemplare verbleiben im Süßwasser, sei es nun aus persönlichen Befindlichkeiten oder weil ihnen der Weg zurück ins Meer versperrt bleibt.

Bei den Salzwasserfischen sind es Blue Marlin, Thun und Haie, die als »Game Fish« gelten. In hiesigen Küstengewässern bringen vor allem Dorsch und Heilbutt kapitale Größen hervor. Auch ich habe es schon das ein oder andere Mal auf Dorsch versucht. Mit der Zeit wird mir das Angeln auf dem offenen Meer aber doch häufig zu rau und es zieht mich zurück an ruhigere Binnengewässer. Lediglich die Jagd auf den königlichen Marlin könnte mich noch einmal auf die offene See locken.

Wer übrigens glaubt, den Beständen unter Wasser gehe es besser als an Land, der irrt. Viele Fischarten sind stark gefährdet. Hierzu zählen neben einigen Haiarten auch viele Formen des Thun und unser hiesiger Dorsch. Jedoch sind hieran nicht unbedingt die Angler schuld. Zum einen müssen Angler ihre Fänge nicht zwangsläufig töten. Als Trophäe reicht ein Foto aus. Vorbei sind die Tage, in denen die beschuppten Rekordfänge regelmäßig erst bei einem Tierpräparator und später als Staubfänger im Partykeller des Fängers landeten.

Zum anderen ist das, was Hobbyangler jährlich an Land ziehen, lächerlich gering gegen das, was der industrielle Fischfang unseren Meeren teilweise zumutet.

Übrigens ist der Angler, soweit es mir bekannt ist, nicht in einem einzigen Fall dafür verantwortlich, dass eine Fischart vom Aussterben bedroht ist. Insbesondere die kommerzielle Überfischung, die Umweltverschmutzung und Erderwärmung sowie Industrieanlagen sind für den teils desolaten Zustand unserer Fischbestände verantwortlich.

49. GRUND
WEIL MAN REKORDE AUFSTELLEN KANN

Der Wettkampf liegt dem Menschen im Blut. Und wenn es schon kein Wettkampf gegen andere ist, dann wenigstens der Wettkampf gegen sich selbst. So auch im Angelsport. Natürlich gibt es offizielle und inoffizielle Hitparaden und Rekordlisten. In Deutschland ist die Blinker-Hitparade ein Klassiker. International sind die Listen der IGFA, der International Game Fish Association, das Maß aller Dinge. Der in Florida ansässige Verband führt offizielle Rekordfanglisten für über 150 Angelfische. Die IGFA verfügt über ein eigenes Museum und eine Hall of Fame. Den Eingang des Gebäudes schmückt ein Springbrunnen mit einer riesigen Marlin-Skulptur.

Aber auch neben den offiziellen Rekorden internationaler Verbände gibt es ungeschriebene Rekorde. So sind die aktuellen Weltrekordkarpfen in keiner offiziellen Liste zu finden und auch nicht an offiziellen Wiegestellen gewogen worden. Vielmehr verlässt man sich auf das Wort des Anglers, Augenzeugen und die Plausibilität der Aussagen. Bei den aktuellen Weltrekordkarpfen handelt es sich nämlich keineswegs um unbekannte Exemplare. Da würde es schnell auffallen, wenn man dem Fang ein paar Kilo zusätzlich aufdichtet.

Während auf den Fänger eines Landes- oder sogar Weltrekordfisches in Amerika das große Geld wartet, so kann man hierzulande maximal mit einem Werbedeal einer Angelfirma und einem

Sponsoring rechnen. So weit liegen Sportfischen in Europa und den USA auseinander.

Für die eigene Statistik eines Anglers zählt vor allem der PB. Als Personal Best bezeichnet man den größten jemals gefangenen Fisch eines bestimmten Anglers. In der Angelbranche misst sich hieran auch häufig der Marktwert eines Anglers. Ich persönlich habe dem Thema Kilos und PB aber abgeschworen. Mein PB ist nicht mein größter Fang, sondern ein ganz besonderer und schöner Fisch.

50. GRUND

WEIL FISCHE NAMEN HABEN

Im 42. Grund (»Weil nicht alle Fische gleich aussehen«) haben wir bereits festgestellt, dass Fische sich deutlich voneinander unterscheiden. Außerdem sollte klar geworden sein, dass in vielen Ländern das Zurücksetzen des Fangs eher die Regel als die Ausnahme und häufig sogar vorgeschrieben ist. Auch in Deutschland setzen viele Angler zumindest besonders seltene und große Exemplare, sowie auch besonders kleine, gerne wieder zurück in ihr feuchtes Element. So kommt es, dass einige Exemplare über die Jahre häufiger von Anglern erbeutet und wieder frei gelassen werden. Mit der Zeit erlangen einige Fische einen gewissen Bekanntheitsgrad, manchmal sogar Weltruhm. Spätestens wenn dieser Fall eintritt, braucht das Kind natürlich einen Namen. Zum einen, weil es verwirrend und mühsam ist, immer wieder umständlich beschreiben zu müssen, von welchem Fisch man genau redet. »Weißt du, wen ich zuletzt gefangen habe? Den großen Spiegelkarpfen mit der kreisrunden Schuppe hinten links und den runden Flossen aus dem alten Parkteich in XY.« So was führt einfach zu nichts und ist auch nicht besonders cool. Zum anderen gewinnen Angler ihre Zielfische über die Jahre in der Regel ziemlich lieb. Da macht es

Sinn, den schuppigen Freunden, genau wie einem Haustier, einen Namen zu geben. Aber wie nennt man eigentlich einen Karpfen?

Viele Fänger benennen ihre Fische nach der Begebenheit, in der sie ihn gefangen haben. Das bietet sich selbstverständlich weniger an, wenn man gerade ein Geschäft erledigen war, die Angel am Wasser gelassen und der Angelkollege den Fisch an Land gekurbelt hat. Es gibt aber auch Fische, die in weniger verfänglichen Situationen gefangen wurden. Einer der wenigen Schuppenkarpfen des englischen Sees Conningbrook heißt »Tesco«, wie die englische Supermarktkette. Sein Fänger hatte Tage und Wochen auf einen Anbiss gewartet. Schließlich gingen ihm die Lebensmittelvorräte aus, und er musste zum örtlichen Supermarkt aufbrechen. Bevor er losfuhr, bat er einen Angler, der auf der Stelle neben ihm saß, ob er in der Zeit auf seine Angeln aufpassen könnte. Als der Pechvogel zurückkehrte, hielt der Angelpartner den besagten Schuppenkarpfen in seinen Händen. Doch der Engländer bewies Sportsgeist, gratulierte seinem Kollegen und nannte den Fisch »Tesco«. Mein erster Karpfen über 20 Kilogramm war ein Schuppenkarpfen aus einem Kultgewässer ganz in meiner Nähe. Wie ich nach dem Fang erfuhr, nannte man den Fisch den »Döner«. Als der Fisch das erste Mal mit einem Topgewicht über 20 Kilogramm gefangen wurde, war der Angler, auf dessen Rute der Fisch biss, gerade für sich und seine Kollegen zum Dönerkaufen gefahren.

Beliebt sind auch Namen, die eine besondere Eigenart des Fisches beschreiben. Die mittlerweile verstorbene »Banane« war einer der größten Spiegelkarpfen des legendären Lac de Saint-Cassien. Der Fisch hielt sich trotz der riesigen Größe des Sees fast immer an einer Sandbank mit der Form einer Banane auf. Andere Fische heißen wegen ihrer Stummelflosse »Nemo« oder wegen eines kreisrunden silbernen Flecks auf der Flanke »Fünfmarkstück«.

Schließlich gibt es noch weniger markante Eigennamen. Berühmte Landes- oder Weltrekordkarpfen tragen und trugen Namen wie »Mary«, »Miss Sophie« oder »Joe«.

51. GRUND

WEIL ES GANZ BESONDERE GEWÄSSER GIBT

So wie ein jeder Tennisspieler davon träumt, eines Tages sein Können auf dem »heiligen Rasen« in Wimbledon demonstrieren zu dürfen, gibt es auch im Angelsport – insbesondere beim Karpfen- und Lachsangeln – Gewässer, die einer heiligen Stätte nahekommen. Denn wie Sie es vielleicht schon ahnen: »Wasser ist nicht gleich Wasser.«

In England hat das Sportfischen eine sehr lange Tradition. Nicht umsonst gilt England als das Mutterland der modernen (europäischen) Sportfischerei. Feeder-, Karpfen- und Fliegenfischen – alles typisch englisch.

Hierzulande stand beim Angeln in der Vergangenheit vor allem der Nahrungserwerb im Vordergrund. Ganz anders in England, wo das Entnehmen von Fischen unter Sportanglern zumindest verpönt, das Catch & Release, also das Zurücksetzen nach dem Fangen von Fischen, häufig sogar vorgeschrieben ist. So entwickelten sich dort über die Jahre einige elitäre Gewässer, welche, dank ihrer Hege und Pflege, einen sehr guten Fischbestand mit einigen besonders gewichtigen Einzelexemplaren aufweisen. Diese Kultgewässer sind in der Regel nicht öffentlich, sondern nur über Mitgliedschaften in besonderen Vereinigungen zugänglich. Dort muss man aber nicht nur horrende Preise zahlen, sondern teils Jahre auf einen freien Platz in den begehrten Listen warten. Und selbst wenn sie einen der Warteplätze ergattert haben, müssen die Mitglieder oft zunächst die ein oder andere Saison an unbeliebteren Gewässern der Vereinigungen verbringen, um unter Beweis zu stellen, dass sie der heiligen Gewässer würdig sind.

Nach jahrelangem Warten ist einem guten Freund von mir vor einigen Jahren das Unglaubliche gelungen; mit viel Glück und noch viel mehr Geduld hat er es geschafft, eines der begehrten Tickets für *das* Karpfengewässer in England zu bekommen.

Dieses Gewässer namens »Conningbrook« beherbergte den unter Karpfenanglern weltweit bekannten Karpfen »Two Tone«, bei dem es sich um den mit unglaublichen 67lb+ (über 30 Kilogramm) bis heute schwersten Karpfen Englands handelte.

Als erster deutscher Angler, dem man je Zugang zu dem Heiligtum der englischen Karpfenangler gewährt hatte, stieß mein Kumpel bei seinen Mitstreitern am See nicht immer auf Gegenliebe. Er schloss zwar im Laufe der Zeit einige enge Freundschaften, bekam aber auch immer wieder Gegenwind am Ufer des Sees zu spüren. Wirkliche Unfreundlichkeit steckte dahinter sicher nicht. Die englischen Kollegen hatten einfach Angst, dass man ihnen etwas wegnahm.

Zwar gelang es meinem Freund nicht, den begehrten Fisch »Two Tone« zu fangen, dafür konnte er den drittgrößten Karpfen des Sees überlisten, und das in nicht einmal drei Wochen. Das hört sich für Sie nach einer langen Zeit an? In »Conningbrook«-Zeit sind das Sekunden! Denn nachdem die Angler Jahre auf einen der begehrten Plätze gewartet und fast 1.000 Euro in die Angelkarte investiert haben, sitzen sie zusammen mit Dutzenden weiteren Anglern an einem nicht allzu kleinen See mit nur circa zwei Dutzend Karpfen. An diesem See gilt es als normal, ein ganzes Jahr lang keinen Anbiss zu bekommen.

Trotz der widrigen Verhältnisse ist der Besuch eines solchen Sees ein echtes Erlebnis. Wenn man als Angler derartige Ufer betritt, hat man das Gefühl, Teil einer ganz großen Geschichte zu sein.

Und so mag es Sie nicht verwundern, dass die gesamte Karpfen-Szene für einen Moment innehielt, als im August 2010 verkündet wurde, dass »Two Tone« tot am Gewässerrand gefunden wurde.

Mindestens genauso verrückt geht es in Schottland beim Lachsfischen zu. So gut wie jedes Stückchen Fluss, das zum Fischen auf den König unter den Salmoniden taugt, befindet sich in privater Hand. Der Run auf die besten Gewässer ist riesig, besonders in den Top-Monaten, und das Kartenkontingent begrenzt. Es lockt die

Chance, *den* Fisch des Lebens in atemberaubender Kulisse zu fangen, und diese Chance ist vielen Angelverrückten bis zu 1.500 Euro pro Tag wert. Die meisten Flussstrecken muss man für die Hauptsaison lange im Voraus buchen, was verrückt ist, da die Fangaussichten beim Angeln vor allem vom Wetter abhängig sind, und das kann man nun mal nicht planen. Fällt der lang ersehnte Angeltag wegen eines Unwetters, Hochwassers oder krankheitsbedingt ins Wasser, ist das Geld trotzdem weg.

Fast jeder Angler träumt von einem eigenen Angel-See. Alles bloß Spinnerei? In Frankreich kann dieser Traum schneller wahr werden, als Sie denken, denn hier gibt es verhältnismäßig wenige Ballungszentren und *viel* Wasser. Die Preise für adäquate Gewässer sind daher vergleichsweise moderat. Immer mehr Angler erfüllen sich durch den Kauf eines französischen Sees den Traum von ihrem ganz persönlichen Angelparadies.

Von englischen Verhältnissen sind wir in Deutschland sicher noch weit entfernt, aber schon heute gibt es hierzulande das ein oder andere Top-Gewässer, an dem fast jeder Angler einmal gerne sein Glück versuchen würde. An die Ufer dieser Gewässer führt daher häufig nur noch ein Weg, und der heißt »Vitamin B«.

Kapitel 6

ANGLERLATEIN

Von
Klischees,
der
Wirklichkeit
und
dem,
worum
es
beim
Angeln
wirklich
geht.

52. GRUND

WEIL MAN LERNT ZU WARTEN

Ich war ein wirklich ungeduldiges Kind. Fünf Minuten in der Schule still zu sitzen stellte sich mir als echte Herausforderung dar. Alles war irgendwie schon nach kurzer Zeit langweilig.

Dementsprechend skeptisch fassten meine Eltern auch meine plötzlich aufflammende Begeisterung für das Angeln auf. Mit Mühe und Not konnte ich sie schließlich davon überzeugen, mir eine Angelausrüstung für satte 200 DM zu kaufen. Aus heutiger Sicht betrachtet, ein Tropfen auf den heißen Stein. Nur fahren wollten meine Eltern mich nicht zu dem drei Kilometer von unserem Wohnort entfernten See. Stattdessen erhielt ich einen Fahrradanhänger, den ich regelmäßig bis an seine Belastungsgrenzen und darüber hinaus vollpackte. Die Skepsis meiner Eltern ist lange verflogen, und doch war sie gerechtfertigt. Das Angeln ist das einzige Hobby, welches ich noch heute mit der gleichen, wenn nicht sogar einer größeren Begeisterung betreibe wie damals.

Beim Angeln habe ich vor allem eines gelernt: auf das eigene Handeln zu vertrauen und Geduld zu haben. Warten fällt nur schwer, wenn man Angst vor der Ungewissheit oder einem Misserfolg hat. Zumindest beim Angeln habe ich diese Ängste völlig abgelegt. Unzählige Nächte habe ich am See verbracht, ohne einen einzigen Biss. Und dann irgendwann kam er doch, der große Fang.

53. GRUND

WEIL MAN LERNT, MISSERFOLGE ZU VERKRAFTEN

Eigentlich gibt es keine wirklichen Misserfolge. Aus Fehlern lernt man, das gilt für das Angeln ganz besonders. Vor allem Anfänger setzen sich häufig völlig zu Unrecht selbst unter Druck. Schließlich muss man mindestens alle fünf Minuten einen Fisch an Land ziehen, um als erfolgreicher Angler akzeptiert zu werden – richtig? Nein! Denn das genaue Gegenteil ist der Fall. Selbstvertrauen ist beim Angeln das A und O. Wer weiß, dass er alles perfekt vorbereitet hat, muss nur noch lange genug auf seinen Fang warten – so einfach ist das. Ob dieser dann kommt oder eben nicht, liegt nicht mehr in den eigenen Händen.

Als Jugendlicher habe ich jahrelang ein absolutes Hardcore-Gewässer befischt. Anlass zur Verunsicherung und Zweifel in die eigenen Fähigkeiten gab es anfangs genug. Da waren zum einen die alten Hasen, die alles besser wussten: »Na Junge, wie viele Fische hattest du die Nacht? Was, nur einen? An dem Platz fängt man bei diesem Wasserstand in dieser Jahreszeit eigentlich zehn Fische pro Nacht, wenn man alles richtig macht.« Dass diese Erfahrungswerte von vor über zehn Jahren stammten und die Herren selbst schon seit Jahren nicht mehr an dem Gewässer aktiv waren, wurde natürlich verheimlicht. Zu einer Fehleinschätzung der Situation tendierten aber ebenso die jungen Wilden. Entweder war ihnen ihr scheinbarer Misserfolg peinlich, oder sie wollten sich mir gegenüber profilieren. Klar, auch sie fingen immer Unmengen von Fisch, nur eben nicht in meiner Anwesenheit. Anfangs zugegebenermaßen etwas verunsichert, lernte ich mit der Zeit, dass auch alle anderen nur mit Wasser kochten. Mal fing ich den ein oder anderen Fisch, mal saß ich mehrere Nächte blank. Die Misserfolge blieben, doch mit der Zeit gewannen die Erfolge die Oberhand. Schließlich gelang es mir, die zwei größten Karpfen des Sees zu fangen. Das größte Geschenk hat mir dieser ganz besondere See aber mit seiner Schwierigkeit gemacht. Die vielen Misserfolge und die Tatsache, dass ich schließlich doch erfolgreich war, haben mir eine Selbstsicherheit geschenkt, die wahrscheinlich tausend Nächte ohne Fisch nicht zerstören könnten.

Übrigens, auch ein verlorener Fisch ist ein halber Erfolg. Für viele ist es das Schlimmste, wenn ihnen ein Fisch im Drill kurz vorm Kescher vom Haken springt. Manch einer wünscht sich sogar, der Fisch hätte erst gar nicht angebissen. Dabei ist alles halb so wild. Schließlich hatte man gerade den lebendigen Beweis vor sich, dass die eigene Taktik aufgegangen ist – zumindest teilweise. Man hat die Montage an einer Stelle ausgeworfen, an der sich tatsächlich Fische befanden, und noch dazu Futter und Montage so gewählt, dass der Fisch auch angebissen hat. Letztlich hat es nur am Abschluss gehapert. Vielleicht weil man den Fisch im Drill zu hart rangenommen hat oder zu zaghaft war. Vielleicht war der Haken nicht spitz genug? Vielleicht war aber auch nur ein bisschen Pech mit dabei. Letztlich kann man aber selbst diesen vermeintlichen Misserfolg verkraften und als eine Art Etappensieg oder Teilerfolg verbuchen.

54. GRUND

WEIL MAN HERRLICH SHOPPEN KANN

Shopping ist was für Mädels. Unter Shopping versteht Frau das Einkaufen von Kleidung in der überfüllten Innenstadt. Für mich gibt es nichts Schlimmeres. Ich hasse daran nicht das Shoppen selbst, sondern vor allem die Begleitumstände. Zunächst wären da die Massen an Menschen, mit denen man nichts gemeinsam hat und auch nichts zu tun haben will. Dann ist da noch das Thema Ausdauer. Männer, so scheint mir, sind auf Maximalkraft gepolt. Unsere Schwachstelle sind die Beine. Bierkästen in den zehnten Stock tragen? Kein Problem. Drei Stunden durch die Stadt laufen? Ganz schlimm! Warum zur Hölle kann nicht alles praktisch in einem Gebäude zu kaufen sein? Kaufhaus nennt man so was angeblich … Die Modehäuser wissen, was sie tun, wenn sie vor die Damenumkleiden reichlich Hocker stellen. Dort leckt Mann seine Wunden. Etwas veralbert kam ich mir dann aber doch vor, als ich neulich im Wartebereich der Umkleiden einer schwedischen Modekette den

Schriftzug »Boyfriend waiting area« mit Pfeil auf eine Sitzgarnitur entdeckte. Tatsächlich fristeten dort auch ein paar ausgepowerte Kerle ihr entwürdigendes Dasein. Schlimm ist für Männer auch der Gedanke, »nur mal so gucken zu gehen«. Was soll das? Entweder man braucht was oder nicht. Viele Männer fühlen sich in puncto Mode unsicher, da wird der Shoppingbummel schnell zum Höllentrip.

Der einzige Ort zum Einkaufen, an dem sich viele Kerle wohlfühlen, ist der Baumarkt. Die Fußwege sind kurz, und alles ist mit großen Tafeln ausgeschildert. Hier ist Mann in seinem Element, kann seine Expertise zum Ausdruck bringen oder wenigstens so tun, als hätte er irgendeine Ahnung. Die Frau steht ungläubig daneben und lässt unablässig Kommentare wie »Wofür brauchst du denn das jetzt schon wieder?« oder »So was hast du doch schon!« ab. Diese Sprüche können Sie als Mann übrigens auch prima beim Shopping mit Ihrer Liebsten einsetzen. Aber Vorsicht, das könnte das Ganze nur noch schlimmer machen. Warum Frauen lauter Handtaschen kaufen, die sie eh niemals alle benutzen können, und Männer so auf Werkzeug stehen, für deren Einsatz sie eh viel zu ungeschickt sind, weiß ich auch nicht genau. Scheint was Genetisches zu sein.

Was für den Mann der Baumarkt ist, das ist für den Angler der Angelladen. Dort gibt es nämlich mindestens so viele Kleinteile zu kaufen wie Schrauben im Baumarkt. Die Frage, ob man etwas wirklich braucht, verbietet sich von selbst – man braucht selbstverständlich *alles*. Außerdem ist ein Angelladen im Vergleich zu überfüllten Innenstädten eine Oase der Ruhe.

Für mich waren Angelläden immer mehr als nur ein Laden, in dem man Dinge zum Angeln kaufen konnte – und für einige der alteingesessenen Angelladenbesitzer gilt das, glaube ich, ebenso. Die Gänge zwischen den Regalen waren für mich als Junge ein Ort zum Träumen. Hier konnte ich mir ausmalen, welches Gerät ich später einmal besitzen wollte. Es roch nach Angelfutter, und im Hintergrund hörte man stets den Schnuraufspulapparat surren. Immer sah man die gleichen Gesichter, die sich ähnlich wie in einer Stammkneipe täglich am Tresen versammelten, um über ihr geliebtes Hobby zu sprechen.

Anfangs besuchte ich vor allem den Angelladen, den ich mit dem Fahrrad erreichen konnte. Hier kaufte ich mein erstes Gerät und knüpfte die ersten Bekanntschaften. Später zog es mich zu einem der damals bestsortierten Karpfenangelläden Deutschlands in Erftstadt bei Köln. Der damalige Eigentümer Hermann Josef führte seinen Angelladen mit Herz und Seele. Dabei schien er weniger am schnellen Geld als an langfristig zufriedenen Kunden interessiert zu sein. Kein Wunder, dass ich mich hier so unglaublich wohlfühlte. In meiner Zeit als Zivi, in der ich häufig in der Spätschicht arbeitete, besuchte ich den Laden fast täglich am Vormittag. Ab und zu kaufte ich etwas ein, meist unterhielt ich mich aber auch nur mit Hermann Josef oder anderen Kunden über das neueste Tackle, die Anglergerüchteküche und das Wetter. Als Hermann Josef Zimmermann starb und der Angelladen verkauft wurde, ist damit für mich auch ein Stück deutsche Angelkultur gestorben.

In Köln und Düsseldorf ist vieles ähnlich, nur hören so etwas weder die Kölner noch die Düsseldorfer gerne. Dennoch fühle ich mich mit beiden Städten verbunden, nicht zuletzt wegen des Angelns. In Düsseldorf kaufte ich damals als Teenager meine erste Karte für ein bekanntes Kultgewässer. Bei dem Laden handelte es sich ebenfalls um einen der mittlerweile selten gewordenen guten alten Angelläden. Klein, verbaut, aber gut sortiert und gemütlich. Der Eigentümer und ich waren uns gleich sympathisch, vielleicht hatte ich aber auch einfach noch Welpenschutz. Meist kaufte ich die Angelkarten, eine Zeitschrift und ein bis zwei Kleinteile, die mir noch fehlten. So vergingen die Jahre, in denen sich viel veränderte, doch in dem kleinen Laden schien die Zeit stillzustehen. Immer noch erinnere ich mich an das schnauzbärtige Gesicht, den obligatorischen Muckefuck, wie Bartel seinen Instantkaffee bezeichnete, und seine Verabschiedung mit den Worten: »Bleib sauber, Jung'!«

Heute kann man alles billiger im Internet kaufen. Was einem ein richtiger Angelladen aber bieten kann, ist »Spirit«, den man online vergeblich sucht. Wer einen guten Angelladen gefunden hat und dem Eigentümer vertraut, tut gut daran, nicht nur nach dem Preis zu entscheiden, sondern sich lieber persönlich beraten zu lassen.

55. GRUND

WEIL ES SPANNEND IST

»Ist das nicht langweilig?«, gerne von Frauen gefragt und mit skeptischem Blick gepaart, ist eine Frage die ich wirklich nicht mehr hören und als Angler schon gar nicht nachvollziehen kann.

Klappstuhl, Bambusstock und Wurm am Haken, so stellen sich die meisten Outsider doch tatsächlich das Angeln vor. Aber spätestens, wenn ich beschreibe, wie Angeln wirklich ist, sind die meisten fasziniert, und nicht wenige fragen, ob sie mich nicht auch einmal am See besuchen können. Und so versuche ich es auch in diesem Fall mit einer Anekdote in der Hoffnung, dass ich Sie entweder für das Angeln erstmals begeistern oder vielleicht noch mehr faszinieren kann:

»Nach einem heißen Sommertag ohne einen einzigen Biss mache ich es mir in meinem Zelt gemütlich und schlafe schon bald ein. Dann plötzlich reißt mich ein schrilles Pfeifen aus meinen Träumen. Die Sounderbox meines Bissanzeigers schreit aus voller Kehle, das kleine Zelt ist von der grünen Kontrolllampe hell erleuchtet. Ich bin sofort hellwach, das Adrenalin pumpt durch meinen Körper. Hoffentlich ist das ein guter, denke ich mir und sprinte ins dunkle Freie. An den Ruten angekommen, sehe ich, dass meine auf der Halterung liegende Angel bis in ihr Handteil gebogen ist. Die Rolle überschlägt sich förmlich und macht dabei ihr unverwechselbares surrendes Geräusch. Als ich die Angel in die Hand nehme und die

Bremse der Rolle schließe, wird sie mir fast aus der Hand gerissen, der Fisch nimmt unentwegt Schnur. Alles um mich herum wird zur Nebensache, jetzt gibt es nur noch mich und den Fisch. Schnell springe ich auf mein kleines Schlauchboot und kurble mich dem Fisch entgegen. Dann ist es endlich so weit, ich befinde mich direkt über ihm. Erwartungsvoll starre ich in das schwarze Nass. Doch das Monster am anderen Ende der Angel macht keine Anstalten, an die Oberfläche zu kommen. Ein Blick auf meine Rolle verrät mir, dass der Fisch noch tief am Grund stehen muss. Die gemächlichen, aber kraftvollen und langen Schläge in meiner Angel verdeutlichen mir: Das ist ein ganz Großer. Jetzt bloß keinen Fehler machen, ist der einzige Gedanke in meinem Kopf, während mich das Monster bei geschlossener Bremse und bis zum Bersten gebogener Rute in meiner Nussschale quer über den See zieht. Dabei vernehme ich das immer gleiche tackernde Geräusch der Rollenbremse, die unwillig unter dem Druck Schnur freigibt. Endlich, nach einer gefühlten Ewigkeit, steigen Luftblasen wie die eines Tauchers an die Oberfläche. Ein gutes Zeichen: Meinem Gegner geht langsam die Puste aus. Plötzlich durchbricht ein massiver Körper die Wasseroberfläche, auf der sich die ersten Strahlen der aufgehenden Sonne spiegeln. Jetzt wird es noch einmal heikel. Vorsichtig schiebe ich meinen Kescher unter den Fisch. Das Wasser explodiert, Wellen schlagen über die Kante des Schlauchboots, der Fisch ergreift die Flucht. Doch die Maschen meines Keschernetzes haben ihn längst umschlossen. Ich habe ihn endlich!!! Als ich aufblicke, stelle ich fest, dass der Fisch mich an das andere Ende des 500 Meter breiten Sees gezogen hat. Also ergreife ich die Paddel und rudere Richtung Land. Als der Fisch vor mir am Ufer liegt, wird es mir dann bewusst. Ich habe ihn gefangen, den König des Sees. Und so fühle auch ich mich jetzt, wie ein König.«

Angeln ist spannend! Natürlich nicht die ganze Zeit. Aber der Kick, der entsteht, wenn die totale Ruhe urplötzlich in Hochspannung umschlägt, ist unbeschreiblich. Man muss es einfach erlebt haben, um es zu begreifen.

56. GRUND

WEIL ES ENTSPANNEND IST

Angeln ist unglaublich entspannend. Den meisten wird es nicht besonders schwerfallen, das zu glauben. Aber wenn ich von Entspannung beim Angeln rede, meine ich damit nicht die Art von Entspannung, die man bei einem Nachmittag am Strand erfährt. Für mich ist Angeln, wie sicher für viele Angelkollegen, die absolute Flucht aus dem Alltag und der Zivilisation. Oft ist man völlig alleine am Wasser, bei längeren Trips teilweise sogar tagelang. Endlich absolute Ruhe. In einer Umgebung zu sein, die niemand sonst außer dir für sich in Anspruch nimmt, das ist in der heutigen Zeit ein absoluter Luxus. Insbesondere wenn ich mehrere Tage am Wasser verbringe, entsteht bei mir ein Grad an Relaxtheit, den ich sonst nicht erreichen kann. Morgens erwacht man mit den ersten Strahlen der aufgehenden Sonne, trinkt in meinem Fall einen Kaffee und träumt einfach so in den Tag hinein. Abends nimmt man anstelle von Alltagssorgen als einzigen Gedanken die Hoffnung mit in den Schlafsack, nachts von einem dicken Fisch geweckt zu werden. Im Alltag schwirren einem unendlich viele Worte im Kopf herum. Da fällt es schwer, auch einmal einfach loszulassen. Wenn ich angeln bin, denke ich eigentlich nur an das eine, den nächsten Fisch. Warum mir das Abschalten am Wasser so leichtfällt, kann ich selbst nicht genau definieren. Wie sehr uns unser Alltag stresst und wie vielen Störeinflüssen wir dabei ausgesetzt sind, merke ich aber immer wieder, wenn ich nach einer längeren Session an einem einsamen See den Heimweg antrete. Selbst die Autofahrt überfordert mich manchmal. Der Großstadtdschungel ist laut und hektisch, jeder will etwas von dir. Zu häufig verschiebe ich einen Angeltermin aus Termindruck. Aber jedes Mal, wenn ich mir doch ein paar Stunden oder sogar eine Nacht Zeit nehme, stelle ich fest, dass man die Investition doppelt und dreifach zurückbekommt, in Form von Ausgeglichenheit und Zufriedenheit. Der moderne Mensch verliert immer mehr den Bezug zur Natur, die uns eine Rückzugsmöglichkeit bietet. Beim Angeln können wir uns ein Stück Natur zurückholen. Also ab ans Wasser!

57. GRUND

WEIL MAN ES ALLEINE MACHEN KANN

Klar, Angeln ist tendenziell eine One-Man-Show. Angeln ist definitiv kein Teamsport, es sei denn, man bezeichnet die Jungs in der Madendose als sein Team – was etwas verrückt wäre. Man braucht keine Mitspieler und auch keine helfende Hand, nur sich selbst, die Ausrüstung und ein Gewässer mit Fischen darin. Aber muss man als Angler deswegen zwangsläufig als Einsiedler enden? *Kann* man alleine angeln, oder *muss* man alleine angeln?

Irgendwann einmal wurde die Behauptung aufgestellt, dass man beim Angeln leise sein muss, ja, noch nicht einmal reden darf. Und dieser Mythos hält sich bis heute hartnäckig. Aber wie kommen die Leute auf diese fixe Idee? Ich verrate Ihnen ein Geheimnis:

Angler wollen ihre Ruhe haben. Nicht, weil sie befürchten, ihre Beute könnte verjagt werden, sondern weil sie schlicht und ergreifend keine Lust haben, die unablässigen Fragen der Heerscharen von Passanten zu befriedigen. Da zeigt man einem sich immer wieder räuspernden und so um Aufmerksamkeit heischenden Spaziergänger schon einmal gerne die kalte Schulter. Notfalls hilft auch ein genervtes Stöhnen des Anglers, um den Störenfried in die Flucht zu schlagen, oder ein alles sagendes »Pssssst«. Das reicht aus, um die meisten Schaulustigen in die Flucht zu schlagen. Anscheinend fühlen sie sich ertappt und wollen keinesfalls bei dem Angler in Ungnade fallen, indem sie ihm die Fische verscheuchen. Natürlich ist das Blödsinn, aber verraten Sie es bitte niemandem!

Passanten sind teilweise wirklich nervig. Natürlich nicht, wenn an einem verlassenen See alle Tage einmal einer an der Angelstelle vorbeischaut und freundlich grüßt. Manchmal entpuppt sich der Wanderweg hinter der vermeintlich idyllischen Angelstelle aber als Knotenpunkt für Erholungssuchende mit Rushhour-Charakter. Und es gibt kein Entkommen. Vor dir nur Wasser und hinter dir der wütende Mob. Ein anderes Problem sind die unzähligen Hundebesitzer. Die reden zwar in der Regel nicht viel, werfen aber entweder unerlässlich Stöcke in nächster Nähe zur Angelstelle ins Wasser, denen der Vierbeiner dann mit einem lauten Platscher folgt, oder es wird pausenlos nach diesem geschrien, selbstverständlich ohne nennenswerten Erfolg. Beides überschreitet dann doch das Maß dessen, was für den Fangerfolg unschädlich wäre.

Ebenfalls sehr beliebt sind bei mir Spaziergängerpärchen – meist in zwillingsgleicher Trekkingmontur. *Er* hat vom Angeln eigentlich keine Ahnung, glaubt das aber oder will zumindest den Anschein erwecken, als wäre er ein richtiger Naturbursche – deswegen ja auch der Anorak mit der Wolfstatze auf der Brust. Stellen Sie sich vor, Sie sitzen am Ufer und angeln gemütlich. »Und beißt was?«, ruft es da von hinten. Wenn Sie als Angler jetzt Nein sagen, ernten Sie enttäuschte Blicke. Sagen Sie Ja, provozieren Sie nur die nächste Frage. »Kann man die denn essen?« Achtung Fangfrage! Lassen Sie es lieber, kehren Sie besser schnell zum gewohnten Verhaltensmuster des griesgrämigen Anglers zurück, das erwartet man ohnehin von Ihnen.

Wenn Sie als Angler ganz »viel Glück« haben, geraten Sie noch in eine waschechte Tierschutzdiskussion à la »Wie würde es Ihnen denn gefallen, wenn man Ihnen einen Haken durch den Mund rammt und Sie durch die Gegend schleift?«, gegen die ein Kreuzverhör beim Geheimdienst ein Zuckerschlecken ist.

All das macht uns Angler am Wasser zu scheinbar einsamen und schweigsamen Weggefährten. Dabei geht es aber nicht ums Fischefangen, sondern um Ruhe und Erholung, und die soll beim Angeln angeblich auch eine Rolle spielen.

Damit jetzt keine Missverständnisse aufkommen. Natürlich sollte man am Seeufer nicht unbedingt ein Heavy-Metal-Konzert veranstalten, wenn man darauf erpicht ist, auch etwas zu fangen. Aber Fische sind lärmunempfindlicher, als wir denken. So ist es zumindest in Ballungszentren. Dort besuchen tagtäglich Hunderte Erholungssuchende die Gewässer. Gegen das, was Badegäste, Partypeople und Wassersportler an Lärm erzeugen, ist das Gespräch zwischen zwei Anglern ein Witz. Im Übrigen können Fische zwar hören, wesentlich empfindlicher reagieren sie aber mit ihrem Seitenlinienorgan. Ein Tritt am Ufer oder ein in den Boden gerammter Zelthering wirkt unter Wasser wie der Einschlag einer Bombe. Ein Gespräch an Land ist unter Wasser dagegen allenfalls als dumpfes Brummen zu vernehmen. Außerdem fischen Angler nicht nur direkt vor ihren Füßen im knietiefen Wasser. Eine Karpfenmontage wird auch schon mal 100 oder mehr Meter vom Ufer entfernt präsentiert. Beim Raubfischangeln vom Boot befinden sich der Gewässergrund und unsere sich dort aufhaltende Beute teilweise zehn oder oder mehr Meter unter der Wasseroberfläche. Wie viel des von uns oder anderen erzeugten Schalls soll da noch bis zum Fisch gelangen?

58. GRUND

WEIL MAN ES GEMEINSAM MACHEN KANN

… oder besser gesagt, weil man es nicht alleine machen muss. Geteilte Freude ist doppelte Freude. Das gilt auch für das Angeln. Meine schönsten Angelstunden verbrachte ich stets in großer Runde. Als ich noch studierte, verbrachten wir die Sommer-Semesterferien stets mit einer Gruppe von drei bis vier Anglern campend an einem lokalen Gewässer im Forst. Es wurde viel erzählt, gelacht, gegessen und getrunken. Das Angeln geriet dabei fast, aber eben nur fast zur Nebensache. Gelegentlich schaute der sogenannte Waldmensch bei uns vorbei. Dieser lebte damals, als eine Art Aussteiger, bereits seit über zwei Jahren beinahe unbemerkt im Wald in einem Zelt. Irgendwann hatte er festgestellt, dass das Gewässer regelmäßig von Karpfenanglern umzingelt war. Nun kam er täglich zu Besuch, ließ sich durchfüttern und übernahm gelegentlich anstehende Supermarkteinkäufe. Irgendwann gehörte er fast schon mit zur Karpfenanglerfamilie, und so wundert es nicht, dass wir ihn schließlich sogar etwas vermissten, als er eines Tages einfach wie vom Erdboden verschluckt war und danach auch nie wiederkam.

Ich bin ein Rudeltier, nur gelegentlich suche ich die absolute Ruhe und ziehe alleine los. Geht es länger an den See, ist mir ein Angelkollege lieber. 24 Stunden und mehr völlig ohne jeden menschlichen Kontakt fühlen sich doch seltsamer an, als man zunächst glauben würde. Außerdem bietet ein gemeinsamer Angeltrip eine gute Möglichkeit, sich unter Freunden endlich einmal wieder ohne jeden Zeitdruck auszutauschen. Darüber hinaus gibt es Dinge, die beim Angeln zu zweit einfach besser gelingen. Eine helfende Hand hat selten geschadet. Das Fotografieren des Fangs wird alleine und nur mit Selbstauslöser als Hilfsmittel zur echten Tortur. Wer bei einem Wochenansitz bemerkt, dass ihm die Lebensmittel ausgehen, oder nach dem Aufbauen feststellt, dass er etwas Wichtiges zu Hause vergessen hat, steht alleine vor einer schwierigen Wahl. Alles wieder einpacken oder unbeaufsichtigt am See stehen lassen, bis man zurückkehrt? Gut, wenn man in solchen Situationen einen guten Freund an seiner Seite hat. Auch in puncto Sicherheit ist es immer besser, mindestens zu zweit fischen zu gehen. Unfälle am Wasser passieren schneller, als einem lieb ist. Widerfährt einem ein solches Unheil und man befindet sich völlig alleine mitten in der Wildnis, ist das kein Spaß mehr. Es soll übrigens Angler geben, die immer alleine angeln gehen, aus Angst, sie müssten sonst die Fische mit jemand anderem teilen. Das macht auf Dauer aber ziemlich einsam.

59. GRUND

WEIL ES KEINE REGELN GIBT (EIGENTLICH)

Beim Angeln gibt es keine Regeln. Natürlich muss man sich an Recht und Ordnung halten, aber sonst bestimmt jeder seine Spielregeln selbst.

Ob eine Methode oder ein bestimmtes Gerät »in Ordnung gehen«, entscheiden wir selbst. Natürlich gibt es aber auch Dinge, die unter manchen Anglern verpönt sind. Es handelt sich dabei aber eher um ungeschriebene Gesetze. Beim Thema »Anfüttern« scheiden sich die Geister. Was vor allem für die jüngere Generation selbstverständlich ist, ist für die ältere ein rotes Tuch. Ich kann mich noch gut daran erinnern, wie ich als Jugendlicher mit einem Schulfreund und dessen Vater an einen Stausee im Sauerland zum Fischen fuhr. Der Vater meines Freundes hatte den See als Kind selbst häufig beangelt und rühmte sich als Experte. Mit der Pose und Maden als Köder wollten wir Rotaugen und Brassen fangen. In aller Seelenruhe rührte ich in einem Eimer mein mitgebrachtes Anfutter an und begann, die mit der Hand geformten Ballen ins Wasser in der Nähe meiner dort treibenden Pose zu werfen. Plötzlich war die Stimmung buchstäblich im Eimer. Der Vater meines Freundes geriet regelrecht in Rage. Ob ich das nicht unsportlich finden würde? Schließlich könnte ich doch nicht alle Fische zu mir locken, während andere Angler leer ausgingen? Wo bliebe denn da der Sportsgeist, wenn man nichts mehr dem Zufall überlassen würde? Der Mann war so beleidigt, dass er sogar nach Hause fuhr, wenn ich mich richtig erinnere. Ich verstand und verstehe bis heute nur Bahnhof. Mein Kumpel fütterte an dem Tag übrigens nicht an. Aus Angst, seinen Vater zu enttäuschen. Der Fangerfolg fiel entsprechend aus.

Es gibt aber auch Dinge beim Angeln, die ich für übertrieben halte. Fischefangen um jeden Preis ist nicht mein Ding. Zu häufig geht dabei die Magie des Angelns verloren.

Unter Karpfenanglern ist es zur Unsitte geworden, alles bis ins kleinste Detail kontrollieren zu wollen. Werfen ist den meisten zu ungenau. Wenn es geht, wird die Montage zielgenau mit dem Ruderboot herausgebracht. Mit dieser Methode kann ich mich tatsächlich noch anfreunden, jedenfalls dann, wenn man große Seen befischt. Wenn aber eine Horde Angler einen kleinen Parkteich mit einem Dutzend Schlauchbooten bepaddelt, ist das wenig sinnvoll und hat eher etwas von Autoscooter. Auch die ferngesteuerte Alternative »Futterboot« ist für mich nicht die richtige. Mit den Modellbötchen mit eingebauter Futterluke lassen sich Montage und Futter bequem an den gewünschten Zielort befördern. Ich möchte dem Ganzen nicht seinen Sinn absprechen, tatsächlich ist diese Methode sehr effektiv, mir missfällt aber ein wenig der Gedanke von zu viel Hightech beim Angeln. Meine Ruten werfe ich daher lieber, wie in der guten alten Zeit, per Hand aus – back to the rods eben. Spätestens beim »Heraustauchen« der Montagen hört für mich der Spaß auf. Einige Angler wollen selbst die letzte Ungewissheit ausräumen und sich so vergewissern, dass die Montage wie auf dem Silbertablett serviert auf dem Futterplatz liegt. Auch das mag prima funktionieren, raubt meiner Meinung nach dem Angeln aber jegliche Magie. Ehrlich gesagt, bin ich auch viel zu faul für solche Showeinlagen.

60. GRUND

WEIL ERFOLG RELATIV IST

»Was macht einen erfolgreichen Angler aus? Was war Ihr größter Erfolg?« Das sind Fragen, die ich in Interviews für Fach- und allgemeine Presse häufiger gestellt bekomme. Und immer noch fällt es mir schwer, das in Worte zu fassen, was meiner Meinung nach den Erfolg beim Angeln ausmacht. »Höher, schneller, weiter« kann meiner Meinung nach jedenfalls nicht das Ziel sein.

Die erste wichtige Erkenntnis ist, dass Erfolg relativ ist. Das ist beim Angeln nicht nur eine Floskel. Hier ein Beispiel: Ein guter 100-Meter-Freistil-Schwimmer schafft seine Strecke in circa einer Minute. Was zählt, ist die eigene Leistungsfähigkeit. Wasser ist gleich Wasser, das Becken immer gleich lang, die Bahn gleich breit. Beim Angeln sieht es etwas anders aus. Jedes Gewässer ist anders, und der Angler kann nur fangen, was in ihm herumschwimmt. Während es in manchen Gewässern normal sein mag, Rekordfänge am laufenden Band an Land zu kurbeln, ist es an anderen eine echte Besonderheit, überhaupt irgendetwas zum Anbiss zu bewegen. Hinzu kommt der Faktor Fisch. Als Angler sind wir von der Beißlust der Fische abhängig. Man kann noch so perfekt vorbereitet sein, die Falle noch so ausgetüftelt erscheinen. Haben die Fische keine Lust zu fressen, hilft alles nichts, einen Anbiss kann man nicht erzwingen. Ausschlaggebend für die Beißlust der Fische sind vor allem Wetter und Jahreszeit.

Selbst wenn alle Angler exakt gleiche Bedingungen hätten, wäre es schwierig, Erfolg genau zu definieren, denn zumindest beim Angeln liegt der Erfolg im Auge des Betrachters. Der Angler setzt sich sein Ziel selbst. Der eine möchte vielleicht einfach nur möglichst viele Fische fangen. Der andere eine ganz bestimmte Art, möglichst große Exemplare oder vielleicht sogar einen einzelnen ganz besonderen Fisch. Wieder ein anderer präferiert eine spezielle Angelmethode und verzichtet womöglich auf Massenfänge. Das mag zunächst seltsam anmuten, doch in anderen Sportarten verhält es sich ähnlich. Oder würden Sie von einem Radrennfahrer erwarten, mit einem Motorrad zu fahren, nur damit er schneller das Ziel erreicht?

Zugegebenermaßen geht auch im Angelsport der Trend in Richtung »höher, schneller, weiter« oder in unserem Fall wohl passender: »groß, größer, am größten«. Die Rekordjagd hat mittlerweile Ausmaße angenommen, die unser schönes Hobby meiner Meinung nach auf eine Stumpfsinnigkeit degradieren, die es sicher nicht verdient hat. Angebliche Profis definieren sich nur noch über den Zeiger auf der Fischwaage und besuchen für ihren vermeintlichen Erfolg überteuerte und überbesetzte Privatgewässer. Angler eifern verzweifelt Gewichten nach, die eigentlich keine Bedeutung haben sollten. Doch es gibt auch Kollegen, die sich diesem Trend verweigern und ihren eigenen Weg gehen. Dass sich hierunter unverhältnismäßig viele Ausnahmetalente befinden, wundert mich nicht. Ich habe meine Fischwaage übrigens vor Kurzem verkauft. In Zukunft muss man mich in mehr als nur Kilos messen, denn Erfolg lässt sich nicht in Maßeinheiten quetschen. Jedem steht es frei, den Sinn des Angelns für sich selbst zu definieren. Vielleicht will man auch einfach nur eine nette Zeit verbringen und sich einen leckeren Fisch angeln, um diesen später zu verspeisen.

Ohnehin sollte nicht nur beim Angeln der Weg das Ziel sein. Angeln birgt so viel Erholung, Abenteuer und Abwechslung vom Alltag. Wir sollten daher nicht zulassen, dass es zum bloßen Mittel zum Zweck verkommt. Natürlich sind Ziele wichtig, und auch ich habe gegen den ein oder anderen kapitalen Fang nichts einzuwenden, meine Leidenschaft für den Angelsport bestimmt dies aber nicht.

Ist es denn der ultimative Erfolg, wenn man zum Angelprofi wird? Wie man das bewerkstelligt, habe ich im 24. Grund (»Weil man Profi werden kann«) beschrieben. Wichtig zu wissen ist: Ein Angelprofi muss nicht zwangsläufig einer der besten Angler der Welt sein. Als Experte im Angelsport ist man vielmehr eine Art Wolpertinger. Es mag unheimlich gute Angler geben, die ihre Fänge einfach nicht publik machen oder denen schlicht das Talent fehlt, diese Fänge nach außen zu präsentieren. Denn zumindest hierzulande ist die Angelbranche noch viel zu klein, als dass Angler ihr Hobby, geschweige denn ihren Lebensunterhalt, allein mit kapitalen Fängen finanzieren könnten. Vielmehr ist Eigeninitiative gefragt. Das Verfassen von Fachbeiträgen in Magazinen ist fast schon eine Selbstverständlichkeit. Hinzu kommen Fachbeiträge und Präsentationen auf Angelmessen. Wer länger im Geschäft ist, schreibt vielleicht ein Buch (so wie ich gerade), berät Angelfirmen bei der Entwicklung von Produkten oder bietet Guidings an. Als Angel-»Profi« muss man also in erster Linie in den drei Ms (Medien, Marketing und Materialkunde) gut sein, aber ob Sie auf diesem Wege »erfolgreich« sein wollen, müssen Sie selbst herausfinden.

61. GRUND

WEIL ES EGAL IST, OB MAN JUNG ODER ALT IST

Es gibt Sportarten, da gehört man mit Anfang 30 zu den Junioren. Als Anfang 30-Jähriger ist man in der Arbeitswelt der Akademiker ein Rookie, im Profifußball gehört man fast schon zu den Veteranen. Nicht so beim Angeln. Der Sport verbindet Jung und Alt. So ist es denkbar, dass gleich drei Generationen am Wasser sitzen und angeln, ohne dass eine Partei besonders im Nachteil wäre. Oft ist es eher so, dass die Jüngeren von den Älteren eine Menge lernen können. Nichts ist beim Angeln wichtiger als Erfahrung. Wichtig ist aber auch die Lust auf Neues, Begeisterung und Auffassungsgabe.

Im Angelsport gilt man relativ lange als Jungspund. Auch wenn Angeln immer mehr Anklang bei jungen Menschen findet, ist der Großvateranteil in den meisten Vereinen recht hoch. Jahrelang habe ich um Anerkennung in meinem Verein gekämpft. Erst unzählige Fachbeiträge, Jugendveranstaltungen und Jahreshauptversammlungen haben schließlich dazu geführt, dass ich als fast 30-jähriger Mann von meinen älteren Kollegen ernst genommen werde.

DER JUNGSPUND

Den Beginn der Angelkarriere erleben die meisten Angler recht spät. Viele beginnen sogar erst im Erwachsenenalter mit dem Sport.

Wer als Kind nicht einen Angler in der Familie hat, hat es oft schwer, symbolisch gesprochen, den Weg ans Wasser zu finden. Erlangt man als Jungspund schließlich von alleine und völlig zu Recht die Einsicht, dass Angeln das coolste Hobby der Welt ist, gilt es aber, noch weitere Hürden zu überwinden. Während Kinder quasi Fußball spielen dürfen, sobald sie laufen können, ist eigenständiges Angeln in Deutschland erst ab circa zehn Jahren möglich, wobei einige Bundesländer ein jüngeres, andere ein späteres Alter vorsehen. Auch gibt es einige hiervon abweichende Spezialregeln.[22] Das führt nicht selten zu enttäuschten Gesichtern. Hat man die Hürde Jugendfischereischein genommen, gilt es, die Eltern von dem Hobby an sich und den damit verbunden Kosten und Sonderfahrten à la Taxi Mama zu überzeugen. Wer das alles geschafft hat, hat bewiesen, dass er wirklich heiß aufs Angeln ist. Und da sind wir auch schon beim richtigen Thema. Das vielleicht Wichtigste beim Angeln ist, die Begeisterung zu bewahren und immer offen für Neues zu sein. Nur so kann man ein wirklich guter Angler werden. Zum Glück haben dieses Attribut vor allem Kinder. Kinder haben noch einen anderen Vorteil. Angeln kostet sehr, sehr viel Zeit. Wer richtig gut werden will, muss eine Menge Lehrgeld bezahlen. Das gelingt dem Schulkind natürlich deutlich besser als dem Familienvater.

DER ERWACHSENE

Das Erwachsenenalter ist scheinbar das beste Alter, um mit dem Angeln zu beginnen. Man ist dank Führerschein und Pkw ausreichend mobil, die Mutter macht sich vielleicht immer noch Sorgen, wenn man im Orkan allein nachtangeln geht, kann dies aber nicht mehr verhindern, und auch das Sparschwein ist deutlich praller gefüllt. Doch wer meint, mit Geld Erfahrung kaufen zu können, der irrt sich. Damit wir uns richtig verstehen: Angeln ist Materialsport. Eine gute Ausrüstung kostet Geld. Wer zum Beispiel einigermaßen professionell auf Karpfen fischen will, der landet schnell auf einem

Betrag von 1.000 Euro als Kosten für eine Erstausrüstung. Das heißt aber nicht, dass der, der besseres Material hat, auch mehr Fische fängt. Manche Angler behindert das Material schon fast mehr, als es ihnen nützen würde. Alles, was auf YouTube, Facebook und in Magazinen aufgeschnappt wird, wird gekauft und eingesetzt. Wie genau das Ganze funktioniert und warum man dies oder jenes überhaupt macht? Gute Frage! Besser ist es meiner Erfahrung nach, wenn das Material mit den eigenen Erfahrungen wächst. Ich musste als Jugendlicher immer sehr lange für meine nächste Anschaffung sparen und hatte daher stets genug Zeit, mir darüber klar zu werden, was ich überhaupt brauchte und wie ich es einsetzen wollte. Ein befreundeter Fliegenfischer hat einmal zu mir gesagt: »Heute kann man als Angler Material kaufen, das es einem ermöglicht, auch mit einer schlechten Technik gute Ergebnisse zu erzielen.« Positiv hat er das aber sicher nicht gemeint.

DER OPI

Die Senioren unter den Anglern werden von den jüngeren Jahrgängen gerne belächelt. Meist zu Unrecht; dennoch kann ich meine Belustigung über einige Eigentümlichkeiten nicht verbergen. Zunächst muss man aber wissen, dass die ältere Generation der Angler zumindest in Deutschland meist ein völlig anderes Verständnis vom Angeln hat. Damals war Angeln Freizeitbeschäftigung und Vereinsleben, heute ist es Sport und Individualismus. Da prallen zwangsläufig zwei Welten aufeinander. Trotz der Unterschiede kann man von der älteren Generation der Angler jedoch eine ganze Menge lernen. Kaum etwas ist beim Angeln so wichtig wie Erfahrung, und davon haben die alten Herren natürlich eine ganze Menge. Es lohnt sich daher stets, einmal genauer zuzuhören. Dass sich zwischen den vielen interessanten und lehrreichen Geschichten auch einmal etwas Anglerlatein, also Übertriebenes, versteckt, ist selbstverständlich. Beliebt ist beispielsweise die Behauptung, damals hätte man mit einfachsten Methoden zehnmal mehr Fische gefangen, als es mit dem neumodischen Schnickschnack möglich ist. Vielleicht waren damals die Fanggründe wesentlich besser, vielleicht wurde die Erinnerung auch nur etwas geschönt, ganz sicher liegt es aber nicht am modernen Material. »Früher war alles besser« stimmt sehr selten. Im Hinblick auf das Angelmaterial ist es schlichtweg falsch. Leider sehe ich immer seltener die alten Hasen meines Vereins am Wasser. Anders schaut es dann auf der jährlichen Hauptversammlung, dem Sommerfest oder Festabenden aus. Gerne lasse ich mir bei diesen Gelegenheiten die ein oder andere Anekdote erzählen und staune häufig nicht schlecht, welch eine Lebenserfahrung hinter all dem steckt.

62. GRUND

WEIL ES EGAL IST, OB MAN REICH ODER ARM IST

Angeln kann sehr teuer sein, muss es aber nicht. Viele glauben, um als Angler erfolgreich zu sein, müsse man Tausende Euros in Gerät und Angelfutter investieren. Dem ist aber nicht so. Ein befreundeter Angler hat es einmal mit einem englischen Sprichwort treffend auf den Punkt gebracht: »All the gear but no idea«. Frei übersetzt: »All das Gerät, aber keine Ahnung«. Zugegeben, Geld schadet selten, aber wenn ich mich zwischen Know-how und teurem Material entscheiden müsste, würde ich immer Ersteres wählen. Aber was braucht man nun eigentlich wirklich zum Angeln, und wie viel kostet der Spaß?

In Deutschland darf man nicht einfach so in der Gegend herumangeln. Anders als zum Beispiel in Finnland, wo bestimmte Angelmethoden an allen staatlichen Gewässern erlaubt sind, muss hierzulande für jedes Gewässer eine extra Lizenz erworben werden. Im Vergleich zu anderen Hobbys sind die Kosten dennoch gering.

Ein Jahresschein für den Rhein in Nordrhein-Westfalen kostet beispielsweise nur 34 Euro.

Angeln ist Materialsport, daran führt kein Weg vorbei. Wer für jede Fischart und jede Angelmethode das perfekte Gerät haben möchte, das auch noch vom Feinsten sein soll, der wird schon ein paar Tausend Euro über die Ladentheke schieben müssen. Was man zum Angeln wirklich braucht, ist nicht viel. Mein erstes Gerät habe ich mir damals von meinen Eltern und der Oma zum Geburtstag gewünscht. Für 200 D-Mark gab es eine Teleskoprute, eine Rolle samt Schnur, ein paar Posen, Grundblei, jede Menge Kleinkram samt Angelbox und Unterfangkescher. Mit so einer Ausrüstung kann man schon eine ganze Menge anfangen. Mit dem Gerät fing ich meine ersten Brassen, Rotaugen und Barsche. Später kamen Aale und Karpfen beim Nachtangeln hinzu. Wer behutsam und sparsam mit Gerät und Verbrauchsmaterial umgeht, hat mit wenig laufenden Kosten zu rechnen. Angel und Rolle halten bei guter Pflege ein Leben lang. Posen, Blei und Co müssen zwar regelmäßig, aber nicht für jeden Ansitz ersetzt werden. Verbrauchsgegenstände wie Schrotbleie, Wirbel und Haken kosten nicht die Welt. Durch den ein oder anderen Zukauf nimmt das Gerät über die Jahre einen beachtlichen Umfang an. Übrigens, auf ebay und Flohmärkten gibt es teilweise wirkliche Schätze zu kleinsten Preisen zu ergattern.

In der Tat sollte man beim Thema Köder am wenigsten sparen. Köder und Anfutter locken die Fische an und sollen sie zum Anbiss verleiten. Wer statt Maden mit alten Brötchen angelt und statt speziellem Grundfutter auf Paniermehl aus dem Supermarkt zurückgreift, spart womöglich am falschen Ende. Dennoch kommen auch hier nicht nur Großverdiener zum Zug. Gerade unter meiner Gilde, den Karpfenanglern, hat sich der Irrglaube eingebürgert, man müsse Tonnen von Anfutter in die Seen schütten, um überhaupt irgendwie erfolgreich zu sein. Natürlich kein Billigfutter, sondern nur teure Wunderboilies. Richtig ist, Qualität geht vor Quantität. Also lieber etwas weniger anfüttern, dafür aber gutes Futter. »Gut«

ist aber nicht gleich »teuer«. Wer sein Futter selber her- oder zumindest zusammenstellt, zahlt bei gleicher Qualität in der Regel ein Viertel des Ladenpreises. Markenboilies kosten im Angelladen gut und gerne zehn Euro das Kilo. In der Eigenproduktion erhält man schon für drei bis vier Euro echte Pralinen. Im Agrarmarkt kostet ein 25-Kilo-Sack Mais unter zehn Euro. Damit kommt man schon eine ganze Weile aus. Was die Futtermenge angeht, ist ebenfalls kein Großinvestment vonnöten. Weniger ist manchmal wirklich mehr. In jedem Fall gilt der Grundsatz »Fische suchen geht vor Fische anlocken«. Ich bekomme mein Futter gesponsert. »Gesponsert« bedeutet in diesem Fall, dass mir Angelköderhersteller Köder in Form von Boilies, Pellets und Co kostenlos zur Verfügung stellen. Im Gegenzug stehe ich bei der Entwicklung und dem Marketing mit Rat und Tat zur Seite. Ich könnte daher sehr viel anfüttern, ohne dafür einen Pfennig bezahlen zu müssen, mache es aber trotzdem nicht, weil es meist einfach nichts bringt. Es kann sogar schädlich sein. Unmittelbar für das Gewässer, das durch zu viel eingebrachte Nahrung eutrophiert, und mittelbar auch für die Fische und andere Wasserlebewesen, die an der einhergehenden Sauerstoffarmut schlimmstenfalls eingehen können. Besonders gefährdet sind kleine, flache und künstliche Gewässer, insbesondere in den Sommermonaten. Die Mecklenburgische Seenplatte werden Sie mit einem Eimer Paniermehl aber sicher nicht vergiften.

Am Ende des Tages fängt der Angler den Fisch, nicht das Gerät. Ein guter Fachhändler wird immer Gerät für jeden Geldbeutel in den Regalen haben. Wer behauptet, nur teures Hightech würde Fisch bringen, hat entweder keine Ahnung oder will einfach nur Geld verdienen.

63. GRUND

WEIL MAN (NICHT) SCHLAU SEIN MUSS

Angeln ist zwar auch, aber nicht nur ein Sport für Dichter und Denker, und das ist auch gut so. Unter Anglern gibt es keine soziale Ausgrenzung und kein pseudointellektuelles Getue.

Kein Angler würde behaupten, dass Angeln ein Denksport sei. Solche kühnen Thesen überlassen wir dem modernen Fußballer oder Golfer. Schach lasse ich gleich außen vor. Das ist schließlich kein Sport, oder? Andererseits müssen wir uns auch nicht vorwerfen lassen, ein Haufen testosterongesteuerter Dumpfbacken zu sein. Als Angler muss man kein Wunderkind sein, etwas Bauernschläue schadet aber sicher nicht. Fische zu überlisten ist keineswegs so einfach, wie es sich anhört. Natürlich sind Fische nicht besonders schlau. Ihr Gehirn ist im Vergleich zu anderen Wirbeltieren recht klein und simpel aufgebaut. Dennoch fallen Fische weitaus seltener auf die von uns Anglern gestellten Fallen herein, als man denken könnte.

Was einige von uns insgeheim schon längst geahnt hatten, wurde spätestens durch die Unterwasser-DVDs der britischen Tacklefirma Korda bewiesen. Die *Underwater*-Reihe sorgte für einen regelrechten Aufschrei, nicht nur die Karpfenanglerschaft geriet in Panik. Plötzlich schien alles infrage gestellt. War der Fang eines Fisches womöglich pures Glück? Die Idee der Videoreihe war so simpel wie genial. Um die eigene Kleinteile-Range zu promoten, war Korda mit einer Wasserkamera ausgerüstet losgezogen, um das Glück an englischen Hardcoregewässern herauszufordern. Ziel war es, die Fische beim Fressen und Anbiss zu filmen und so die Effektivität verschiedener Montagen unter Beweis zu stellen. Doch von dem, was dann geschah, waren selbst die Macher der DVD überrascht. Stundenlang tummelten sich Karpfen auf dem Futterplatz und fraßen alles, was nicht niet- und nagelfest war, nur nicht den

Hakenköder. Selbst wenn sich einmal ein Fisch an dem Hakenköder vergriff, schien es, als spüre er im gleichen Moment, dass etwas faul an der Sache war. Plötzlich verharrte der Fisch, um dann vorsichtig den Köder samt Haken wieder auszublasen und den Rückwärtsgang einzulegen. Einige Fische konnten so selbst Haken loswerden, die schon in ihrem Maul steckten. Andere Fische waren noch gewiefter. Mit den Brustflossen fächerten sie das am Boden liegende Futter auf. Trieb das Futter natürlich von dannen, wurde weitergefressen. Blieb etwas von dem Futter an Ort und Stelle, da es an der Montage angeködert war, ergriffen alle Karpfen die Flucht. Auch der Kontakt mit über dem Futterplatz ragender Schnur führte zu regelrechten Massenfluchten. Das Fazit des Films: Wir bekommen nur einen Bruchteil der Fische zu Gesicht, die sich tatsächlich an unseren Ködern vergreifen. Je mehr Angeldruck in einem Gewässer herrscht, umso vorsichtiger werden die Fische mit der Zeit. Sie haben gelernt, bestimmte Situationen als bedrohlich einzuschätzen. Dieses Phänomen nennen wir »Dressur«. Hierbei geht es weniger um eine bewusste Erinnerung der Fische an eine bestimmte Situation (so wie wir Menschen sie haben) als vielmehr um eine antrainierte reflexartige Reaktion auf ein bestimmtes Ereignis. Das hat zwar nichts mit Intelligenz zu tun, zwingt uns Angler aber wiederum, immer raffiniertere Methoden zu entwickeln.

Ein weiterer, nicht zu unterschätzender Faktor ist der Instinkt der Fische. Dieser ist von hoher Bedeutung. Besonders der Fluchttrieb von Fischen ist derart intensiv, dass man ihm kaum entgegenwirken kann. Das Seitenlinienorgan von Fischen empfängt Druckwellen und leitet sofort eine entsprechende Reaktion ein. In etwa so, wie wenn wir auf eine heiße Herdplatte greifen. Ist man am Wasser etwas zu unbedarft und erzeugt unnatürliche Druckwellen, sind die Fische auf und davon. Ebenso vorsichtig reagieren Fische auf Schatten und Licht. In Forellenbächen wagen sich die Salmoniden oft wie Vampire nur bis zur Grenze von Schatten und Licht vor. Selbst kleinste Unnatürlichkeiten nehmen die Fische wahr.

Mehrmals steigt die gleiche Forelle an die Oberfläche, um sich eine fliegende Ameise zu schnappen. Vor dem Imitat dreht sie in allerletzter Sekunde ab, wahrscheinlich weil die Kunstfliege unnatürlich in der Oberflächenspannung des Wassers liegt oder zu schnell beziehungsweise zu langsam treibt. Der Instinkt der Forelle verrät ihr, da ist ein Haken an der Sache, im wahrsten Sinne des Wortes. Wer sich jetzt keine Gedanken macht und wild drauflosangelt, steht auf verlorenem Posten.

64. GRUND

WEIL ES IMMER EINE PASSENDE AUSREDE GIBT

Ein guter Angler ist nie um eine Ausrede verlegen. Dabei spielen uns die Besonderheiten des Angelns in die Karten. Während der Erfolg bei anderen Sportarten oder Hobbys maßgeblich von der Eigenleistung abhängt, ist der Erfolg beim Angeln von vielen Fremdfaktoren bestimmt. Wenn es einmal nicht läuft, ist also selten der Angler schuld. Ich spreche da aus Erfahrung. Hören Sie schon auf zu grinsen!

Wir Angler müssen uns aber schließlich auch mit einem ziemlich kritischen Publikum herumärgern. Offensichtlich glauben viele Außenstehende, dass Angeln wie Einkaufen im Supermarkt funktioniert. Beliebt ist bei Spaziergängern zum Beispiel die aufgeregte Frage »Und schon was gefangen?«. Darauf der Angler (in dem Fall ich): »Ich habe gerade erst aufgebaut«, woraufhin der Passant mich unablässig weiter erwartungsvoll anstarrt. War meine Antwort etwa nicht eindeutig? Fazit: Nichtangler denken offensichtlich, uns Anglern würden die Fische im Sekundentakt auf den Schoß springen. Neulich fragte mich eine Journalistin, wie häufig denn beim Karpfenangeln ein Karpfen anbeißt. Ich war zu einem Interview als »Angelprofi« eingeladen. Selbstbewusst antwortete ich: »Wenn ich im Schnitt alle zwölf Stunden einen Fisch fange, bin ich zufrieden.«

Sie hätten einmal ihr Gesicht sehen sollen! Nach dieser Antwort zweifelte die Dame wohl ganz offensichtlich an meiner Aussage.

Anscheinend muss man es den Menschen in der heutigen Leistungsgesellschaft erst in stundenlanger Aufklärungsarbeit klarmachen. In der Natur lässt sich nichts erzwingen. Wenn nichts beißt, dann beißt nichts! Ich habe auch keine Schleppnetzflotte, auf die ich zurückgreifen könnte, geschweige denn wollte.

Wer sich, wie ich beklopterweise, trotz allem in der Pflicht sieht, seinen Misserfolg zu rechtfertigen, um nicht als Stümper abgestempelt zu werden, der greife auf folgende Standardausreden zurück:

- In dem See gibt es eigentlich keine Fische. (Achtung Ironie!)
- Es ist Laichzeit.
- Wir haben ein Tief-/Hochdruckgebiet.
- Es gab einen Wetterumschwung.
- Es ist zu warm. Alternativ: Es ist zu kalt.
- Sie haben nicht die passenden Köder parat.
- Ein Stümper vor Ihnen hat den Angelplatz mit schlechtem Futter versaut.
- Sie wollten eine neue Angelmethode ausprobieren (natürlich wussten Sie schon vorher, dass es wahrscheinlich nicht klappt).

65. GRUND

WEIL ES ANGLERLATEIN GIBT

Angler übertreiben gerne. »Der Fisch war sooooo groß«, sagt der Angler und deutet mit den Händen einen Abstand von circa 30 Zentimetern an. »Augenabstand«, fügt er kurz darauf hinzu. Hartnäckig hält sich das Gerücht, dass Angler ziemlich gute Lügner sind und von ihren Fähigkeiten auch äußerst gerne Gebrauch machen. Aber warum ist das so?

Zum einen liegt das meiner Überzeugung nach daran, dass viele Nichtangler schlicht und ergreifend nicht glauben können, was so alles in deutschen Seen umherschwimmt. Doch nur, weil man etwas nicht kennt, muss es nicht automatisch erfunden worden sein. Hartnäckig halten sich in den Medien Geschichten von riesigen Welsen, die in Badeseen Jagd auf schwimmende Hunde und Kleinkinder machen. Der ein oder andere Badegast will sogar gebissen und beinahe in die Tiefe gerissen worden sein. Angler schlagen da häufig gerne in dieselbe Kerbe und bestätigen die Story vom blutrünstigen Ungetüm oder versprechen gar, es jagen zu wollen. Tatsache ist, nicht nur Welse, sondern auch Hechte fressen gelegentlich auf der Wasseroberfläche umherschwimmende Enten, Ratten oder Frösche. Im tiefsten Russland sollen im Bauch eines Riesenwelses sogar die Überbleibsel eines Wolfs gefunden worden sein.[23]

Der Mysteryfaktor ist beim Angeln recht groß. Niemand kann genau sagen, was unter Wasser wirklich geschieht. Allzu gerne bedienen sich Angler daher ihrer Fantasie, um zum Beispiel ihr eigenes Versagen zu vertuschen. Fast schon ein Klassiker ist der »Karpfenwels«. Irgendwie hat man einen richtig guten Karpfen an die Leine bekommen, nur um ihn kurz darauf wieder im Drill zu verlieren. Das ist natürlich ziemlich peinlich und taugt schon gar nicht als Story für den Stammtisch. Also muss der »Karpfenwels« wieder herhalten. Selbstverständlich war das kein Karpfen, sondern ein riesiger Wels, der sich an dem Karpfenköder vergriffen hatte. Ein stundenlanger Kampf begann, den man, das war von vornherein klar, nicht gewinnen konnte. Schließlich befreite sich der Riese mit einem delfingleichen Sprung von Haken und verschwand wieder in den Untiefen.

Dass die Geschichten in den Erzählungen häufig ausgeschmückt werden, liegt meiner Meinung nach in der Natur der Sache. Niemand möchte sich die Blöße geben, und niemand hat Interesse an einer langweiligen Geschichte. So mogeln nicht wenige Angler ihren Fängen ein paar paar Pfunde extra auf die Rippen oder verwechseln Meter mit Zentimetern. Manches, was Angler erzählen, ist vielleicht nicht ganz wahr, aber das meiste hat einen wahren Kern. Da halten wir es so wie der Protagonist in *Big Fish*. Der Film erzählt in fantastisch anmutenden Rückblenden das Leben des Edward Bloom, der es anscheinend mit der Wahrheit nie wirklich genau genommen hat, wobei er vielleicht aber nur einen ganz besonderen Blick auf die Dinge hatte.

66. GRUND

WEIL MAN DABEI ALKOHOL TRINKEN KANN

Damit wir uns nicht falsch verstehen. Beim Angeln kann man Alkohol trinken, muss es aber nicht. Trinken gehört zum Angeln keineswegs notwendig dazu, auch wenn das einige Petrijünger wohl anders sehen werden. Eines ist aber klar. Trinken ist beim Angeln nicht verpönt und schon gar nicht verboten. Wer einen Angler an einem sonnigen Samstagabend mit einer Flasche Bier am See sitzen sieht, wird diesem allenfalls freundlich guten Durst wünschen, statt einen Skandal zu wittern. Beim Auflaufen auf dem Fußballplatz ist das kühle Blonde dagegen die falsche Wahl. Auch ich kann mich von dieser Natur- und Lagerfeuerromantik nicht ganz lossagen. Eine Flasche Bier bei Sonnenuntergang oder ein Glas Wein an einem verträumten See in Südfrankreich. Das hat schon etwas für sich.

Die Anglerschaft scheint sich aber auch manchmal gerne die Kante zu geben. Über die Jahre habe ich so einiges mitansehen müssen. Das meiste davon zum Glück nicht am Wasser beim Angeln, sondern bei Rahmenveranstaltungen rund ums Angeln. Denn eins ist klar, Volltrunkenheit am Wasser ist nicht nur gefährlich, sondern auch der Natur und insbesondere den Fischen gegenüber verantwortungslos. Im Folgenden dennoch einige Klassiker:

MANN ÜBER BORD

Nicht nur einmal erlebt, für den Betrachter (in diesem Fall mich) sehr lustig, für die Beteiligten aber leider auch nicht ganz ungefährlich. Anscheinend verspüren volltrunkene Angler nachts häufig den Wunsch, mit dem Ruderboot das Gewässer zu befahren. Am liebsten mit dem Saufkumpel im Schlepptau. Irgendwie schaffen die Kandidaten es auch in aller Regel, mitten auf den See zu gelangen, doch dann nimmt das Spektakel seinen Lauf. Plötzlich bemerken die Schluckspechte, dass es bei Nacht ohne Lampe gar nicht so leicht ist, den Angelplatz wiederzufinden. Erst recht nicht, wenn man dank Vollrausch nicht nur die Taschenlampe vergessen hat, sondern auch nur noch drei Meter geradeaus gucken kann und davon abgesehen ohnehin völlig die Orientierung verloren hat. Die Spezis kommen zu dem Schluss, dass wildes Drauflosrudern sie an ihr Ziel führen könnte. Das ist dem feuchtfröhlichen Zustand geschuldet und natürlich kompletter Blödsinn. 1. Weil es keiner der Sportsfreunde noch auf die Reihe kriegt, koordiniert zu rudern; und 2. weil minus und minus eben manchmal doch nicht plus ergibt. Also greift sich jeder ein Ruder, und so wird munter im Kreis gerudert. Die Freunde geraten darüber dann dermaßen in Rage, dass sie laut rumschreien (vielleicht hilft's ja?) und sich im Boot eine Rangelei leisten. Das Boot kentert natürlich, und ich starte meine Rettungsaktion …

DER ABEND VOR DER MESSE ODER DER MANN AM TRESEN

Manch eine Angelmesse ist weniger für ihre Inhalte als für ihren Ausschank bekannt. So zum Beispiel der Karpfen-Kult-Treff in Braunfels. Hier trifft oder besser traf sich jahrelang die »Wilde Meute« zum Beisammensein. Immer noch legendär sind die Abende vor der eigentlichen Messe, an denen eine Horde verrückter Angler das beschauliche Örtchen im Taunus in einen zweiten Ballermann verwandelte. Das hatte immer recht wenig mit Angeln zu tun, war aber stets unterhaltsam. Der Dorfbarbesitzer, Hassan, machte das

Geschäft des Jahres, der ein oder andere geriet in eine handfeste Auseinandersetzung mit den Dorfrowdys, und dann war da noch der legendäre Mann am Tresen. Dessen Freunde hielten es anscheinend für normal, dass ihr Kollege am Fuße der Bar, zwischen Barhockern und Füßen anderer Menschen, ein Nickerchen machte. Ab und zu rappelte er sich auf, tastete sich an die Bar und bekam von seinen Kollegen ein Bier in die Hand gedrückt, trank es aus und fiel wieder zu Boden.

DER MORGEN VOR DER MESSE

Für die Aussteller und Referenten einer Messe ist der Morgen des ersten Messetags bekanntlich der schwerste. Vor lauter Vorfreude auf die Messe und aufgrund der Wiedersehensfeiern mit alten Bekannten am Abend davor ist man in der Regel in einer eher dürftigen Verfassung. Man muss sein Hobby schon sehr lieben, um jetzt trotzdem aufzustehen. Man hat übrigens auch schon Kollegen morgens vor der Messe auf dem Ausstellerparkplatz halb nackt, ausgeraubt und immer noch volltrunken in ihrem offen stehenden Auto liegend gefunden. Aber der Ehrenkodex besagt ja bekanntlich: »Was auf der Angelmesse geschieht, bleibt auf der Angelmesse«, und so nenne ich selbstverständlich keine Namen.

BIERKASTENWETTSTAPELN

Beliebt ist auch das Bierkastenwettstapeln, so muss man zumindest die Lagertechnik des Getränkevorrats mancher Kollegen interpretieren. Eine Gruppe Herren, die alljährlich ihren Jahresurlaub an einem meiner Hausgewässer verbrachte, sammelte sage und schreibe 24 Kisten. Zugegeben für zehn Mann und als Vorrat für drei Wochen – aber die rote Mauer bestehend aus roten Kisten wirkte doch etwas beängstigend und erinnerte mehr an ein Rockfestival als an einen Angelansitz.

DER YOUTUBE-PROMILLEANGLER

Beliebt sind auch die vielen Videos auf YouTube, die Angler bei dem Versuch zeigen, trotz drei Promille dem Angelsport nachzugehen. Fazit: Es geht nicht, ist aber lustig.

DER VERPENNTE BISS

Betrunken schläft man fester als nüchtern. Zu dieser Erkenntnis kommen nicht wenige Trunkenbolde, die nach einer durchzechten Nacht am Ufer des Sees aufwachen und feststellen, dass sie in der Nacht einen Biss hatten, den Bissanzeiger aber überhört haben. Unter Karpfenanglern ist es daher beliebt geworden, Betrunkenen einen Streich zu spielen. Hierfür kurbelt man nachts heimlich die Angel seines Opfers ein und fährt die Montage anschließend kilometerweit in die Walachei. Wer mag, bindet an das Ende der Schnur noch einen großen Ast oder schweren Stein. Dann wird die Angel wieder unauffällig an ihren Platz gelegt. Was folgt, wenn der Schluckspecht aufwacht und glaubt, ein riesiger Fisch habe ihm die ganze Schnur von der Rolle gezogen und zapple an deren Ende, ist einfach zum Schreien komisch.

Kapitel 7

ANGELZIRKUS

*Von
Freundschaften,
Events
und
dem
Big Business*

67. GRUND

WEIL ES PROFESSIONELLE GUIDINGS GIBT

Okay, ob wirklich alle Guidings professionell sind, wage ich zu bezweifeln, jedenfalls gibt es sie. Der Angelsport boomt in den letzten Jahren, immer mehr neue und bessere Angelmethoden kommen ans Licht der Öffentlichkeit. Während die meisten Angler vor 20 Jahren noch Allroundangler waren, sind heute die meisten Petrijünger spezialisiert. Experte auf allen Gebieten zu sein ist quasi unmöglich geworden. Um jede Angelart abzudecken und sich auf jede Fischart spezialisieren zu können, bräuchte man wahrscheinlich Material im Wert von 100.000 Euro, und das Jahr müsste nicht 365 Tage, sondern Monate haben. Ich persönlich sehe mich beispielsweise als Experten im Bereich Karpfenangeln. Alle anderen Angelmethoden beherrsche ich zwar einigermaßen, einen Blumentopf kann ich damit aber sicher nicht gewinnen.

Was liegt also näher, als einen Workshop zu belegen oder ein Guiding zu buchen, um eine bestimmte Angelart oder Technik von einem Experten zu erlernen und sich so viel Zeit und Mühe zu ersparen. Ich habe das beispielsweise mit dem Fliegenfischen so gemacht. Seltsamerweise sind solche Events unter Anglern immer noch ein wenig verpönt. Scheinbar will sich keiner als Rookie outen. Dabei sind Lehrgänge eigentlich das Normalste der Welt. Sicher würde niemand auf die Idee kommen, sich ein Segelboot zu kaufen, um einfach draufloszuschippern, oder in Eigenregie das Reiten zu erlernen.

In der Angelszene gibt es ein Phänomen. Irgendwie fühlt sich jeder zweite Angler dazu berufen, sein Hobby zum Beruf zu machen. Entweder man wird Angelprofi, was einem meist allenfalls die Finanzierung des eigenen Hobbys ermöglicht, oder man macht einen Angelladen auf oder stellt Köder oder Gerät selbst her, oder man wird ein Guide. Neuerdings sprießen Guidingangebote wie

Pilze aus dem Boden. Hierunter findet sich einiges Gute, aber auch Schlechte. Allein durch den gemeinsamen Ansitz mit einem vermeintlichen Profi hat jedenfalls noch keiner das Angeln erlernt. Guidings sind auch nicht dazu da, um es dem Guide zu ermöglichen, sich vor dem zahlenden Gast durch seinen eigenen Fangerfolg zu profilieren. Das scheinen einige Jungs falsch verstanden zu haben.

Auch wenn sicherlich ein gewisses Maß an Vorsicht bei der Wahl eines Guides geboten ist, gibt es einige wirklich empfehlenswerte Guidings beziehungsweise Kurse. Im Raubfischbereich ist Uli Beyer ein Koryphäe, aber auch Dietmar Isaiasch und Stefan Gockel sind Namen mit Background. Im Fliegenfischerbereich kann ich Rolf Renell empfehlen. Hier hat man keinerlei Staralllüren zu befürchten. Fachliches Wissen und das nachhaltige Erlernen der richtigen Technik sind Rolf besonders wichtig. Bekannte Welsangler wie Stefan Seuß, Carsten Zeck und Sven Dombach sind ebenfalls erstklassige Guides. Im Bereich Karpfenangeln sieht es leider etwas mau aus. Bedauerlicherweise erschöpfen sich die Angebote oft darin, einem »Star« über die Schulter schauen zu dürfen. Immer wieder überlege ich, selbst einmal den ein oder anderen Workshop anzubieten. Wenn sich genug Interessenten finden, vielleicht schon in dieser Saison.

Aber was macht einen guten Guide eigentlich aus? Für mich ist es die Kombination zwischen dem Vermitteln von Technik und Wissen und dem eigentlichen Führen zum Fisch. Ein Guiding ohne Fisch, aber mit wertvollen Inhalten bringt dem Kunden im Nachhinein immer mehr als ein vom Guide erkämpfter Fisch, ohne dass der Kunde überhaupt ansatzweise begreift, wie er das am heimischen Gewässer alleine wiederholen soll.

68. GRUND

WEIL ES ANGELMESSEN GIBT

Angelmessen sind größer, als man denkt. Immer wieder werde ich von Freunden belächelt, denen ich erzähle, dass ich am Wochenende auf der Messe XY einen Vortrag halte.

Natürlich sind nicht alle Angelmessen riesig, aber das ist auch gut so. Mittlerweile gibt es unzählige mehr oder weniger große Messen. Vor allem die kleineren Szenetreffen und Hausmessen haben dabei einen ganz besonderen Charme. Hier trifft man alljährlich die gleichen Leute. Das ist weniger negativ als vielmehr positiv gemeint. Über die Jahre habe ich so Bekanntschaften aufrechterhalten, deren einzige Verbindung das gemeinsame Hobby und ein jährliches Treffen auf einer Angelmesse ist. Auf den Messen kann man sich prima mit Kollegen über das Neueste vom Neuen austauschen. Wer wild auf ein Schnäppchen ist, ist auf kleineren Hausmessen meist besser aufgehoben als auf den Riesenmessen. Die Shopbetreiber versuchen in der Regel, gegen Jahresende ihre Regale für die Neuheiten der kommenden Saison freizubekommen und über hohe Abnahmemengen Prozente bei den Herstellern herauszuhandeln.

Wer es mehr auf Neuheiten, Fachvorträge und ein gewisses Starpotenzial abgesehen hat, der ist beziehungsweise war auf den großen Messen, wie beispielsweise der Anspo oder der Fishing Master Show, besser aufgehoben. Leider hält längst nicht jede Messe, was sie verspricht. Manch ein Betreiber wittert zunächst das große Geld, scheitert dann aber an der Umsetzung des Events. Ein Kritikpunkt der Besucher ist meist der Mangel an namhaften Herstellern. Zu oft reihen sich Händler an Händler, die Massenware zu Dumpingpreisen verschleudern. Hierfür braucht man jedoch keine Angelfachmesse. Das Konzept nennt sich Internethandel. Zu dem Nonplusultra für Karpfenangler gehört seit Jahren die Carp Zwolle in Holland. Die Messe ist mit ihren riesigen Hightechständen ein echtes

Highlight. Hier reiht sich eine namhafte Firma an die andere und präsentiert ihre neuesten Produkte. Ein weiteres Highlight größerer Messen sind zudem die dort gehaltenen Fachvorträge. Modernen Film- und Fotokameras sei Dank sind diese mittlerweile nicht nur inhaltlich, sondern auch optisch sehr ansprechend.

Ein weiterer Vorteil von Angelmessen ist die Zeit, in der sie stattfinden. In der Regel sind die Wintermonate Messezeit. Während die Seen zugefroren sind und das Angeln ohne Erfolgsaussichten ist, können Angler nach Herzenslust shoppen gehen und sich optimal für die kommende Saison eindecken.

Abschließend gebe ich Ihnen gerne einen kleinen Ausschnitt von Fachmessen in unserer Nähe mit auf den Weg:

◦ CARP ZWOLLE (Niederlande) *****
Die Messe für Karpfenangler und solche, die es gerne werden wollen. Ein Abstecher in die niederländische Stadt Zwolle lohnt sich auf jeden Fall. Selbst englische Karpfenangelprofis staunen nicht schlecht, wenn sie diese Messe das erste Mal betreten.

◦ CARP+CAT EXPO ****
Die Carp (Cat) Expo zeigte sich 2014 in einem völlig neuen Gewand. Besucher, Aussteller und Experten waren gleichermaßen begeistert von dieser Messe, auf der neben Angelzubehör für Karpfen auch solches zum Fang von Welsen nicht zu kurz kommt.

◦ FISHING MASTER SHOW ****
Die Fishing Master Show ist eine Opendoorveranstaltung. Neben Liveangeln erwarten die Besucher auch viele Messestände. Das Event ist eng mit der Royal Fishing Kinderhilfe verbandelt und schon deshalb einen Besuch wert. *Tipp für Neuangler!!!*

◦ BOOT DÜSSELDORF ****
Eigentlich wird auf der Boot vor allem eins beworben und ver-

kauft, nämlich Boote. Daneben gibt es aber auch eine ansehnliche Auswahl an Angelgerät und Bedarfsartikeln für andere Wassersportarten. Auf dieser Messe kann man gleich mehrere Fliegen mit einer Klappe schlagen. Auch Raubfischangler kommen dank Fachvorträgen von Profis wie Dietmar Isaiasch nicht zu kurz. *Tipp für Neuangler!!!!*

⌬ Anspo ***
Es war einmal die Anspo. Die Anspo galt einmal als eine *der* Allroundmessen. Leider wurde der Betrieb nun eingestellt.

⌬ iFish (Österreich und Deutschland) ***
Die Betreiber der iFish bieten eine ganze Reihe von unterschiedlichen Messen an. Besucher können zwischen der Messe in Österreich oder in Deutschland wählen.

⌬ Angelzentrale Herrieden ****
Eine riesige Hausmesse, auf der vor allem Karpfenangler, aber auch Wels- und Raubfischangler auf ihre Kosten kommen. Die Preise sind genial. Leider gibt es keine Bühnenvorträge.

69. GRUND

WEIL MAN SCHNELL UND ÜBERALL NETTE MENSCHEN FINDET

Ein gemeinsames Hobby verbindet. Trifft man einen Angelkollegen, kann man sich dessen Wohlwollen fast schon sicher sein. Schließlich hat man endlich jemanden gefunden, der einen wirklich versteht. Als Angler interessiert man sich typischerweise für ähnliche Dinge, und damit meine ich nicht nur das Fischefangen. Beim Angeln geht es um viel mehr. Um die Natur und um das Gefühl von Freiheit. Viele Angler sind leidenschaftliche Fotografen. Lieblingsmotive sind dabei keineswegs nur Fische, sondern auch Landschaftsaufnahmen und Porträts unbeschuppter Tiere. Kein Wunder also, dass die meisten Angler sofort auf einer Wellenlänge sind. Mit Nichtanglern haben es Angler hingegen meistens schwer. Immer wieder bekommt man die gleichen nervigen Fragen gestellt und erntet auf eine bemühte Antwort meist nur fragende Blicke. Mit den eigenen Jungs und Mädels hat man es da viel leichter.

Über die Jahre hat sich so bei mir ein beachtlicher Kreis an Freunden und Bekannten gebildet, den ich allein dem Angelsport zu verdanken habe. Als ich vor einigen Jahren das Jugendangelprojekt »Kids on Carp« ins Leben rief, hätte ich nie geglaubt, wie viele nette Menschen ich dadurch kennenlernen würde. Entgegen meinen Erwartungen war es nicht besonders schwer, genügend geeignete Betreuer für das Projekt zu begeistern. In meinem engeren Freundeskreis befanden sich zu wenig Personen, die für das Projekt Zeit hatten, und so startete ich kurzerhand einen Rundruf auf Facebook. Die Resonanz war überwältigend. Plötzlich meldeten sich Angler, die ich zwar namentlich kannte und mit denen ich auf einer Messe auch schon ein oder zwei Worte gewechselt hatte, zu denen ich aber sonst nie einen Kontakt gehabt hatte. Alex Hager, ein bekannter österreichischer Karpfenangelprofi, flog sogar extra aus Wien ein, um mich bei meinem Event zu unterstützen. Heute zählen die meisten dieser Angler zu meinen Freunden oder sind zumindest sehr gute Bekannte.

Ein anderes positives Beispiel dafür, wie unkompliziert man als Angler nette Menschen kennenlernen kann, ist die englische Karpfenangellegende Lee Jackson. Auf einer Interviewreise durch England lernte mein guter Freund Philipp den Fänger zahlreicher britischer Rekordkarpfen kennen. Einige Zeit später lud Philipp Lee dann zu einer kleineren deutschen Angelmesse ein, um diesen als Special Guest zu interviewen. Ich bin mir nicht sicher, ob Philipp wirklich daran geglaubt hatte, dass der viel beschäftigte Geschäftsmann für ein paar angelverrückte Deutsche nach Bonn fliegen und ein Wochenende opfern würde, doch er tat es. Ich erwartete einen Profiangler, der sich seiner Prominenz bewusst und dementsprechend unnahbar ist, und lernte zu meiner Überraschung einen supernetten, bodenständigen Typen kennen. Auf der Messe hatte er für jeden Gast ein offenes Ohr. Später saßen wir bis spät in die Nacht beim Italiener, aßen Pizza und tranken Wein. Dass wir mit Lee Jackson sofort auf einer Wellenlänge waren, ist umso erstaunlicher, wenn man bedenkt, dass Lee sicher doppelt so alt war wie wir Jungspunde. Uns war das aber egal und Lee erst recht. Noch heute kann ich mich daran erinnern, wie er immer wieder betonte, uns »the art of drinking red wine« lehren zu wollen. Was damit gemeint war, wurde den meisten von uns erst am nächsten Morgen klar.

70. GRUND

WEIL ES HOHE PREISGELDER GIBT

Ich habe in diesem Buch schon darauf hingewiesen, dass man mit Angeln nicht das große Geld verdienen kann. Jedenfalls nicht mit dem Akt des Angelns selbst. Das ist aber nicht ganz richtig. Schließlich gibt es da noch die Preisgelder. Diese existieren in der Welt des Angelns in zwei Varianten. Da wären zunächst die Preisgelder, die bei Wettkämpfen zu gewinnen sind. Weltweit gibt es zahlreiche Turniere, bei denen Angler ihr Können miteinander messen können. In Amerika gibt es die Bassmasters, in Europa zahlreiche lokale Stipp- und Feedermeisterschaften. Ebenso bekannt sind unter Raubfischfreunden die World Predator Classics. Für die Karpfenangler sind das die World Carp Classics. Die Preisgelder gehen in den unterschiedlichen Ländern stark auseinander. Während man sich in Europa selbst als Gewinner häufig mit Preisgeldern deutlich unter der 10.000-Euro-Marke anfreunden muss und meist sogar mit ein paar hundert abgespeist wird, weht in den USA ein anderer

Wind. Bei den Bassmaster Classics darf sich der Gewinner beispielsweise auf 300.000 US-Dollar freuen. Schier aberwitzig sind die US-amerikanischen Preisgelder für den Fang eines Landesrekords oder gar Weltrekords. So schrieb die Angelfirma Mustad vor einiger Zeit ein Preisgeld von einer Million Dollar für den Fang eines Weltrekordbarsches aus. Tatsächlich fing ein glücklicher US-Amerikaner den Rekordfisch, doch man geriet über die Frage, ob der Fang regelkonform erfolgt war, in Streit. Sogar Anwälte wurden eingeschaltet.[24] Soweit ich weiß, wurde die Rekordsumme bis heute nicht ausgezahlt.

71. GRUND

WEIL MAN ÜBERALL AUF DER WELT ANGELN KANN

Meine Liebe zum Karpfenangeln begann ganz unverhofft an einem kleinen Weiher in einem holländischen Ferienörtchen. Eigentlich hatten meine Eltern sich zwei Wochen Strandurlaub mit Badehose, Eis und Sonnencreme vorgestellt. Schließlich saß ich mit Gummistiefeln, Butterbrot und Köderdose am Ufer eines Waldsees. Für mich wurde dieser vermeintliche Strandurlaub eines der richtungsweisendsten Angelerlebnisse meiner Karriere.

Die Erde wird auch als »der blaue Planet« bezeichnet, das weiß jedes Kind. An Wasser mangelt es uns also nicht. Auch Angelequipment und Angler findet man eigentlich überall auf der Welt. In Kanada, Nordeuropa und Skandinavien hat vor allem der Lachs sein Zuhause, welcher gerne mit der Fliege befischt wird. In den USA ist der Schwarzbarsch (Blackbass) die unangefochtene Nummer eins der Gamefish. Bevorzugte Angelmethode ist hier das amerikanische Spinnfischen. In Europa angelt man gerne auf Friedfische wie Karpfen oder auf Räuber wie Wels und Hecht. Auch in Südamerika, Asien, Afrika und Australien gibt es eine Reihe regelmäßig beangelter Fischarten, die uns Europäern meist recht seltsam anmuten. Beliebt ist dort vor allem das sogenannte Big-Game-Angeln auf majestätische Riesen wie den Blue Marlin.

Wer lange genug sucht, wird früher oder später selbst dort die Möglichkeit zum Angeln finden, wo sie sonst keiner vermutet. Wären Sie auf die Idee gekommen, bei einem Spaziergang durch den Central Park in New York eine Angelrute mitzunehmen? Nein? Um ein Haar hätten Sie die Gelegenheit gehabt, einen Barsch, Karpfen oder anderen fischigen Bewohner des Big Apples in atemberaubender Kulisse zu fangen. Im Bundesstaat Minnesota spielt sich alljährlich ein ganz besonderes Schauspiel ab. Sobald die Seen mit einer dicken Eisschicht bedeckt sind, werden große Holzhütten auf den See gezogen. Die Hütten sind dabei besser ausgestattet als so manche Studentenbude. Heizung, Klo, Küche, Sitz und Schlafecke. Geangelt wird ganz bequem durch den Wohnzimmerboden, in welchen die Bewohner zuvor ein Eisloch schneiden. Das muss man einfach einmal miterlebt haben.

Angeln kann man wirklich überall auf der Welt. Das wird Ihnen so gut wie jede Partnerin eines Anglers mit leidiger Miene bestätigen können. Einzige Voraussetzung – es muss Wasser geben. Und das ist auf unserem Planeten nicht allzu schwer zu finden. Ob riesiger Ozean oder kleinste Pfütze, Fische gibt es wirklich überall. So hat sich auch bei mir über die Jahre ein regelrechter Automatismus eingestellt. Meine Familie und Freunde können mir mittlerweile allesamt zuvorgreifen, wenn ich wieder einmal irgendwo auf der Welt an irgendeiner Pfütze vorbeilaufe. Kaum mache ich den Mund auf, schallt es auch schon von allen Seiten: »Ja, ja, hier kann man bestimmt auch angeln!« Aber was soll ich machen, so ist es nun einmal. So kam es auch, dass ich selbst während meiner Flitterwochen in Südafrika nicht die Finger von der Angel lassen konnte. Gefangen habe ich nichts. Natürlich nur wegen des mangelhaften Leihmaterials.

Doch wer meint, der Angellust seines Partners mit dem Urlaub in einer der Trockenregionen dieser Welt ein Schnippchen schlagen zu können, sei gewarnt. In der Wüste kann man nicht angeln? Da irren Sie sich! Im 97. Grund (»Weil es den Film *Aus der Mitte entspringt ein Fluss* gibt«) erfahren Sie mehr über die verrückte Idee eines Scheichs, sich in der Wüste den Traum eines eigenen Gewässers zum Lachsfischen zu verwirklichen.

Wer auch einmal einen Blick über den Tellerrand riskieren und sein Anglerglück jenseits der heimischen Gefilde versuchen will, dem seien folgende zehn Reiseziele besonders ans Herz gelegt:

1. ÄGYTEN: Das Mekka der Nilbarschangler. Der König des Flusses Ägyptens ist der Nilbarsch. Er ist besonders kampfstark und mit Gewichten bis zu 100 Kilogramm ein echter Koloss. Ägypten liegt näher, als man denkt, und die Flüge sind nicht besonders kostspielig.

2. MAROKKO: Wer hätte erwartet, dass man in Nordafrika solch prächtige Karpfen findet? Der See Bin el Ouidane ist seit einiger Zeit das Winterreiseziel für europäische Karpfenangler.

3. KANADA: In den scheinbar unendlichen Weiten British Columbias gibt es neben prächtigen Lachsen auch den urtümlichen und riesigen weißen Stör zu erbeuten. Hier laden herrliche (Angel-) Lodges zum Verweilen ein.

4. KENIA: Das ostafrikanische Land ist der optimale Ausgangspunkt für die Jagd auf einen der riesigen Marlins oder Thuns, welche in den Küstengewässern beheimatet sind. Geführte Touren sind Pflicht. Schon allein deswegen, da ein PS-starkes Boot samt Besatzung und Angelequipment benötigt wird.

5. IRLAND: Wer Angeln liebt, muss Irland einfach lieben. Hier warten reichlich Gewässer mit kapitalen Hechten auf Sie. Besonders empfehlenswert sind die riesigen Seen in der Region Connemara.

6. Spanien: Wer einen europäischen Riesenwels fangen will, dem sei der Fluss »Ebro« in Nordspanien empfohlen. Hier gibt es neben Welsen auch Zander, Schwarzbarsche und Karpfen zu erbeuten. Eines der zahlreichen Angelcamps trifft sicher Ihren Geschmack.

7. Neuseeland: Neuseeland besticht ähnlich wie Irland nicht nur durch seine ausgezeichneten Fanggründe, sondern auch durch sein atemberaubendes Panorama. Meeres- und Binnenangler kommen hier gleichermaßen auf ihre Kosten.

8. USA (Texas): Die Vereinigten Staaten von Amerika sind eine angelverrückte Nation. Die Amerikaner lieben den kampfstarken Schwarzbarsch. Doch es gibt weitere tolle Fische wie den Muskie (ähnlich dem deutschen Hecht) und viele weitere Barscharten zu ergattern. Neuerdings erfreut sich auch der europäische Karpfen sowie der riesige Buffalokarpfen, der eigentlich kein Karpfen ist, aber so aussieht, wachsender Beliebtheit.

9. Deutschland: In der Nord- und Ostsee kann man mit etwas Geschick immer noch prächtige Lachse und Meerforellen fangen. Die Bodden bringen riesige Hechte hervor. Die Mecklenburgische Seenplatte ist ein wahres Anglerparadies und lässt sich prima mit dem Boot erkunden.

10. Thailand: Wer einen echten Exoten mit möglichst wenig Aufwand fangen will, kommt an den Angelparks in Thailand nicht vorbei. Hier kann man riesige asiatische Karpfen- und Welsarten fangen.

Eine Angelreise will gut geplant sein. In den meisten Fällen empfiehlt es sich daher, einen speziellen Angelreisenveranstalter zurate zu ziehen. Infos finden Sie zum Beispiel auf: www.king-tours.de | www.thecarpspecialist.de | www.keschern.de

72. GRUND

WEIL MAN KUTTERTOUREN MACHEN KANN

Kuttertouren sind ein außerordentlich lustiges Unterfangen, so etwas muss man einmal im Leben gemacht haben, auch wenn man eigentlich gar kein Angler ist. Einen Angelschein braucht man zumindest dann nicht, wenn die Tour durch Nord- oder Ostsee außerhalb Deutschlands, also zum Beispiel in Dänemark, stattfindet. Auch eigenes Angelgerät ist nicht zwangsläufig vonnöten. Meist wird Ihr Käpt'n über ausreichend Leihgerät verfügen, mit dem man sogar, anders als der erste Anschein es vermuten lassen könnte, Fische fangen kann. Gemeinsam mit Freunden oder dem Nachwuchs ein paar Dorsche an Deck kurbeln, das hört sich für viele Urlauber verlockend an, also wird auf einem Kahn angeheuert und ab geht die wilde Fahrt für die Landratten.

Die Vorfreude ist groß, und so wird die trockene Bemerkung des Kapitäns, »dass eine steife Brise wehe und man den Trip auch verschieben könne«, gern ignoriert. Wer will sich hier schon als Warmduscher outen? Auf hoher See angekommen, wird dann nicht wenigen klar, dass das, was für den Kapitän eine steife Brise ist, einen Großstädter doch eher an einen Orkan erinnert. Spätestens wenn die Nussschale, von der der Mann im Angelladen fälschlicherweise behauptet hatte, es handle sich um ein Boot, derart durch die Wellen tanzt, dass man vergisst, wo Meer aufhört und Kahn anfängt, büßt so manch eine Landratte ihre behauptete Seetauglichkeit ein. Jetzt heißt es Zähne zusammenbeißen, was einem angesichts der Unmengen über Deck schwappenden Wassers nicht unbedingt leichtfällt. Meine seltenen Teilnahmen an Kutterfahrten haben jedenfalls einen bleibenden Eindruck hinterlassen.

Einen echten Ostseekapitän lässt dieses Wetter selbstverständlich völlig kalt. Wie mit Magnetschuhen bestückt, spaziert der Kapitän über Deck, als ginge er gerade in seinem Garten spazieren. Während andere sich nicht entscheiden können, ob sie lieber die Reling oder Angelrute umklammern sollen, meistert der Kapitän sein Geschäft freihändig. Auf einem meiner Törns fiel mir auf, dass unserem Steuermann mindestens die Hälfte seiner Finger fehlte. Das beunruhigte mich dann, ehrlich gesagt, doch ein wenig. Apropos Steuermann, das Schiff steuert sich scheinbar von alleine, während sein Besitzer minutenlang über das Deck stakst. Dabei versucht er ganz beiläufig, ein paar Dosen gutes dänisches Exportbier an den Mann zu bringen, natürlich steuerbefreit. Ein echter Käpt'n pfeift offenbar auf die Zwölf-Meilen-Zone, sein Schiff ist per se außerstaatliches Territorium. Das lässt natürlich den ein oder anderen Abenteuersuchenden schwach werden. Selbstverständlich rächt sich der Bierkonsum jedoch schon bei der nächsten Böe. Mit der Zeit bildet sich eine Traube grüngesichtiger Angler an der Reling. Unweigerlich will alles aus dem Magen, was keine Miete zahlt. Gut beraten sind jetzt diejenigen, die mit dem Rücken zum Wind stehen.

Schließlich schaffen es alle Beteiligten doch noch mehr oder weniger unversehrt in den Hafen. Auch das anschließende Filetieren der trotz aller Widrigkeiten gefangenen Dorsche geht ohne schwere Schnittverletzungen über die Bühne. Spätestens jetzt steht für alle Beteiligten fest: »Das müssen wir unbedingt wieder machen.«

Die Frage, welche Kuttertouren zu empfehlen sind und welche nicht, ist pauschal schwer zu beantworten. Lassen Sie im Zweifelsfall Ihren ersten Eindruck entscheiden oder folgen Sie der guten Erfahrung eines Bekannten. Eine recht üppige Liste verschiedener Anbieter finden Sie auf www.blinker.de/adressen/kutterlisten/.

73. GRUND

WEIL ES WETTKÄMPFE GIBT

Angelwettkämpfe haben etwas Skurriles an sich. Eigentlich verbindet man Angeln mit Entspannung, bei Angelwettkämpfen hingegen herrscht Action pur. In Deutschland sind solche Turniere des Tierschutzes wegen verboten. Daher zieht es viele Petrijünger ins Ausland. So gibt es verschiedenste internationale Veranstaltungen, bei denen Angler ihre Kräfte messen können. Aber auch hierzulande muss man als Angler nicht völlig auf einen gewissen Sportsgeist und das gemeinsame Angeln verzichten. Gemeinschaftsangeln ist nach wie vor fester Bestandteil der deutschen (Angel-)Vereinskultur. Ebenso gibt es Wettbewerbe wie die vom Angelmagazin *Angelwoche* veranstalteten Angel Masters. Interessierte Leser können Fotos ihrer Fänge einsenden und so an einem Onlinewettkampf mit Preisen teilnehmen.

SPEEDBOOTE UND ARENA

Die Bassmasters in Amerika sind ein Massenspektakel. Riesige Seen werden von gut bezahlten Profis in bunter Montur und 100.000 Euro teuren Speedbooten befahren. Kamerateams halten alles fest. Sogar Hubschrauber kommen zum Einsatz. Das Event wird live im Fernsehen ausgestrahlt. Kein Wunder also, dass die Abschlussveranstaltung samt Siegerehrung in einer riesigen Eventarena stattfindet.

MASSENAUFLAUF MIT DER STIPPRUTE

Wettangeln und Stippangeln geben ebenfalls ein witziges Bild ab. Dicht zusammengepfercht, besetzen Hunderte Profis wenige Meter Wasser. Wie die Damen und Herren es schaffen, sich nicht hoffnungslos ineinander zu verknoten, ist mir immer wieder ein Rätsel. Ebenso wundert es mich, dass bei solchen Events trotz des Tumultes tatsächlich auch der ein oder andere Fisch erbeutet wird. Fotos des Pulks mit den langen gen Himmel gerichteten Kopfruten lassen mich immer wieder an eine Reiterstaffel und ihre mit Lanzen bewaffneten Ritter denken.

DAS FISCHERFEST IN MEMMINGEN

Kein wirklicher Wettkampf und auch nicht mit Angel, sondern Kescher ausgetragen, trotzdem ein verrückt anzusehendes Schauspiel.

In alter Tradition veranstaltet der Fischertagsverein Memmingen alljährlich ein Fischerspektakel der ganz besonderen Art. Ein kleiner Bach in einem beschaulichen Städtchen wird zum Tollhaus. Dabei hat das Ganze einen seriösen Background. Seit jeher musste der Bach, der damals als Entwässerungskanal diente, regelmäßig gereinigt werden. Um die im Bach lebenden Forellen nicht verkommen zu lassen, fischte man sie vor dem Wasserablassen heraus. Die Tradition geht bis auf das Jahr 1597 zurück.

Heute ist eine Reinigung des Baches nicht mehr zwingend notwendig, trotzdem ist die Tradition erhalten geblieben. Der 1900 gegründete Fischertagsverein veranstaltet das alljährliche Bachausfischen. Um das Abfischen des Baches hat sich ein regelrechtes Volksfest entwickelt. Den Höhepunkt des Festes bilden die Erstürmung des Baches und die Jagd nach der Königsforelle. Laut schreiend, stürzt eine Horde in den kleinen Bach und fuhrwerkt, mit historischen Keschern und Gewändern bewaffnet, durch das Wasser. Das Ganze ist zwar völlig sinnfrei, da alle Forellen zuvor abgefischt wurden, ist aber ein riesiges Spektakel.

74. GRUND

WEIL ES INTERNETANGLER GIBT

Angel-Foren und Internetplattformen sind zu dem verkommen, was in den Neunzigern Talkshows in der Fernsehwelt waren. Eigentlich ist der Gedanke von Internetforen ein schöner. Er gibt Gleichgesinnten die Möglichkeit, sich untereinander auszutauschen und eventuell sogar neue Kontakte zu knüpfen. So zumindest der romantische Gedanke. In Wirklichkeit geht es in den Szeneforen aber oft heiß her. Einige Kandidaten scheinen es nur schwer zu ertragen, wenn nicht auch der Letzte der gleichen Meinung ist wie sie selbst. Da wird auch schon mal gerne wild drauflosgepöbelt. Neben Beschimpfungen kommt es teilweise sogar zur Androhung von Gewalt. Das Ganze ist nicht nur tierisch peinlich, sondern außerdem strafbar. Dass in den Angelforen auch Kinder verkehren und selbst diese teilweise Opfer wilder Pöbeleien werden, scheint die »Internetangler« nicht zu interessieren. Spätestens seit es Facebook gibt, sterben die Angelforen mehr und mehr aus, nun kann man seine Kleinkriege dort austragen. Um im Internet den dicken Max zu machen, braucht es erfahrungsgemäß neben zu viel Zeit vor allem eins: keine Courage im wahren Leben und einen reduzierten Horizont. Schön wäre es, wenn wir online wieder zum Grundgedanken der Kommunikationsplattformen zurückkehren könnten, nämlich dem Erfahrungsaustausch. Nur Schlechtes lässt sich über die Onlinekriege der Anglerschaft allerdings nicht sagen. Gerne schickt mir ein guter Freund Screenshots der Peinlichkeiten mancher Facebooknutzer per WhatsApp, das versüßt mir immer wieder den Alltag. In einem gern gesehenen Klassiker postet ein angelnder Mann unter das Foto einer angelnden Frau dann etwas in der Art: »Ich wünschte, ich wäre der Fisch.« – »Schön!!! Der Fisch auch ;-) Wollen wir mal gemeinsam angeln gehen?« Zumindest demjenigen, der bereits 20 solcher Einträge vorfindet, sollte klar sein, dass das Ganze ziemlich peinlich ist.

75. GRUND

WEIL ES DIE ROYAL FISHING KINDERHILFE GIBT

Immer weniger Kindern und Jugendlichen wird von zu Hause aus die Möglichkeit geboten, ein Hobby zu haben. Viele verbringen ihre Freizeit auf der Straße oder vor der Computer, anstatt die Natur zu erleben. Ein Umstand, den ich aus meiner ehrenamtlichen Arbeit als damaliger Jugendgruppenleiter meines Angelvereins nur zu gut kenne. Regelmäßig erhalte ich Anfragen von Lehrern benachbarter Schulen, die nach der Möglichkeit von Projektwochen mit dem Thema »Angeln« fragen. Die Natur mit Händen und Füßen zu erleben, sich auf etwas zu konzentrieren und Vertrauen in das eigene Handeln zu setzen, all das sind längst keine Selbstverständlichkeiten mehr. Doch wer angelt und einen Fangerfolg erlebt, den er seinem eigenen Geschick und Engagement zu verdanken hat, der kann daraus durchaus Selbstvertrauen und Zuversicht für sein Leben gewinnen.

Kinder und Jugendliche sind unsere Zukunft und dabei gleichzeitig die schwächsten Mitglieder unserer Gesellschaft. Ich empfinde es daher als meine unbedingte Pflicht, meine Leidenschaft und das, was ich besonders gut kann, das Angeln, auch zu nutzen, um anderen zu helfen. Das funktioniert im kleinen Rahmen in Form von Vereinsarbeit oder durch eigens ins Leben gerufene Projekte wie beispielsweise mein Jugendevent »Kids on Carp«. Wer sich aber im größeren Stil für etwas einsetzen möchte, der braucht einen starken Partner.

Die Royal Fishing Kinderhilfe engagiert sich seit 1999 für sozial benachteiligte Kinder und Jugendliche, vorwiegend aus Kinderheimen, und sorgt für eine sinnvolle und spannende Freizeitbeschäftigung. Schirmherren des Projekts sind Alexandra Jahr und Siegfried Götze vom Jahr Top Special Verlag, welcher auch das beliebte Angelmagazin *Blinker* herausgibt.

Über 4.984 (Stand 2014) Kinder und Jugendliche hat die Royal Fishing Kinderhilfe bisher gefördert. Die Kinderhilfe organisiert und finanziert Lehrgänge zur Fischerprüfung für benachteiligte Jugendliche. Als Lohn für die bestandene Prüfung werden diese zu einer Angelsafari eingeladen – in Deutschland, aber auch in Dänemark, Polen, Schweden, Norwegen, Spanien und der Türkei. Betreuer und Psychologen bestätigen, dass Jugendliche, die sonst im mentalen Dauerstress sind, beim Angeln zur Ruhe kommen und damit erreichbarer sind.

Zu den Unterstützern der Kinderhilfe gehören etliche prominente Mitglieder aus Sport, Medien und Wirtschaft. Das Projekt finanziert sich über Mitgliedsbeiträge, Spenden und Veranstaltungen, die zugunsten der Royal Fishing Kinderhilfe ausgerichtet werden, wie zum Beispiel die Fishing Master Show und viele weitere Events, deren Erlöse dem Projekt zugutekommen. So habe ich bereits zweimal an der Fishing Master Show ehrenamtlich als Experte teilgenommen. Meiner Meinung nach das Mindeste, was man als Angelprofi tun kann.[25]

Kapitel 8

NATUR PUR

*Ein
Hobby
für
Puristen
und
Naturliebhaber*

76. GRUND

WEIL ES SATT MACHT

Angeln macht satt, jedenfalls dann, wenn man etwas fängt, sonst macht es eher hungrig. Der Aufenthalt an der frischen Luft, besonders in der kalten Jahreszeit, sorgt für einen überraschend guten Appetit.

Wer kann heute noch von sich behaupten, dass er zumindest, wenn er wollte, in der Lage wäre, sich selbst mit Nahrung zu versorgen? Und damit meine ich nicht den Gang in den Supermarkt und schon gar nicht eine Fahrt durch den Drive-in-Schalter bei McDonald's. Was ich meine, sind echte Neandertaler-Skills. Stellen Sie sich vor, Sie werden irgendwo in der Wildnis ausgesetzt. Was meinen Sie, wer da am längsten überlebt? Der Angler natürlich. Noch zu Großvaters Zeiten war es normal, dass man sich sein Essen nicht nur durch Kauf, sondern ebenso durch Eigeninitiative verschaffte. Vielleicht ging nicht unbedingt jeder jagen oder fischen, ein Stall mit Hühnern und ein Beet mit Kartoffeln und Salat gehörte jedoch in jeden anständigen Garten.

Heute sind die Medienberichte überschwemmt von Skandalstorys über Lebensmittel. Tiere werden in Massenzuchten für den Profit gequält. Obst und Gemüse ist pestizidverseucht, genmanipuliert oder stammt aus Regionen, in denen Bauern ausgebeutet und Grundwasservorkommen bis zum letzten Tropfen ausgeschöpft werden. Fertigprodukte sind vollgestopft mit Karies und Diabetes verursachendem Zucker, oder Allergien hervorrufenden Geschmacksverstärkern und Konservierern. Und auch der, ach so gesunde, Fisch hat es in sich. Entweder stammt er aus räuberischem Fischfang, der unsere Meeresbewohner nach und nach zum Aussterben bringt, oder aus Aquakulturen, in denen die Fische nicht selten mit Wachstumshormonen und Antibiotika vollgestopft werden.

Wer seinen Fisch selbst fängt, kann sich dagegen mit einem weitestgehend guten Gewissen brüsten und ohne die allzu große Angst vor Schadstoffen speisen. Weniger invasiv als durch Angeln kann man nicht an Fisch herankommen. Keine Massentierhaltung, keine durch riesige Netze verursachten Kollateralschäden. Nur ein Piks in der Lippe des Fisches. Lange galten Fische aus Industrieflüssen wie dem Rhein als ungenießbar. Diese Zeiten sind jedoch vorbei. Ein Rheinzander ist jedenfalls sicher unbedenklicher zu verzehren als ein Fukushimalachs.

Während die Deutschen häufig lieber zum Pangasiusfilet aus der Tiefkühltruhe greifen, sind selbst gefangene Fische im benachbarten osteuropäischen Ausland nach wie vor sehr beliebt. In Polen ist der Fang und Verzehr von Süßwasserfischen bis heute selbstverständlich. Brassen, Karpfen und Co gelten als Grundnahrungsmittel. Sie werden eingelegt, geräuchert, gebraten oder gekocht von vielen Leuten geschätzt. Vielleicht liegt der Schlüssel zum Erfolg hier auch tatsächlich in der Verfügbarkeit und der Zubereitung. Es muss nicht immer das Thunfischfilet oder die Seezunge sein.

Ein anonymes tiefgekühltes Fischfilet in die Pfanne zu werfen ist natürlich praktischer, als einem Lebewesen in die Augen zu sehen, es zu töten, auszunehmen und es später zu verspeisen. Vielen vergeht dabei der Appetit. Neben dem Ekelfaktor bedingt durch Blut und Gedärme wird man auch mit einer Tatsache konfrontiert, die viele gerne weit beiseiteschieben. Kein Fleisch ohne tote Tiere. Wie sagte eine Bekannte vor einiger Zeit doch tatsächlich, als wir in einem Fastfoodrestaurant saßen und sie eine Schachtel Chicken Nuggets mampfte: »Igitt, du tötest Fische?« Soll man da lachen oder weinen?

Letztlich ist das »Beutemachen« auch eine Frage des Stolzes. Es ist nun mal etwas anderes, mit seiner kapitalen selbst erlegten Beute heimzukehren, als einen Karton mit in Vierecke geschnittenen und gefrorenen Seelachssbröckchen (die übrigens nichts mit Lachs zu tun haben) in die Wohnung zu schleppen. Das mag ein bisschen machohaft klingen, ist meiner Meinung nach aber das genaue Gegenteil. Wer seine Nahrung selbst aus der Natur beschafft, der gewinnt damit ein besonderes Gefühl für den Wert und die Rarität des Lebens. Wer immer nur in die Tiefkühltruhe greift, verliert den Bezug zu dem, was er da kauft und später isst. Die Entscheidung »Tod oder Leben« hat ihm bereits jemand anders abgenommen. Ich kann mich noch gut an meine ersten gefangenen Fische erinnern. Wie ich genau nach Lehrbuch den Betäubungsschlag und anschließend den Herzstich setzte. Das ungute Gefühl, das mich beschlich, als ich dem Fisch in die Augen sah und sein Blut über meine Hand lief. Bis heute macht mir das Töten eines Fisches keinen Spaß, und ich glaube, so geht es den allermeisten Anglern. Doch es bleibt auch ein gutes Gefühl. Das Gefühl, dass man es geschafft hat, sich Fisch zu verschaffen, ohne den Raubbau an den Meeren oder die Umweltverschmutzung durch Aquakulturen zu unterstützen.

77. GRUND

WEIL ES NICHT SATT MACHEN MUSS

Als Angler hat man die Wahl: Nimmt man den gefangenen Fisch nun mit, oder schenkt man ihm die Freiheit und setzt ihn wieder ins Wasser zurück? Ganz so einfach ist die Entscheidung in Deutschland leider nicht. Hier ist die Gesetzeslage deutlich strenger als in anderen Ländern. Grundsätzlich gilt: Jeder sollte die geltenden Fischerei- und Tierschutzgesetze beachten. Nichtsdestotrotz regen sich in der Anglerschaft, aber auch unter Wissenschaftlern Zweifel, ob an der Jahrzehnte vorherrschenden Ansicht »Alles, was am Haken hängt, muss auch im Kochtopf landen« weiter festgehalten werden kann.

Die gute Nachricht für alle Feinschmecker: Niemand will den Anglern das Recht absprechen, ihre Beute nach dem Fang mit nach

Hause zu nehmen, um sie zu verspeisen. Jedenfalls dann nicht, wenn die Bestände durch die Entnahme nicht nachhaltig geschädigt werden. Andererseits sind die Zeiten, in denen dem kleinen Mann aus Kostengründen nichts anderes übrig blieb, als seinen Fisch selbst zu fangen, längst vorbei. Rechnet man die Kosten für Angelschein, Gerät, Köder und die investierte Zeit zusammen, ist der Gang in den Supermarkt sicher die bessere Wahl, also aus finanzieller Sicht.

Im Gegenzug fordern immer mehr Angler das Recht ein, sich ebenso gegen die Mitnahme eines gefangenen Fisches entscheiden zu dürfen. Nach der aktuellen Gesetzeslage ist dies zumindest umstritten. Das sorgt vor allem bei unseren europäischen Angelkollegen immer wieder für erstaunte Gesichter. »Ist doch gut für die Natur, wenn nicht so viele Fische entnommen werden«, so die einhellige Meinung. In Deutschland verfolgt man einen anderen Ansatzpunkt. Hier steht der Schutz des Individuums im Vordergrund. Kein Tier soll ohne triftigen Grund geschädigt werden. Als Rechtfertigungsgrund werden vor allem der Nahrungserwerb und Verzehr angesehen.

Nicht nur Wissenschaftler wie Robert Arlinghaus zweifeln daran, dass dieses Bild der Angelfischerei in der heutigen Zeit noch aufrechterhalten werden kann. Während die Angelmethoden zunehmend raffinierter werden, sind die Fischbestände eher rückläufig. Für die Anglerschaft macht es daher Sinn, nicht den Ast, auf dem sie selbst sitzen, abzusägen. Besatzfische sind teuer, wertvolle Laichfische selten. Aus Sicht der Angler leuchtet es daher ein, nicht jeden Fisch unüberlegt mit nach Hause zu nehmen, sondern gegebenenfalls wieder zurückzusetzen. Die moderne Anglerschaft begreift sich dabei weniger als Störer, der seinen Eingriff in die Natur rechtfertigen muss, sondern als Person der Hege und Pflege, die durch selektive Entnahme, eventuelle Besatzmaßnahmen und die Kontrolle der Fischbestände und Gewässersituation zu einer gesunden Gesamtsituation beiträgt. Angeln bedeutet vielleicht nicht unbedingt Tierschutz, dafür aber sicher Naturschutz.

78. GRUND
WEIL ES UM LEBEN UND TOD GEHT

Das hört sich jetzt drastischer an, als es ist. Doch wer Fische angelt, der wird sie in der Regel auch töten und zubereiten wollen. Als Jäger oder Angler ist man tagtäglich mit Tod und Leben konfrontiert. Zum einen wird einem bewusst, wie nahe sie beieinanderliegen. Zum anderen wird einem die Bedeutung des Lebens deutlich vor Augen geführt. Hält man den Fang erst einmal in den eigenen Händen, ist man unweigerlich Herr über Leben und Tod. Jetzt liegt es in der eigenen Verantwortung, ob man das Tier tötet oder ihm vielleicht doch die Freiheit schenkt.

Leben zu nehmen bedeutet nicht notwendig, keinen Respekt vor ihm zu haben. Ureinwohner wie die indigenen Völker Nordamerikas waren oft große Jäger, aber achteten und verehrten die Natur und die Tiere in ihr regelrecht. In Zeremonien dankten sie ihrer Beute dafür, dass diese ihr Leben zum Wohle des Stammes gelassen hatte.

»Waidgerechtigkeit« ist ein Schlüsselbegriff in der Fischerei und der Jagd. Er beschreibt einen gewissen ethischen Verhaltenskodex. Im Angelsport hat besonders die waidgerechte Tötung einen wichtigen Stellenwert. Waidgerecht ist die Tötung eines Fisches dann, wenn diesem möglichst wenig Leid zugefügt wird. Dazu ist der Fang zunächst mittels eines Schlags auf den Kopf mit einem kleinen Knüppel zu betäuben. Sodann wird mit einem Messer ein Herzstich gesetzt. Hierfür sticht man mit der Klinge in die Brustregion des Fisches zwischen Brustflossen und Kiemen.

Aus der Tatsache, dass man Leben nimmt, wächst auch die Verantwortung, den Fang angemessen zu verwerten. In vielen Haushalten folgt nach einem großen Einkauf häufig das große Wegwerfen. Dieser verschwenderische Umgang mit Lebensmitteln fällt viel schwerer, wenn es sich um Lebewesen handelt, die man zuvor lebendig vor sich hatte. Die Wertschätzung ist einfach eine völlig andere. Damit der eigene Fang später nicht auch in der Tonne landet, gibt es einiges, was man unbedingt beachten sollte. Zunächst sollte man nur die Fische töten, die man später auch tatsächlich verspeisen will. Sicher macht es keinen Sinn, den Fang routinemäßig zu töten, nur um ihn später ein Jahr in der Tiefkühltruhe zu parken und dann schließlich wegzuwerfen. Nach dem Fang sollte der Fisch anständig gelagert werden. Das bedeutet zum einen eine kühle Lagerung, bestenfalls in einer Kühltruhe mit Eis oder Kühlpacks, wenigstens aber ein schattiges Plätzchen. Wer seinen Fang im Sommer in der Sonne braten lässt, hat hieran später sicher keine Freude mehr. Nach Möglichkeit empfiehlt es sich auch, den Fisch sofort auszunehmen, um zu verhindern, dass dieser steif wird. Aber Achtung, Fischgedärme gehören nicht in den See geworfen!

79. GRUND

WEIL ES FAIR IST

»Angeln ist doch total unfair«, sagt eine empörte Kollegin auf einer Party zu mir, als sie erfährt, dass ich Angler bin. Da ich das Spielchen schon kenne und weiß, dass ernsthafte Diskussionen in der Regel zu nichts führen, antworte ich schlicht: »Nein wieso, die Fische beißen doch freiwillig?« Sie ist daraufhin natürlich etwas beleidigt, aber was soll's.

Auch wenn meine spitze Bemerkung meiner Arbeitskollegin gegenüber nicht ganz ernst gemeint war, so glaube ich trotzdem, dass Angeln ein fairer Sport ist. Das trifft zwar nicht immer zu, was den Umgang der Anglerschaft untereinander, wohl aber, was den Sport an sich anbelangt.

FAIRNESS UNTER ANGLERN

In der Tat lässt die Fairness unter Anglern zuweilen zu wünschen übrig. Vor allem in Ballungszentren wie dem Rheinland gibt es zwar viel Wasser, aber noch viel mehr Angler. Da ist es an der Tagesordnung, dass man sich notgedrungen etwas auf die Pelle rückt. Doch wenn es eines gibt, was der Angler nicht mag, dann dass ein Fremder seinen Claim betritt. Sei es, weil der Nebenbuhler auf genau den fünf Quadratmetern sitzt, die man sonst für sich beansprucht, oder deshalb, weil es die umliegenden Angler fertigbringen, ihre Montage immer genau dorthin zu befördern, wo es gerade beißt, sei es auch der Futterplatz eines Fremden.

Wann genau die Schmerzgrenze erreicht ist, ist schwer zu sagen. An einem kleinen Forellenteich können es wenige Meter sein. An einem riesigen See kann selbst die Annäherung auf 100 oder 50 Meter zu viel des Guten sein, wenn der Rest des Gewässers völlig frei ist. Da kommt es schon mal zu Reibereien. Das fängt mit verbalen Entgleisungen an und endet gelegentlich in handfesten körperlichen Auseinandersetzungen. »Das ist mein Angelplatz, hier hab ich gefüttert«, hört man nicht selten. Da wirft man dem Nebenbuhler auch einmal gerne durch die Schnur, fährt ihm mit dem Ruderboot durch die Ruten oder schneidet bei Nacht heimlich die Schnüre durch. Der Fantasie sind keine Grenzen gesetzt. Beliebt ist auch der Klassiker »zerstochene Autoreifen«. Fast schon legendär ist das Klosteingerücht. Angeblich soll manch ein Angler den anderen die Fische so wenig gönnen, dass er selbst dazu bereit ist, seinen eigenen Futterplatz mit den Duftsteinen für die Toilette zu zerstören.

In letzter Zeit häufen sich Berichte von Anglern, die morgens an einem Gewässer aufwachen und vergeblich nach ihren teuren Ruten und dem übrigen Gerät suchen. Auch Einbrüche in Anglergaragen sind längst an der Tagesordnung. Da drängt sich schon der Verdacht auf, dass es sich bei den Dieben um Insider, womöglich sogar um Angler handelt.

Aber es gibt natürlich auch große Fairness. So hat sich unter Angelpartnern beispielsweise der »Fisch nach Fisch«-Ethos gefestigt. Insbesondere bei längeren Ansitzen kommt es schon einmal vor, dass ein Angler einen Fisch nach dem anderen fängt, während der Kollege eigentlich leer ausgehen würde. Als Team teilt man jedoch nicht nur Misserfolge, sondern auch Erfolge. Folglich wechselt man sich mit dem Fang der Fische einfach ab, ganz egal, auf wessen Rute der Fisch nun gerade angebissen haben mag. Ebenso groß ist das Wohlwollen der meisten alten Hasen gegenüber Junganglern. Regelmäßig bieten mir Vereinsmitglieder ihr ausgemustertes Angelgerät als Geschenke für die Jugendgruppe an. Auch auf Facebook lese ich häufig den Aufruf: »Verschenke ausgemustertes Angelgerät an Jungangler«. Weiter so!

FAIRER UMGANG MIT DER NATUR

Fisch und Natur gegenüber halte ich Angeln dagegen für äußerst fair, zumindest wenn man einige Grundregeln beachtet. Beim Angeln kann man nichts erzwingen, vor allem nicht den Fang selbst. Anders als das Jagen mit einer Schusswaffe hat es nicht notwendigerweise tödliche Folgen für die Beute. Angler verstehen sich als Fallensteller. Alles wird bis ins kleinste Detail vorbereitet, dann liegt es am Fisch, ob er Lunte riecht oder an den Haken geht. Dem Fisch wird seine Gier zum Verhängnis. Man schlägt die Natur sozusagen mit ihren eigenen Waffen. Die Falle, also der Haken samt Montage, ist dabei so ausgelegt, dass der Fisch beim Fangvorgang möglichst wenig Schaden nimmt. Fängt man einen zu jungen oder einen mitten in der Laichzeit befindlichen Fisch, hat der Angler die Möglichkeit, das Tier in seinen Habitat zurückzusetzen, ist hierzu teilweise sogar verpflichtet. Ob sich ein Fisch gerade in der Laichzeit befindet, erkennt man übrigens nicht nur an der auf dem Papier ausgewiesenen Schonzeit, die von Art zu Art unterschiedlich ausfällt. Ein erfahrener Angler erkennt diesen Umstand auch an der äußeren

Erscheinung seines Fangs. Die Milchner (männliche Fische) einiger Fischarten weisen zur Laichzeit einen pockenartigen Ausschlag am Kopf auf (sogenannter Laichausschlag). Außerdem tritt manchmal etwas Milch (Sperma des Fisches) aus dessen After aus. In der Laichzeit befindliche Rogner (weibliche Fische) erkennt man deutlich schlechter. Meist lässt lediglich ein auffällig praller Bauch vermuten, das man ein im Laichgeschäft befindliches Weibchen mit Abertausenden Eiern (Rogen) in seinem Bauch vor sich hat.

Rüpelhaftes Verhalten am Wasser bestraft die Natur meist von allein mit dem Ausbleiben des Fangerfolges. Wer beim Angeln wirklich erfolgreich sein will, muss sich in die Natur hineinfühlen und ein Teil von ihr sein. Wirkliches Angeln ist Fairness gegenüber der Natur, davon bin ich überzeugt.

80. GRUND

WEIL ES GESUND IST

Fisch ist gesund, das wissen wir alle, aber ist auch Fischen gesund? Ehrlich gesagt, ist Fischen in der Regel eine ziemliche Plackerei. Frühmorgens geht es meistens noch vor dem Frühstück ans Wasser. Beim Karpfenangeln schleppt man in der Regel auch den halben Hausrat mit sich herum. Dass selbst der Kombi für die Unmengen an Material beinahe zu klein ist und zwischen Reifen und Radkasten nur noch ein Blatt Papier passt, ist eigentlich schon ziemlich bezeichnend. Am Wasser angekommen, will der ganze Kram natürlich noch an den Angelplatz geschleppt werden. Der ist schon mal gerne einen gefühlten Tagesmarsch vom nächsten Parkplatz entfernt. Warum? Weil es bei der Platzwahl nicht um Bequemlichkeiten, sondern darum geht, sich ein besonders fischreiches Territorium zu sichern. Auch was den Umfang der Ausrüstung angeht, will man eigentlich keine Abstriche machen. Schließlich will man sich im Falle des Scheiterns nicht selbst vorwerfen müssen, dass es an mangelnder Ausrüstung gelegen hat. Und so fühle ich mich nicht selten wie ein Lastenesel, wenn ich zum Angeln losziehe. Das geht natürlich auf Kosten der Bandscheibe. Obligatorisch sind auch die roten Striemen an Schultern und Rücken. Die kommen zwar von den scharfkantigen Tragegurten von Zelt-, Rutentasche und Carryall, sehen aber eher nach Spuren einer Selbstgeißelung aus.

Ich kann mich noch gut an den gemeinsamen Ansitz mit einem Angelkollegen in unseren Osterferien erinnern. Wir hatten noch keinen Führerschein und nicht nur deshalb sicherheitshalber alles doppelt mit an den See genommen. Taxi Mama war längst über alle Berge, als uns klar wurde, dass wir den falschen Angelplatz gewählt hatten. Der vermeintlich bessere Angelplatz lag auf der anderen Seite des Sees und war circa 500 Meter Fußweg entfernt. Klingt nah, ist es aber nicht. Zumindest nicht dann, wenn man so viel Equipment mit sich führt, dass es zuvor kaum in einen Renault Kangoo passte. Also legte jeder von uns den Weg vollbepackt mindestens fünfmal zurück. Wo ist eigentlich das deutsche Schietwetter, wenn man es braucht? Der Jahrhundertfrühling machte uns sichtlich zu schaffen, und so war es kein Wunder, dass wir erst nach sechs Stunden und unzähligen Verschnaufpausen in den Abendstunden unser neues Camp bezogen, Sonnenbrand inklusive. Wenigstens hatte sich der Umzug gelohnt, denn nun fingen wir tatsächlich prächtig.

Auch das tagelange Ausharren am See ist der eigenen Gesundheit nicht unbedingt zuträglich. Angelliegen sind zwar einigermaßen komfortabel, auf Dauer jedoch nicht unbedingt rückenschonend. Die Dosennahrung zollt mit der Zeit ebenfalls ihren Tribut. Nach spätestens einer Woche am See bin ich in der Regel reif für die Reha. Da verwundert es einen nicht, dass schon der ein oder andere in die Jahre gekommene Angler es nicht mehr alleine vom See nach Hause geschafft hat. Diagnose Hexenschuss.

Dennoch ist Angeln gesund, und zwar für die Seele. Endlich einmal wieder in den Tag hineinträumen und die Seele baumeln lassen bewirkt Wunder. Ein Aufenthalt in der Natur hat fast schon heilende Kräfte. Das Wasser wirkt unheimlich beruhigend. Kein störender Alarm, sondern die aufgehende Sonne weckt einen morgens. Nachts schläft man unter Sternen. Wind rauscht durch die Baumwipfel. Fange ich jetzt noch einen Fisch, gibt mir das Motivation und Kraft für Wochen. Ebenso fantastisch und motivierend ist der Fang eines ganz besonderen Fisches. Es kommt mir vor, als ob es gestern gewesen wäre, als ich meinen ersten 20 Kilogramm schweren Karpfen fing. Es war vier Uhr morgens, ich war müde, aber überglücklich. An Schlaf war nicht mehr zu denken, und so blieb ich vor meinem Zelt sitzen, blickte in die aufgehende Sonne und war einfach nur glücklich.

81. GRUND

WEIL MAN IM EINKLANG MIT DER NATUR IST

Beim Angeln ist man draußen in der Natur. Ich meine die richtige Natur, nicht den Stadtpark oder den forstbotanischen Garten. Die Natur liegt direkt vor unserer Haustür, und doch erleben wir sie viel zu selten aktiv. Und das ist auch eigentlich ganz logisch. Niemand steht sonntagmorgens auf und sagt sich: Hey, ich glaube, heute gehe ich einmal die Natur erkunden. Meist sind es Hobbys, die in der Natur stattfinden, die uns mit ihr verbinden. Angeln ist das ideale Naturerlebnis. Es findet in ihr und mit ihr statt. Scheinbar geht es beim Angeln nur um das Fischefangen, die Natur gibt's quasi gratis mit dazu. In Wirklichkeit ist das Erlebnis der Natur aber oft das eigentliche Highlight.

Schon der Fang eines Fischs ist eine absolute Besonderheit. Wild lebende Fische bekommt man wirklich nur sehr selten zu Gesicht. Das ist schon etwas anderes als ein Spatz in der Hand oder eine Taube auf dem Dach. Zudem erreichen einige heimische Fischarten beachtliche Größen. Einen solchen Koloss in den Händen zu halten ist ein geradezu majestätisches Gefühl. Aber auch andere Tierarten trifft man beim Angeln regelmäßig. Begegnungen, die es sonst sicher nicht gegeben hätte. Eine Reihe von Erlebnissen sind geradezu typisch. Vielen Anglern werden die folgenden Beschreibungen daher sehr bekannt vorkommen. Nichtangler halten diese Geschichten oft für Anglerlatein, wenn ich ihnen davon erzähle.

Fast schon obligatorisch ist die Sichtung eines Eisvogels. Selbst in Ballungszentren wie dem Rheinland sieht man ihn frühmorgens regelmäßig über das Wasser der Kiesgruben gleiten. Abends bricht die Zeit der Flughunde herein. Überall über dem Wasser sieht man sie hektisch umherflattern. Tags kann man Libellen dabei beobachten, wie sie sich eine Herzform bildend paaren oder als Larve aus dem Wasser kriechen, sich anschießend aus der Hülle befreien und davonfliegen. Für all solche Erlebnisse hat man beim Angeln reichlich Zeit und ist noch dazu immer am richtigen Ort.

Mit ein wenig Glück nimmt man laut knacksende Äste hinter sich wahr und entdeckt im morgendlichen Nebel eine Gruppe Rehe in der Böschung. Auch Füchse sind oft gesehene Gäste. Im Herbst versammeln sich auf den Seen Hunderte Gänse für den Vogelzug in den Süden. Im Frühjahr schwimmen Schwäne, ihre Jungen wie in einem Schlauchboot auf dem Rücken tragend, durch das Wasser. Im Sommer taumeln Schwalben dich über der Wasseroberfläche umher. Das alles hat eine Magie, die ich ohne das Angeln sicher nie so kennengelernt hätte.

Doch die Naturromantiker unter uns muss ich auch ein wenig bremsen. Angeln ist nichts für Weicheier und Warmduscher. Zunächst einmal muss man sich dazu überwinden, Würmchen anzufassen. Das hört sich lächerlich einfach an, scheint den modernen metrosexuellen Mann aber häufig schon zu überfordern. Wer fängt da zu Hause bloß die Spinnen für die Frauen ein? Trifft das Worst-Case-Szenario ein, muss der Angler seine gefangene Beute nicht nur anfassen, sondern auch noch töten und später ausnehmen. Der ein oder andere scheint beim ersten Ausnehmen eines Fisches ernsthaft überrascht zu sein, wie Fischstäbchen von innen aussehen.

Schließlich hält der Angelsport noch weitere Widrigkeiten parat, bei denen man sich die maniküren Fingerchen dreckig machen kann – wobei ich hier keineswegs nur die Mädels meine. Der erste Schock: Man ist draußen in der Natur. Nicht im heimischen Garten, sondern in der richtigen Natur. Da ist es schmutzig, dornig, und wenn man Pech hat, regnet es auch noch. Manchmal sogar tagelang, wir leben schließlich in Deutschland. Eine heiße Dusche sucht man jetzt natürlich vergebens. Das Nachtangeln ist fester Bestandteil des Angelsports, und auch hier scheiden sich die Geister. Selbst dem ein oder anderen Mann wird bei dem Gedanken, völlig alleine unter freiem Himmel eine Nacht am See zu verbringen, mulmig zumute. Ich kenne aber kaum eine Frau, die sich ernsthaft nachts alleine in den Wald legen würde. Wer tagelang in der Wildnis zeltet, muss auch mit dem ein oder anderen Unwetter fertig werden. Wenn es plötzlich stürmt und blitzt, bleibt in den seltensten Fällen genug Zeit, um samt Material Schutz im eigenen Personenkraftwagen zu suchen. Da heißt es: Zähne zusammenbeißen.

Zum Glück darf man(n) beim Angeln scheiße aussehen und stinken. Und das tut man(n) selbstverständlich auch, wenn man eine Woche am See abhängt, ohne zu duschen oder in einen Spiegel zu gucken. Aber wen kümmert das schon? Schließlich geht es beim Angeln nicht um schönes Aussehen, sondern ums Fischefangen. Wer nun meint, es wäre eine gute Idee, ein erfrischendes Bad im See zu nehmen, der irrt sich. Schließlich wollen wir lieber nicht die Fische verscheuchen. Außerdem ist das Baden an vielen Angelgewässern, mit Ausnahme von Badeseen vielleicht, verboten.

Männer und Kochen, ein lustiges Thema. Scheinbar ist man als Mann entweder ein verkappter Jamie Oliver oder von der Raviolifraktion. Im Prinzip ist das aber auch egal, Hauptsache, man schafft es am See, irgendeinen Dosenfraß mit dem Gaskocher zu erhitzen. Selbst das geht dem ein oder anderen Mann übrigens zu meiner

Überraschung nicht ganz leicht von der Hand. Was musste ich als Teenager beim Besuch meines ersten Festivals lachen, als meine Begleiter erst verzweifelt versuchten, eine Stechkartusche auf einen Kocher mit Drehventil zu schrauben. Die Raviolidose wurde dann auch prompt direkt auf dem Feuer erhitzt. Damit spart man sich den Topf und erhält eine herrliche Plastiknote.

Meine Lieblingstiere am See sind die vielen Ratten, die spätestens nachts aus ihren Höhlen krabbeln und neugierig die Camps der Angler durchforsten. Wem das zu viel des Guten ist, der bleibt besser gleich zu Hause, denn die Tierchen sind wirklich überall, wo Wasser ist. Mein Highlight war die Begegnung mit einem besonders zutraulichem Exemplar, das ich nachts dabei ertappte, wie es sich auf meinem Schlafsack gemütlich machen wollte.

82. GRUND

WEIL WIR JÄGER UND SAMMLER SIND

Unsere Urahnen waren Jäger und Sammler, und vielleicht sind wir das auch noch ein bisschen. Anders kann ich mir die Begeisterung für das Angeln und Jagen nicht erklären. Fast alle Kinder lieben es, die Natur zu erforschen. Sie suchen im Garten nach Schnecken, fangen an Tümpeln Molche und Frösche ein oder durchpflügen im Sommerurlaub das Meer mit einem Kescher auf der Jagd nach Garnelen.

Fast alle Jungs sind sofort begeistert, wenn man ihnen eine Angel in die Hand drückt. Viele Mädchen übrigens auch. Veranstalte ich an unserem See einen Tag der offenen Tür, würde ich meine jungen Besucher, wenn ich nicht wollte, stundenlang nicht zu Gesicht bekommen. Völlig gebannt laufen sie meist in Gruppen um den See und versuchen, kleine Barsche auf Sicht zu fangen. Und auch mich packt noch heute eine Art Jagdtrieb, wenn ich Wasser sehe. Ich kann einfach nicht anders, als mich zu fragen, was sich unter der Wasseroberfläche befindet. Wenn ich einen Fisch entdeckt habe, verspüre ich den unbedingten Wunsch, ihn auch fangen und wenigstens einmal kurz in meinen Händen halten zu wollen. Wenn ich einen Fisch knapp verfehlt habe, könnte ich Stunden damit verbringen, ihn schließlich doch noch zu überlisten. So etwas kann einfach kein Zufall, sondern muss genetisch im Menschen verankert sein.

Für mich als Angler hat dieser Jagdtrieb auch nicht zwangsläufig etwas mit Töten zu tun. Kritiker behaupten gerne, dass es Anglern und Jägern vor allem darum ginge. Das ist aber gerade nicht der Fall, vielmehr steht das Fangen, die Überlistung der Natur, im Vordergrund.

83. GRUND

WEIL ES EIN ABENTEUER IST

Angeln ist immer auch ein Stück weit ein Abenteuer. Zumindest habe ich das als Kind so empfunden. Beim Angeln geht es darum, die Natur zu erkunden, das ist ziemlich spannend. Noch spannender wird es, wenn man zum Nachtangeln aufbricht. Ein Lagerfeuer in der Dunkelheit und ein gemütliches Zelt lassen jedes Kinderherz höher schlagen. Aber auch heute noch erlebe ich beim Angeln das ein oder andere Abenteuer, das es in dieser Form nur gibt, wenn man sich längere Zeit in der Natur aufhält.

Da wären natürlich zum einen einige spektakuläre Fänge. Der ein oder andere Fisch musste schon mit Taucherbrille und Schwimmflossen ausgestattet in Navyseal-Manier aus einem Hindernis herausgetaucht werden, nachdem er sich dort im Drill verfangen hatte. Gewichtige Karpfen wurden mit der Hand gedrillt, als die Angelrolle versagte, und bei Nacht ging es nicht nur einmal auf Flusskrebsjagd. Ich habe Unwetter erlebt, bei denen ich mich immer noch wundere, wie ich sie überleben konnte. Vor golfballgroßem Hagel, herunterstürzendem Geäst und Hunderten Liter Regen hat mein Zelt mich schon bewahrt. Dicht neben mir sind Blitze eingeschlagen, deren Donner den Brustkorb zum Vibrieren brachte. Ich wurde mit meinem Auto von einem Traktor aus knietiefem Morast gezogen, musste mich gegen Wildschweine verteidigen und habe am See bei Nacht schon die ein oder andere zwielichtige Gestalt bei noch zwielichtigeren Geschäften beobachtet. Sogar einen geknackten Tresor habe ich am Seeufer schon gesehen.

Neben dem Abenteuer Natur erlebt man beim Angeln vor allem in Ballungszentren so manche Skurrilität. Vor einigen Jahren schlug nachts bei Vollmond eine Gruppe in schwarze Kluften gehüllter Hobbysatanisten ihr Lager in der Nähe meines Camps auf und errichtete ein Pentagramm aus Teelichtern. An einem anderen See machte es sich in den Sommermonaten ein Transsexueller in der Nähe des Angelplatzes meiner Freunde und mir gemütlich und besuchte uns regelmäßig nur mit einem Bikini bekleidet, um ein Pläuschchen zu halten.

84. GRUND

WEIL MAN SICH SCHMUTZIG MACHEN DARF

Beim Angeln darf man sich noch schmutzig machen, es gehört einfach mit dazu. Schlammige Stiefel, nasse Klamotten und dreckige Hände sind beim Angeln okay. Schließlich ist man in der freien Natur, da wird man nun mal schmutzig.

Was eigentlich selbstverständlich sein sollte, ist es laut aktuellen Studien und zahlreichen Berichterstattungen aber nicht mehr. Kinder dürfen nicht mehr Kinder sein, so das Ergebnis. Was das jetzt mit Angeln und Schmutzigmachen zu tun hat? Ich werde es gerne erläutern.

Kinder wollen laut sein, sich raufen und die Welt entdecken und dabei auch mal auf die Nase fallen. Das gilt nicht nur, aber ganz besonders für Jungs. In die Pädagogik von heute scheint das nicht reinzupassen. Irgendwer scheint entschieden zu haben, dass »schlau« und »liebenswert« mit »brav« und »regelkonform« gleichzusetzen sind. Dass diese Auffassung den Schutzbefohlenen das Leben teils mehr schwer macht, als dass es ihnen helfen würde, übersieht die von Überbehütung geprägte Pädagogenwelt dabei anscheinend. Bloß nichts kaputt machen, schön leise sein, Rücksicht nehmen. Diese Welt ist vielen Kindern viel zu eng.

Im Kindergarten sollen die Kleinen lieber etwas Schönes malen, als wild über den Hof zu toben. Nachher verletzt sich noch einer. Lebhafte Kinder müssen gebremst, die ruhigen in Schutz genommen werden. Auch wenn sicher nicht jedes Mädchen ein braves Püppchen und jeder Junge der letzte Rabauke ist, gibt es doch auch Unterschiede. Im Sportunterricht werden angeblich gefährliche Sportarten durch Tanzen oder Aerobic ersetzt. Gleichberechtigung ist das Zauberwort. Der Computerkurs ist aber natürlich nur für Mädchen. Erstens können Jungs so etwas von alleine, zweitens brauchen Mädchen ein geschütztes Habitat, um nicht von den Rowdys in ihrem Streben behindert zu werden.

Als Kind bedeutete Nachtangeln für mich 24 Stunden alleine mit der Jugendgruppe und dem Betreuer am See. Es gab Cola, Baguette, Bauchfleisch vom Grill und Ketchup, ein riesiges Lagerfeuer, und wenn meine Eltern mich abholten, sah ich aus, als wäre ich in die Jauchegrube gefallen. Für mich war das ein Wochenende, an dem ich einfach ich sein konnte, ganz ohne Regeln und Zwänge.

Zehn Jahre später. Ich bin selbst Leiter der Jugendgruppe und veranstalte das erste Nachtangeln in Eigenregie. Ich kann meinen Augen und Ohren kaum trauen. Der erste Kandidat taucht mit seiner Tante auf, die mir gleich erklärt, dass sie auch über Nacht dableiben und zusammen mit ihrem Neffen in einem Zelt schlafen würde. Nur zur Sicherheit, falls was passiert und zur Aufsicht. Der

Junge ist übrigens 14 Jahre alt. Die nächsten Eltern fragen mich allen Ernstes, wann sie ihren Sohn abends abholen sollen. »Wie abholen? Wir machen Nachtangeln ...«, antworte ich ungläubig und blicke in entsetzte Gesichter. Die Elternschaft ist sich einig: Das ist erstens viel zu gefährlich und zweitens unhygienisch. Schließlich muss man sich morgens und abends waschen, die Zähne putzen und braucht eine anständige Toilette. Ihren Schützlingen ist das Ganze sichtlich peinlich. Wenigstens einen Elternteil kann ich davon überzeugen, das Kind auch über Nacht in meiner Obhut zu lassen. Als der Junge am nächsten Tag abgeholt wird, ist er völlig außer sich vor Freude und erzählt enthusiastisch von den Abenteuern, die er am Wasser erlebt hat. »Wenn ich das in der Klasse erzähle ...«, sagt er. Zum Abschluss der Veranstaltung kassiere ich dann aber doch noch die wütende Rüge einer Mutter. Tatsächlich hatte ich mich erdreistet, ihrem Sprössling den Konsum von Cola und Grillfleisch zu erlauben. Besonders das Thema »Fleisch« bringt die Gute auf die Palme. Ihrer Meinung nach hätte ich ihren Sohn fragen müssen, ob er Vegetarier sei. Schließlich esse man in der Familie kein Fleisch, was der Sohn offenbar anders sieht.

Immer wieder werde ich von Lehrern auf Angelworkshops für Schulklassen angesprochen. In Projektwochen sollen die Kids zur Natur finden und den Fischfang erlernen, so die Idee. Anfangs war ich begeistert, mittlerweile habe ich resigniert. Nicht ein einziges Mal ist die Umsetzung eines solchen Projekts geglückt. Zuletzt scheiterte das Ganze an der Genehmigung durch die Schulleitung. Die Schule sei vegetarisch ausgerichtet. Ein Projekt zum Fischfang sei mit ihren Grundwerten daher unvereinbar. Gut für die Fische, schade für die Kinder ...

Mir persönlich hat Angeln als Kind sehr viel vermittelt: Durchhaltevermögen, Konzentration, Geschick, technisches Verständnis, Respekt vor der Natur und natürlich Abenteuer. Ganz bestimmt ist Angeln eine sehr viel wertvollere Freizeitbeschäftigung als fernzusehen, sich mit Computerspielen zu bedröhnen oder auf der Straße herumzulungern. Also Gummistiefel an die Füße und rein in den Matsch.

85. GRUND

WEIL MAN DABEI GRILLEN KANN

Neben dem Angeln ist das Grillen eine große Leidenschaft von mir. Während andere Nationen in Sommer wie Winter grillen, brutzeln die Deutschen ihre Würstchen fast ausschließlich im Sommer im heimischen Garten. In Ländern wie Südafrika ist »Braai« (zu Deutsch »Grillen«) mehr als nur eine Freizeitbeschäftigung am Wochenende, es ist fester Bestandteil der Esskultur. Überall, wo man hinkommt, findet man einen Grill. Grillen ist gesellig, und abends sorgt das offene Feuer für etwas Lagerfeuerromantik. Ein gemeinsamer Nachtangelausflug bietet daher beste Voraussetzungen für das Grillen.

Für ein gutes Barbecue braucht es weniger, als man denkt. Die essenziellen Dinge lassen sich daher problemlos mit an den See nehmen. Es gibt eine Reihe portabler Grills, die sich leicht verstauen lassen. Besonders gut eignen sich faltbare Grills für den Einsatz von Grillkohle oder Briketts. Die Kosten liegen bei wenigen Euros. Etwas sperriger, aber deutlich unkomplizierter sind tragbare Gasgrills, an die eine Mini-Gaskartusche angeschlossen wird. Für ein vernünftiges Modell muss man allerdings zwischen 100 und 200 Euro einplanen.

Thema Grillgut. Irgendwie meint jeder Nichtangler, dass wir Angler am See den ganzen Tag unseren selbst gefangenen Fisch essen. Tatsächlich verspeisen nur die wenigsten Angler ihren Fang an Ort und Stelle. Wahrscheinlich haben einfach die wenigsten Lust, den Fisch an Ort und Stelle auszunehmen und küchenfertig zuzubereiten. Das ist zwar verständlich, dennoch gibt es nichts Besseres auf der Welt als wirklich frischen Fisch. Um das Thema »Ausnehmen« kommt man am Wasser selbstverständlich nicht herum, das Grillen des Fisches ist aber unkomplizierter, als manch einer glauben mag. Am Wasser bietet es sich an, den gefangenen Fisch am Stück zu garen. Jedenfalls dann, wenn es sich dabei nicht um einen Zehn-Kilo-Karpfen oder einen Meterhecht handelt. Forellen und Barsche haben in der Regel genau die richtige Größe. Der Fisch muss auch nicht enthäutet oder entschuppt werden. Haut und Schuppen schützen das empfindliche Fleisch des Fisches beim Grillen vor dem Verbrennen und Austrocknen. Anstelle eines Rosts empfiehlt sich ein Grillkorb. So kann der Fisch gewendet werden, ohne dass er zerfällt oder am Rost kleben bleibt. Doch es geht auch »back to basic«. Selbstverständlich lässt sich Fisch an einem Stock über dem Lagerfeuer rösten. Das gleichmäßige Garen braucht allerdings etwas Übung. Der Stock sollte zuvor einige Zeit in Wasser eingelegt werden, das verhindert das frühzeitige Verkohlen. Den Bauch des Fisches kann man prima mit Kräutern und Zitrone füllen. Als Gewürz reichen in der Regel Salz und Pfeffer. Wer nicht davor zurückschreckt, am Wasser einen kapitalen Fang in Filets zu zerlegen, der kann auch diese prima auf dem Grill zubereiten. Ein Grill mit Deckel ist wegen der Wärmeverteilung dann die beste Wahl. In ihm kann man auch räuchern. Im Grillbedarf gibt es spezielle Räucherspäne, die einfach in einer Aluschale auf den Grill gelegt werden und so dem Grillgut ein herrlich rauchiges Aroma geben. Die Kiemen des Fisches sollten vor dessen Zubereitung übrigens stets entfernt werden, da sich darin Giftstoffe ablagern können.

Als fleischiger Klassiker kommen bei mir Tandoori-Chicken, Spareribs, Bauch in Honig-Senf-Soße und gutes Dryaged Rind auf den Grill. Für fertig mariniertes Billigfleisch vom Discounter habe ich wenig übrig. Die Enttäuschung ist oft groß und das arme Tier dann völlig umsonst gestorben. Außerdem sind die Kosten und der Aufwand minimal größer, wenn man das Fleisch bei einem vernünftigen Metzger kauft und selbst einlegt. Als Beilage gibt es

Folienkartoffeln, Chilimaiskolben oder Grillgemüse. Fertigsoßen braucht kein Mensch. Entweder ist das Fleisch schon von sich aus gut gewürzt, oder man benutzt etwas Puristisches wie Kräuterquark oder Zwiebelmarmelade.

Natürlich sollte das Grillgut am See gut gelagert werden. Luftdicht zum einen, zum Schutz vor den gefräßigen Nagern, kühl zum anderen, um keine Lebensmittelvergiftung zu riskieren. Mit einer mit eiskalten Bierdosen anstelle von Kühlpacks befüllten Styroporbox vom Großmarkt schlägt man zwei Fliegen mit einer Klappe. Grillfleisch, das nicht am ersten Tag benutzt werden soll, kann man entweder ein- oder anfrieren. Es taut dann langsam in der Box auf und kühlt gleichzeitig den übrigen Inhalt. Super sind auch elektrische Kühlboxen mit Zwölf-Volt-Anschluss. Diese kann man bei Bedarf im Auto oder an eine kleine externe Batterie (eBox oder Ähnliches) anschließen.

Vielleicht lassen Sie ja beim nächstem Mal den Gulasch in der Dose und veranstalten mit Ihren Angelkollegen ein zünftiges Grillfest am See, das wäre doch was!?

86. GRUND

WEIL MAN DABEI CAMPEN KANN

Angeln ist wie Camping, nur besser. Warum? Es ist Camping, nur kann man zusätzlich auch noch Fische dabei fangen. Zumindest die Ausrüstung von Karpfenanglern steht der von Vollblutcampern in nichts nach. Ich habe auch den Eindruck, dass sich das Angelequipment mehr an dem Komfort des Campings als der Funktionalität des Trekkings misst. Natürlich muss man beim Angeln längst nicht so mobil sein wie beim Trekking. Es kann aber sicher nicht schaden, wenn man die eigene Ausrüstung wenigstens noch in dem eigenen Automobil verstauen kann.

Spinnfischen auf Meerforelle in der Ostsee. Hier zählt bereits das »Erlebnis Angeln«. Der Fang ist beim »Fisch der 1000 Würfe« nur die Kür.

Oben: Kunstköder kann man als Angler (scheinbar) nie genug haben. Und tatsächlich machen manchmal kleinste Details den Unterschied aus. **Unten:** Barsche zählen zu meinen absoluten Lieblingen unter den Raubfischen. Hier ein schönes Exemplar, gefangen mit einem Softbait.

Oben: Das Zanderangeln zählt zu der Königsdisziplin der hiesigen Spinnfischerzunft. Der Zander gilt als besonders wählerisch und vorsichtig. **Unten:** Wer auf Zander erfolgreich sein will, der sollte es vertikal versuchen; das heißt, vom Boot aus und am besten mit Echolot.

Oben: Auch kleine Fische machen mit feinem Gerät riesig Spaß, z.B. der Ansitz auf Satzkarpfen mit der Feeder- oder Matchrute. **Unten:** Still ruht der See, kein Mensch in Sichtweite. Angeln ist Erholung vom Alltag.

Oben: Es muss nicht immer Fußball sein. Angeln ist Tradition und wird oft vom Vater an den Sohn weitergeben.

Oben: Das Schlafen unter dem freien Sternenhimmel ist für mich eines der schönsten Erlebnisse beim Angeln. Es geht eben nicht nur ums Fischefangen. Unten links: Outdoorküche in ihrer einfachsten Form. Ein Feuer machen und über dem Lagerfeuer etwas kochen. Das sollte jedes Kind einmal gemacht haben. Unten rechts: Grizzlys lieben Fisch, genauer gesagt Lachse. Mit dieser Konkurrenz sollte man sich lieber nicht anlegen.

Oben: Beim Big-Game-Angeln muss schweres Gerät her.
Unten: Blue Marlin am Haken. Für viele Angler auf der ganzen Welt wäre der König der Meere DER Fang des Lebens.

Karg und einfach und doch so wunderschön. Besonders hat es mir die raue Atlantikküste Irlands angetan.

Oben: Gern gesehene Gäste. Manche Schwanenpärchen besuchen mich Jahr für Jahr mit ihrem Nachwuchs an meinen angestammten Angelplätzen. Unten: Mit dem Boot geht beim Angeln vieles sehr viel leichter von der Hand.

Oben links: Klein anfangen! Wie ich lernen die meisten Jungangler beim Friedfischangeln ihr Handwerkszeug. **Oben rechts:** Wer beim Angeln erfolgreich sein, will der muss fein fischen. So fein wie möglich, so robust wie nötig, um genau zu sein. **Unten:** Neben dem Karpfenangeln gehört das Feederfischen auf Brassen und Rotaugen zu meinen liebsten Angelmethoden auf Weißfisch.

Oben: Das Angeln auf Dorsch findet oft auf sogenannten Kuttertouren statt. Weht eine steife Brise, ist das aber nichts für Landratten.

Oben: Das Angeln – früher eine Männerdomäne – wird zunehmend auch von Frauen als Freizeitsport entdeckt.
Unten: Das Brandungsangeln und Karpfenangeln haben, nicht nur was das Gerät betrifft, viel gemeinsam.

Oben: Das Fliegenfischen gilt als Kunstform unter den Angelmethoden. Auch mich hat das Flugangeln in letzter Zeit mehr und mehr in seinen Bann gezogen, auch wenn ich hier vom Status eines Künstlers noch weit entfernt bin. **Unten:** Die Fliege ist die heilige Kuh der Fliegenfischer. Manche Angler machen aus dem Binden der Kunstköder eine wahre Wissenschaft. Für mich gilt (auch beim Fliegenfischen): »Lokation und Technik vor Köder.«

Oben: Dicke BaFo (Bachforelle). Unter Fliegenfischern gilt Catch und Release fast schon als Ehrenkodex.
Unten: Klein, kompakt und puristisch. Deshalb mag ich das Fliegenfischen so sehr.

Adrenalin pur. Die Endphase des Drills ist besonders heikel.

Einige Ausrüstungsgegenstände aus der Welt des Angelns will ich allerdings nie wieder missen. Da wären zum einen die praktischen Angelzelte. Die sind zwar deutlich schwerer als Trekkingzelte, dafür aber in Sekundenschnelle aufgebaut – dem Ziehharmonikamechanismus sei Dank. Ein Muss sind außerdem die bequemen Angelliegen. Hierauf kann man bequem schlafen und faulenzen, ohne dass man von den Ratten angefressen wird. Selbst spezielle Angelschlafsäcke gibt es. Diese können mittels Gurt auf der Liege festgeschnallt werden und haben nie eine Mumienform. Hat man nachts einen Biss, muss man in Sekundenbruchteilen auf den Beinen sein. Wer sich jetzt erst mühsam aus dem Schlafsack befreit, hat schnell das Nachsehen.

Trotz aller Vorzüge frage ich mich manchmal, ob es die Angler mit dem Camping nicht doch etwas übertreiben. Ich habe schon Angler gesehen, die in ihrem Zelt einen Teppich ausgelegt und draußen eine Satellitenschüssel befestigt hatten. Für ebenso überflüssig wie stillos halte ich das in Mode gekommene Abspannen des gesamten Angelplatzes mittels einer riesigen Lkw-Plane. Das ist zumindest mir zu viel des Guten. Zu viel Ausrüstung kann auch hinderlich sein.

Das Campen beim Angeln ist auch rechtlich nicht völlig unproblematisch. Wildes Zelten ist in Deutschland grundsätzlich verboten. Das ergibt sich zum einen aus den im jeweiligen Bundesland einschlägigen Wald- und Forstgesetzen und zum anderen aus der Widmung öffentlicher Flächen für die Allgemeinheit. In § 3 Abs. 1 e) des LfoG NRW heißt es beispielsweise: »Verboten ist … das Zelten und das Abstellen von Wohnwagen und Kraftfahrzeugen im Wald, soweit hierfür nicht eine besondere Befugnis vorliegt …« Alle sonstigen öffentlichen Flächen sind der Allgemeinheit gewidmet. Jedermann ist also erlaubt, die betreffenden Flächen ihrem Verwendungszweck entsprechend zu nutzen. Ausgeschlossen sind sogenannte Sondernutzungen, also solche Nutzungen, die nicht der Zielsetzung der Widmung entsprechen. Hier hilft nur noch eine

Sondernutzungserlaubnis. Das gilt selbstverständlich nicht für Privatgrundstücke. Im Gegensatz zu den skandinavischen Ländern ist in Deutschland wildes Zelten also grundsätzlich verboten. Angesichts unserer Bevölkerungsdichte macht das wohl auch Sinn. Denn nur so kann man vermeiden, dass die Natur nachhaltig durch Heerscharen von Erholungssuchenden belagert wird, die meist auch eine Menge Müll und Unrat hinterlassen.

Insbesondere von Anglern hört man häufig, dass es eine Art Grauzone gäbe. Angeblich seien von den Verboten nur Zelte betroffen. Ein Wetterschutz, zum Beispiel in Form eines Schirms, falle dagegen nicht unter das Verbot. Allerdings sollte man hier nicht allzu sehr auf den Wortlaut vertrauen. Das Zeltverbot ist vor allem als ein Campingverbot zu verstehen. Ausschlaggebend ist dabei weniger die Art des Wetterschutzes als der verfolgte Zweck sowie das äußere Erscheinungsbild. Allerdings stellt sich die Frage, ob das Aufstellen eines Wetterschutzes beim Angeln überhaupt als Camping oder nur als Nebenerscheinung verstanden werden muss. Ausschlaggebend hierfür ist nämlich die Frage nach dem Hauptzweck. Ist dieses »Camping«, ist das Aufstellen eines Zeltes in jedem Fall untersagt. Geht es dem Angler aber nur darum, seine Fischerei möglichst effektiv durchführen zu können, könnte man die Sache durchaus anders werten. Ähnliche Wertungen gibt es auch im Straßenverkehr. Das Aufstellen von Werbetafeln ist beispielsweise genehmigungspflichtig. Versieht man sein Auto mit einer solchen Werbetafel und parkt es am Straßenrand, hängt die Frage, ob dies erlaubt ist, allein vom vermuteten Zweck dieses Verhaltens ab. Geht es dem Betroffenen gar nicht um das Parken an sich, sondern allein um das Aufstellen einer Werbung, ist dieses Verhalten unzulässig.

Und tatsächlich gibt es gute Gründe, die dafür sprechen, Anglern einen gewissen Handlungsspielraum zu gewähren. Viele Fischarten, wie auch der Karpfen, sind nachtaktiv. Außerdem machen Wind und Regen einen ausreichenden Wetterschutz in manchen Situationen unverzichtbar. Es wäre also ein Stück weit widersprüchlich, zwar das Angeln zu erlauben, den Anglern aber den Gebrauch wichtiger Ausrüstungsgegenstände zu verwehren. Soweit das Nachtangeln nicht verboten ist, stellt sich außerdem die Frage, wie sich die Gemeinden, die ja häufig Verpächter der Gewässer sind, eine effektive Ausübung des Angelsports bei Nacht ohne geeigneten Wetterschutz und Schlafmöglichkeit vorstellen. Das scheint aber zumindest einigen der zuständigen Behörden einzuleuchten. So ist beispielsweise auch in meiner Region Zelten und Kampieren an öffentlichen Gewässern grundsätzlich verboten. Jedoch haben sich die Offiziellen in den meisten Fällen mit den Anglern beziehungsweise den Angelvereinen arrangiert, und das Aufstellen von Schirmen/Zelten während des Angelns wird geduldet.

Und auch ganz unabhängig von der Frage, ob wildes Camping beim Angeln nun erlaubt ist oder nicht, sollten wir Angler uns aus Respekt möglichst unauffällig und zurückhaltend in der Natur verhalten.

Kapitel 9

FISCHE FANGEN

Wie
geht
das
eigentlich?

87. GRUND

WEIL MAN ES LEICHT LERNEN KANN

Angeln ist ein bisschen so wie Fahrradfahren. Hat man es einmal gelernt, verlernt man es nie wieder. Und Angeln lernt man auch am besten genau so wie Fahrradfahren. »Learning by Doing« ist der Zauberspruch. Das Auswerfen einer Angelrute bewältigen die meisten Beginner instinktiv richtig. Das gilt zumindest für Kinder.

Wie würden Sie eine Angel mit Rolle auswerfen? Sie sind Rechtshänder, dann wissen Sie schon einmal, wo die Angel hingehört. Die linke Hand bleibt frei zum Kurbeln. Da die Kurbel nur in eine Richtung zu drehen ist, kann hier schon mal nicht viel schiefgehen. Der schwierigste Part ist nun das Auswerfen. Kinder ergreifen meist instinktiv richtig mit dem rechten Zeigefinger die Schnur und klemmen diese gegen die Rute oberhalb des Rollenhalters. Nun muss mit der freien linken Hand nur noch der Bügel der Rolle geöffnet werden. Ein Schwung mit der Angel nach vorne, im richtigen Moment den Zeigefinger losgelassen und fertig ist der Auswurf. Hört sich doch eigentlich ganz einfach an, oder? Ein bisschen so wie eine Mischung aus einem Tennisaufschlag und Bogenschießen.

Als Erwachsener büßt man über die Jahre ganz offensichtlich einiges an Feinmotorik ein. Vielleicht denken Erwachsene aber auch manchmal einfach zu viel nach und haben Angst vor einer Blamage. Kinder probieren Dinge einfach aus. Der Einstieg in das Hobby fällt den meisten Vätern wesentlich schwerer als ihren Söhnen. Beliebt ist insbesondere der »Faust-Schnur-Wurf« – wie ich ihn einmal beschreiben möchte. Dabei fixiert der Angler die Schnur nicht mit dem Zeigefinger der rechten Hand, sondern greift beherzt mit der linken zu. Nun muss zum Wurf noch der Bügel geöffnet werden. Leider sind aber beide Hände belegt, und das Trauerspiel nimmt seinen Lauf. Entweder man öffnet den Bügel mit der rechten Hand und lässt die Angel fallen. Oder man macht alles gleichzeitig mit der linken Hand. Oder man nimmt den Mund zu Hilfe, was ziemlich peinlich aussieht. Ist das Problem schließlich gelöst, wird ausgeworfen. Aber Achtung, offensichtlich gibt es bei der oben beschriebenen Methode typischerweise ein Koordinationsproblem. Wer zwei Gegenstände gleichzeitig in der geballten Faust hält, lässt anscheinend im richtigen Moment auch gerne den falschen Gegenstand los. Zum Glück schwimmen die meisten Angelruten.

Ist die Hürde »Auswerfen« erst einmal genommen, kommt der Rest mit der Zeit ganz von alleine. Angeln kann man übrigens vor allem deshalb leicht lernen, weil es keine (Spiel-)Regeln gibt. Was zum Ziel führt, ist richtig. So *einfach* ist das. Im Endeffekt ist es auch egal, wie Sie Ihre Angel auswerfen oder ob der von Ihnen benutzte Knoten in einem Lehrbuch zu finden ist. Liegt am Ende des Angeltages ein prächtiger Fang vor Ihren Füßen, haben Sie meiner Meinung nach alles richtig gemacht. Denken Sie immer daran: Wer fängt, hat recht!

88. GRUND

WEIL MAN ES LEICHT LEHREN KANN

Zumindest bildet man sich das als Profi gerne ein. Wenn ich dann zum Beispiel bei einer Veranstaltung voller Enthusiasmus loslege, blicke ich kurz darauf nicht selten in lauter fragende Gesichter. Die Jahre der Routine machen wahrscheinlich betriebsblind. Mit der Zeit vergisst man, dass man vieles heute Selbstverständliche auch einmal lernen musste. Etwas selbst gut zu beherrschen bedeutet nicht automatisch, dass man die entsprechenden Inhalte Dritten auch gut vermitteln kann. Andererseits ist das Coaching oder Guiding im Angelsport eine sehr dankbare Materie. Im Gegensatz zur Schule kommen meine Schüler freiwillig zu mir. Zudem sind alle brandheiß darauf, mehr über das Thema zu erfahren. Um das Angeln zu erlernen, braucht man nur wenig Theorie und kann quasi sofort zur Praxis übergehen, was die Begeisterung der Schüler für gewöhnlich extrem in die Höhe schnellen lässt. Letztlich geht mir das Angelnlehren also doch recht leicht von der Hand. Weil meine Schüler meist sehr nett sind und es Spaß macht, ihre Freude zu sehen, wenn sie ihren ersten Fang oder einen neuen Personal Best in ihren Händen halten. Weil ich das Angeln so sehr liebe, dass es mich schon begeistert, nur darüber zu reden und bestenfalls auch noch andere für mein Hobby zu begeistern. Auch deshalb schreibe ich dieses Buch und publiziere immer häufiger in Allroundmagazinen. Nur so hat man die Möglichkeit, auch Nichtangler zu überzeugen, Unentschlossenen zum nötigen Anstoß zu verhelfen und Anfänger noch mehr zu motivieren.

Und letztlich hat das Angelnlehren auch einen Eigennutz. Weil man meist erst durch das Lehren das eigene Handeln und die eigenen Ansichten noch einmal kritisch hinterfragt und so vielleicht unverhofft zu ganz neuen Erkenntnissen gelangt.

89. GRUND

WEIL MAN ES TAGS UND NACHTS MACHEN KANN

Angeln kann man nicht nur tags und nachts, man sollte es sogar tun. Nicht wenige Fische sind nachtaktiv. Wer Zander, Aal, Karpfen oder Wels fangen möchte, ist daher gut beraten, auch bei Nacht sein Glück zu versuchen. Gerade bei der Jagd auf weniger häufig vorkommende Großfische, wie zum Beispiel Karpfen oder Welse, macht es ohnehin Sinn, die Fallen nicht nur wenige Stunden, sondern gleich einen ganzen Tag auszulegen. Bei Karpfen konnte ich beispielsweise beobachten, dass die Tages- oder eben Nachtzeit, zu der sie überhaupt oder an einer bestimmten Stelle eines Sees aktiv sind, stark variiert. Mal sind die Anbisse sauber über Tag und Nacht verteilt, ein anderes Mal bekommt man nur mitten am Tag oder tief in der Nacht einen Fisch zu sehen. Manchmal habe ich fast das Gefühl, als würde bei allen Fischen des Sees urplötzlich ein innerer Wecker klingeln, und das Schauspiel nimmt seinen Lauf. Wenn ich Karpfen fischen gehe, wage ich daher ungern einen Ansitz unter 24 Stunden. Es sei denn, ich weiß aus Vorerfahrungen oder Information ganz genau, wann ich mit einem Anbiss rechnen kann. Ansonsten macht es Sinn, wenigstens 24 Stunden zu investieren. So deckt man einen ganzen Tag-und-Nacht-Zyklus ab und läuft nicht Gefahr, das Zeitfenster, in dem die Fische fressen, zu verpassen. Natürlich kann es immer noch passieren, dass sich alle Fische an einer anderen Stelle des Sees aufhalten. Zumindest Karpfen sind jedoch Nomaden. Große Einzelexemplare sondern sich in der Regel vom Rest der Gruppe ab. Ein völlig fischfreier Raum im See ist daher eher unwahrscheinlich.

Glücklicherweise muss heutzutage auch niemand beim Nachtangeln auf seinen wohlverdienten Schlaf verzichten. Dem elektronischen Bissanzeiger sei Dank. Die Rute wird einfach auf den Bissanzeiger, der auf einem Erdspieß steckt, gelegt, die Schnur läuft dabei über ein Rädchen. Wird Schnur von der Rolle gezogen, dreht sich das Rädchen und der Bissanzeiger verkündet mittels lautem Piepsen einen Biss. Wer keine Lust auf zu viel Technik am Wasser hat, greift auf Posen mit sogenannten Knicklichtern zurück. Die an der Spitze des an der Wasseroberfläche treibenden Schwimmers steckenden Leuchtstäbchen geben in der Nacht ein beruhigendes, fast schon romantisches Bild ab. Wird es plötzlich dunkel, ist der Schwimmer offenbar abgetaucht – ein Fisch hängt am Haken.

Seit ich als Teenager mit dem Angeln angefangen habe, fasziniert mich das Nachtangeln. Es ist beruhigend und abenteuerlich zugleich. Selbstverständlich kommt auch die Lagerfeuerromantik nicht zu kurz. Nachtangeln gehörte für mich zum Angeln immer selbstverständlich mit dazu. Umso überraschter war ich, als ich vor einigen Jahren erfuhr, dass in Teilen Deutschlands das Nachtangeln untersagt ist. In Baden-Württemberg beispielsweise fürchtet man, Angler könnten beim Nachtangeln nachtaktive Tiere belästigen. Bei dieser Aussage muss ich immer ein wenig schmunzeln. Denn genau das ist ja irgendwie der Sinn der Sache. Schließlich wollen wir nachtaktive Fische fangen. Das geht bei Tage nun mal schlecht. Natürlich mag es besonders schutzwürdige Zonen geben. Ein vollständiges Nachtangelverbot halte ich aber für Unsinn. So mag es logisch erscheinen, einem kleinen Waldsee bei Nacht die gebührende Ruhe zu schenken. In Hafenanlagen oder den großen Flüssen Deutschlands kann ich mir aber beim besten Willen nicht vorstellen, das ein paar Angler mehr Krach machen als Industrie und Partyvolk.

90. GRUND

WEIL ES KEINE SAISON GIBT

Eine Angelsaison gibt es aber nicht. Irgendwas beißt immer. Nicht umsonst tragen die Schlafsäcke der Angelfirmen Namen wie »5 Season« oder »365«. Natürlich gibt es Schonzeiten, zu denen man auf eine bestimmte Fischart nicht angeln darf. Doch gleichzeitig sind nie alle Fischarten geschützt. Zudem gelten Schonzeiten in der Regel nur für einige wenige besonders wertvolle oder sensible Arten. In hiesigen Gewässern betrifft die Schonzeit im Frühjahr vor allem Hecht und Zander und die Bachforelle und andere Salmoniden im Winter.

Das Frühjahr ist zugegebenermaßen eine recht schwierige Jahreszeit. Meist braucht das Wasser der Seen und Flüsse einige Zeit, bis es auf Betriebstemperatur kommt, während es an der Luft in der Sonne schon mollig warm ist. Jetzt ist vor allem die Zeit der Kaltwasser liebenden Salmoniden. Allmählich quälen sich auch die ersten besonders kapitalen Karpfen aus dem Winterschlaf, um schließlich in wahren Fressorgien die verlorenen Pfunde wieder auf die Gräten zu schaffen. Gleiches gilt für die meisten anderen Friedfische. Wird das Wasser zu warm, hält bei den Fischen die Romantik Einkehr. In der Laichzeit haben die Fische für unsere Köder in der Regel wenig übrig. Die Frage, ob nun vielleicht auch der ein oder andere Raubfisch beißen würde, erübrigt sich. Hecht und Zander haben nun Schonzeit. Wer mit dem Gesetz nicht in Konflikt geraten und sich selbst nicht den Fangerfolg der Zukunft zerstören möchte, lässt die werdenden Eltern lieber in Ruhe.

Nun beginnt allmählich der Sommer. Solange das Wasser nicht zu heiß wird, bietet er die perfekten Voraussetzungen für Anfänger und Allrounder. Jetzt kann man eigentlich fast jede Fischart fangen. Warmwasserliebende Fische wie Karpfen, die noch dazu mit einer geringen Sauerstoffsättigung im Wasser auskommen, laufen jetzt zu Hochtouren auf. Während den quirligen Barschen die Hitze meist wenig ausmacht, bevorzugen die Zander nun die Dämmerung und die Nacht. Das Nahrungsangebot ist jetzt optimal, da die Beutefische wie kleine im Frühjahr geborene Rotaugen nun perfekte Häppchen abgeben. Lediglich den großen Hechten schlägt die Hitze etwas auf den Magen. Ihre spektakulären Jagden kosten eine Menge Energie, und sie benötigen viel Sauerstoff dafür.

Im Herbst beginnt allseits das große Fressen. Das Wasser kühlt nun langsam aus, und die Fische spüren, dass es an der Zeit ist, körpereigene Vorräte für den kargen Winter anzulegen. Die Jagd auf Barsch und Zander kann nun schwieriger sein, da die Beutefische im Gewässer mit den Wochen und Monaten gewachsen sind und nicht mehr die optimale Größe haben. Jetzt kommt die Zeit der Hechte. Aber auch die Weißfische lassen sich nicht lumpen.

Der Winter ist eigentlich nur etwas für wirklich Verrückte. Davon gibt es unter den Anglern aber recht viele. Da Fische wechselwarme Tiere sind, verfallen sie nun in eine Trägheit, die ihren Fang vielleicht nicht unmöglich, aber doch sehr schwer macht. Meiner Erfahrung nach kommen Hechte und Rotaugen mit den eisigen

Temperaturen noch relativ gut zurecht. Wesentlich besser als die meisten Angler jedenfalls. Einen Angelknoten mit Handschuhen zu binden ist fast unmöglich, aber ohne diese frieren einem die Finger ab. Selbst das Material kommt nun an seine Grenzen. Kleine Rutenringe frieren schnell ein. Vormals geschmeidige geflochtene Angelschnur gefriert zu Eis am Stiel. Jetzt wäre eigentlich eine tolle Zeit für Salmoniden, aber die haben Schonzeit. Doch selbst im Winter findet man als Angler Gewässer, die warm und herrlich dampfend vor sich hin fließen – den Kühlanlagen der Industrie sein Dank.

91. GRUND

WEIL ES KEIN SCHLECHTES WETTER GIBT

Ein Spruch besagt: »Es gibt kein schlechtes Wetter, nur schlechte Kleidung/Ausrüstung.« Und das trifft im Prinzip auch auf das Angeln zu, wobei meine Großmutter mich nach fast 20 Jahren Angelkarriere immer noch tadelnd fragt: »Bei dem Wetter willst du angeln gehen?«, wenn ein paar Regenwolken am Himmel zu entdecken sind.

Mittlerweile gibt es Outdoor- und Trekkingbekleidung auch in angeltauglichen Ausführungen. Will heißen, niemand muss sich im orangefarbenen Anorak am Wasser zum Affen mache. Den Fischen wird das zwar wahrscheinlich ziemlich egal sein, aber wir Angler glauben nun einmal an den Camou-Effekt. Auch in puncto Wetterschutz gibt es keine Ausreden, bei Sturm und Regen zu Hause zu bleiben. Modern Schirme und Zelte trotzen selbst Orkanen und halten es aus, wenn ihnen einmal ein verrückter Engländer aufs Dach steigen sollte. Wie ich jetzt darauf komme? Schauen Sie sich im Internet einfach mal das Produktvorstellungsvideo vom Bristol Angling Centre auf YouTube an.[26]

Wer sich nun immer noch vorm Angeln drücken will, dem bleibt noch das Totschlagargument: »Bei dem Wetter beißt nichts!« Aber auch hier muss ich die Schönwetterangler enttäuschen. Erstens besagt schon eine alte Bauernregel: »Bei Regen beißen die Fische«, und zweitens gilt da noch meine eigene eiserne Regel: »Nur wer zu Hause auf dem Sofa sitzen bleibt, kann keine Fische fangen.« Natürlich gibt es gute und weniger gute Wetterlagen für den erwünschten Fangerfolg, ganz aussichtslos ist das Unterfangen aber sicher nie.

Bei Regen beißen die Fische, oder? Diese Frage höre ich zu meiner Überraschung ständig. Meistens von Nichtanglern. Und meine schlichte Antwort heißt immer wieder: Nein! Regen nervt. Seien wir doch einmal ehrlich. Ich habe ohnehin den Eindruck, dass es hierzulande ständig regnet. Es wäre fantastisch, wenn Fangausbeute und Regen in Relation stünden. Meine Erfahrung mit Regen beim Angeln ist vor allem die, dass man nass wird. Wenn ich mich überhaupt zu einer Tendenz bezüglich der Fangchancen bei Regen hinreißen lasse, würde ich sagen, dass man vor allem im Sommer in den Pausen zwischen starken Schauern mit Bissen rechnen kann. Eine mögliche Erklärung ist, dass mit dem Regen Sauerstoff, Abkühlung und Nährstoffe in die Seen und Flüsse gespült werden.

Angeln bei Sturm und Unwetter ist vor allem eins: sehr gefährlich. Wer bei Gewitter mit einer Angel in der Hand hantiert, spielt menschlicher Blitzableiter. Nicht zu unterschätzen ist auch die Gefahr herabstürzender Äste oder entwurzelter Bäume. Die Zahl der Angler, die jährlich in ihrem Angelzelt begraben werden, dürfte deutlich höher sein als die derjenigen, die vom Blitz erwischt werden. Gerade an den Ufern von Gewässern finden sich häufig alte, kranke und schlecht verwurzelte Bäume. Aus meiner eigenen Erfahrung kann ich von zwei Seen berichten, an denen ich nach einem Sturm meinen gewohnten Angelplatz aufsuchte, wobei dieser dann von einem umgestürzten Baum versperrt war. Bäume, deren Stamm ich mit beiden Armen nicht hätte umarmen können. Nicht auszudenken, was passiert wäre, wenn ich hier einige Tage vorher mein Anglerglück versucht hätte. Stürme haben aber auch ihr Gutes. In den Wintermonaten bringen sie oft überraschend warme Luft aus

Südwesten mit sich und kitzeln so den ein oder anderen Fisch aus dem Winterschlaf.

Am Ende des Tages ist Wetter beim Angeln für mich jedoch vor allem eins, eine Nebensache. Wie schön wäre es, wenn ich so viel Freizeit hätte, dass ich nur bei besten Bedingungen angeln gehen könnte. Da dem nicht so ist, gehe ich angeln, wann immer die Zeit es zulässt, da kann von mir aus die Welt untergehen. Wie ich schon sagte: »Nur wer zu Hause auf dem Sofa sitzen bleibt, kann keine Fische fangen.«

92. GRUND

WEIL ES WATERCRAFT GIBT

Nein, nein, keine Angst, jetzt folgt kein langer Vortrag über die Energiegewinnung durch Wasserkraft. Warum auch? Diese Dinger mögen zwar klimaneutralen Strom erzeugen, sind fischereiökologisch aber doch eher kontraproduktiv. Denn Fische mögen keine lauten Turbinen, aufgestauten Flüsse und haben auch keine Leiter im Gepäck, um bei ihren Laichzügen Betonmauern hochzuklettern. Nein, »Watercraft« ist vielmehr die Magie/Begabung, das Wasser zu lesen – »Witchcraft« für Angler eben. Der Begriff hat sich unter passionierten Anglern mittlerweile fest eingebürgert. So trägt beispielsweise das mittlerweile vergriffene Buch der Autoren Bastian Reetz und Thomas Talaga den Titel *Watercraft – Passion Karpfenangeln*.

Wenn Sie mich fragen, was es braucht, um beim Angeln erfolgreich zu sein, dann gibt es dabei ein Reihe von Dingen, die mehr oder weniger steuerbar sind. Natürlich braucht man gute Jagdgründe, denn kapitale Fische kann man nur da fangen, wo sie auch zu Hause sind. Zeit und Geld sind weitere wichtige Faktoren. Angeln ist Materialsport und eine gute Angelausrüstung daher unerlässlich! Natürlich ist es nicht so, dass man gleich ein kleines Vermögen in sein Gerät investieren muss, im Zweifelsfall schadet es aber auch nicht. Letztlich muss das Material für die Situation passen: Wer am Wochenende eine Runde durch den Wald spazieren will, braucht allenfalls ein Paar feste Schuhe; wer den Mount Everest bezwingen möchte, ist mit etwas professionellerer Ausrüstung schon besser beraten. Zeit ist ein sehr wichtiger Faktor beim Fischen. Beim Angeln können wir den Erfolg nicht erzwingen. Wir müssen geduldig sein und auf die Fische warten. Die einfache Formel lautet: Je mehr Zeit am Wasser, desto größer die Chance, einen Fisch zu überlisten. Technik, Fachwissen und ein ganz klein wenig Glück sind gleichfalls Faktoren, die zum Fangerfolg beitragen.

Aber auch, wenn man all diese Punkte zusammenzählt und allen Anglern gleiche Voraussetzungen bieten würde, gäbe es immer *die* Angler, die mehr und bessere Fische fangen als der Rest. Ein befreundeter Angler hat einmal zu mir gesagt: »Zehn Prozent der Angler fangen 90 Prozent der Fische.« Das ist sicher etwas überspitzt dargestellt, stimmt aber in der Tendenz. Doch was unterscheidet diese wenigen Angler vom Rest ihrer Kollegen? Die Antwort lautet: »Watercraft«. Eine Art sechster Sinn. Das Talent, das Wasser zu lesen und zu verstehen, Zeichen zu erkennen und zu deuten. Immer zur richtigen Zeit am richtigen Ort zu sein und quasi instinktiv die richtige Entscheidung zu treffen. Dennoch kann man Watercraft nicht einfach so lernen oder gar im Angelladen kaufen. Entweder man hat es oder auch nicht. So gesehen, ist es eine Art Talent, wie es auch berühmten Malern oder Ausnahmesportlern attestiert wird. Etwas Mystisches eben, was nicht wirklich greifbar ist. Und so etwas mögen wir Angler bekanntlich ganz besonders gerne. Vielleicht ist es auch der Instinkt der Jäger und Sammler, unserer Vorfahren, der in dem ein oder anderen von uns bis heute überlebt hat.

93. GRUND

WEIL MAN (NICHT) TRAINIEREN MUSS

Wenn Eltern ihre Kinder in meinem Verein anmelden, werde ich immer wieder nach den »Trainingszeiten« gefragt. Wenn ich dann antworte, dass es so etwas nicht gibt, sind diese meist ziemlich verdutzt. Manchmal habe ich sogar das Gefühl, dass man insgeheim der Auffassung ist, der Verein sei einfach zu faul, um einen Trainingsplan auf die Beine zu stellen.

Natürlich sind die Vereine nicht faul, es ist nur einfach schwer, eine Art Angeltraining anzubieten. Zum einen ist da der Faktor »Zeit«. Wie viel Zeit benötige ich, um effektiv zu fischen und dabei auch noch Inhalte zu vermitteln? Mit einer Stunde, ähnlich wie beim Fußballtraining, kommt man da sicher nicht aus. Besser wäre ein ganzer Tag, vielleicht auch vier bis fünf Stunden. So etwas kostet eine ganze Menge Zeit, die die meisten Ehrenamtler aber schlicht nicht haben. Viele Vereine bieten daher regelmäßig Gemeinschaftsfischen an. Hier können sich die Teilnehmer untereinander austauschen und bei Bedarf Fragen stellen. Die erlernten Ansätze gilt es dann in Eigenregie bei den kommenden Ansitzen zu verfeinern.

Aber muss man, um beim Angeln erfolgreich zu sein, überhaupt trainieren? Ja und nein. Die gute Nachricht zuerst: Jeder kann beim Angeln ohne jede Erfahrung oder Routine erfolgreich sein, denn Angeln ist immer auch ein bisschen Glückssache. Wer einen Köder im Wasser hat, hat die Chance, einen Fisch zu fangen, so einfach ist das. Der Spruch »Das Glück ist mit den Dummen (oder besser: Anfängern)« trifft beim Angeln ganz besonders zu. Ich habe schon mehr als einmal erlebt, wie sich Profis die Zähne ausbissen, während ein absoluter Anfänger direkt neben ihnen eine Sternstunde erlebte. Beim Angeln gibt es auch wenig, was man wirklich falsch machen kann. Anders als bei anderen Sportarten gibt es keinen goldenen Weg, keine spezielle Technik, ohne die das Ganze zum Scheitern verurteilt ist. Alles, was zum Erfolg führt, kann so falsch nicht sein. Nicht umsonst sagt man in Anglerkreisen: »Wer fängt hat recht.«

Wer langfristig erfolgreich sein will, kommt ohne ein gewisses Training aber natürlich nicht aus. Gemeint ist damit aber kein strenger Trainingsplan, sondern einfach so viel Zeit am Wasser wie möglich. Angeln ist der perfekte »Learning by Doing«-Sport. Aus Erfolgen lernt man, aus Misserfolgen noch viel mehr. Daneben sind beim Angeln neben Fachwissen in puncto Fisch und Material zwei weitere Faktoren äußerst wichtig: Routine ist beim Angeln nicht zu unterschätzen. Wer nach jedem Anbiss erst eine Stunde lang den Schnursalat beseitigen muss, verpasst womöglich einige Bisse. Wer zehnmal hintereinander die Montage ins Wasser pfeffert, bis er den richtigen Platz trifft, verjagt mit dieser Aktion vielleicht das, was er eigentlich fangen wollte. Auch Vertrauen in das eigene Handeln ist nur durch Erfahrung zu gewinnen. Nur wer seiner Taktik vertraut, kann auch Beißflauten souverän entgegentreten, ohne vor lauter Unsicherheit alle fünf Minuten neu auszuwerfen, obwohl eigentlich alles bestens ist.

94. GRUND

WEIL ES ETWAS FÜR TECHNIKFREAKS UND BASTLER IST

Ein guter Angler versteht etwas von Technik. Das beinhaltet sowohl die eigenen Fertigkeiten als auch das Material. Beim Material gibt es viel zu entdecken und zu fachsimpeln. Die Angelindustrie ist stets auf der Suche nach neuen innovativen Werkstoffen. Beim Rutenbau werden hochmoderne Kohlefaser und Teflon eingesetzt. Moderne Angelrollen bestehen aus extrem leichten und dennoch stabilen Metallen und Tausenden Einzelteilen, die an ein Uhrwerk erinnern. Bissanzeiger verfügen über neueste Elektronik und Funkverbindung, Zelte bestehen aus Hightech-Membranen.

Natürlich kann man mit seinem Angelgerät nicht nur angeln, sondern auch herrlich daran herumbasteln. Angelruten kann man selber bauen, oder zumindest pimpen. Für Angelrollen sind sogar »Tuning«-Teile und spezielle Dekorfolien auf dem Markt zu erwerben. Im Winter bleibt Zeit für das Gießen von Bleien und das Binden von Montagen oder Fliegen. Auch das Erfinden und Konstruieren neuer Montagen ist fester Bestandteil des Alltags eines guten Anglers. Selten gelingt es einem, das Rad neu zu erfinden, eine kleine Verbesserung ist aber meist doch zu finden.

So verbringt ein Angler nicht selten Stunden in der Garage, dem Hobbykeller oder dem heimischen Wohnzimmer und bastelt vor sich hin. Was sonst der nerdigen Modellbau- und Briefmarkenfraktion vorbehalten bleibt, dürfen auch echte Männer – zumindest wenn es ums Angeln geht.

95. GRUND

WEIL ES KOORDINATIONSFÄHIGKEIT UND FEINMOTORIK TRAINIERT

Angler gelten gemeinhin als grobschlächtig. Dabei sind beim Angeln viel Koordinationsvermögen und Fingerspitzengefühl gefragt. Das Binden von Montagen erfordert einiges an Geschick. Für die Wurstfingerfraktion ist so was sicher nichts. Es gilt, unzählige Knoten zu beherrschen und Hakenöhre zu durchfädeln. Das Fliegenbinden ist eine Fähigkeit für sich und fast schon mehr Kunsthandwerk als Angelsport.

Aber auch beim Angeln selbst führt Grobmotorik selten zum Ziel. Der Wurf mit einer Fliegenrute ist mit dem Schwung eines Golfers zu vergleichen. Jedes Detail muss stimmen, die Technik perfekt sein. Millimeter entscheiden darüber, ob der Wurf glückt oder alles im Schnursalat endet. Der Anhieb ist Präzisionsarbeit.

Es gilt, das Wasser zu lesen und einen zum Köder aufsteigenden Fisch so früh wie möglich zu entdecken. Das Zeitfenster für den Anhieb beträgt nur Bruchteile einer Sekunde. Natürlich versteht es sich von selbst, dass man bei der Pirsch nicht umhertrampelt, sondern schleicht. Das klingt banal und einfach. Zumindest das sturzfreie Waten durch einen Forellenbach erfordert jedoch einige Übung, damit man nicht unfreiwillig den Abgang macht. Ähnlich anspruchsvoll ist das Führen von Kunstködern. Wer seinen Gummiköder lustlos durchs Wasser schleift, wird wohl nur völlig ausgehungerte Räuber zum Anbiss überreden können. Wer seinen Blinker in Warpgeschwindigkeit durchs Wasser peitscht, wird die Fische allenfalls zu Tode erschrecken. Der Anschlag und Drill eines Fisches sind vor allem Übungssache. Hier gilt es, die richtige Mischung aus Kraft und Feingefühl zu entwickeln. Der Anhieb muss so stark sein, um den Haken in das Fischmaul zu treiben, aber sanft genug, um den Fisch nicht zu verletzen oder gleich das ganze Gerät zu sprengen. Das bedeutet für das Rotaugenangeln, dass als Anhieb ein sanftes Zupfen ausreicht und der Drill aus einem zarten, aber beständigen Einkurbeln besteht. Beim Welsangeln darf der Anhieb dagegen rustikaler ausfallen. Wilde und mit vollem Körpereinsatz durchgeführte Schläge sind durchaus angemessen. Im Drill gilt es, dem Fisch alles entgegenzusetzen, was man hat, sonst verschwindet die Beute gleich im nächsten Hindernis. Trotzdem sollte man wissen, wann man dem Fisch Schnur geben muss, um nicht das Ausschlitzen des Mauls oder gar einen Schnur- oder Rutenbruch zu riskieren. Hier ist vor allem vorausschauendes Handeln gefragt. Das Gleiche hat mein Fahrlehrer beim Autofahren verlangt.

96. GRUND

WEIL MAN SEINES EIGENEN GLÜCKES SCHMIED IST

Angeln soll reine Glückssache sein? So etwas können nun wirklich nur Nichtangler behaupten. Es klingt natürlich einfach: Man fährt an einen See, badet ein Würmchen im Wasser, und irgendwann kommt dann ein Fisch und beißt an – oder eben auch nicht. Wenn ich jetzt beginne, zu erklären, dass zum Fangerfolg vor allem drei wesentliche Dinge gehören, nämlich Location, Futter und Montage, dann sehe ich die Nichtangler vor meinem geistigen Auge schon ratlos mit den Achseln zucken, während alle Angler eifrig nicken. Da ich aber wohl eher die erste Fraktion davon überzeugen muss, dass Angeln mit Glück nicht mehr zu tun hat als jede andere Sache auf der Welt auch, wage ich einmal eine Analogie.

Angeln ist im Prinzip nichts anderes, als Fallen zu stellen. Stellen Sie sich also vor, Sie haben einen ungebetenen Gast in Ihrem Haus. Nicht die Schwiegermutter, sondern vielleicht eine Maus. Diese muss nun gefangen werden. Dabei gilt: Maus = Fisch, Wohnung = Gewässer. Zunächst müssen Sie sich überlegen, wo Sie Ihre Mausefalle aufstellen wollen. Auf dem Fußboden, auf dem Küchenschrank? In einer dunklen Ecke oder mitten auf dem Präsentierteller? Na, klingelt etwas? Nun gilt es, die richtige Falle = Montage auszuwählen. Eine Lebendfalle natürlich, wir wollen das arme Kerlchen ja nicht gleich umbringen. Selbstverständlich können Sie jetzt zu Schuhkarton, Ästchen und Bindfaden greifen, aber selbst dem letzten Amateur dürfte klar sein, dass eine solche Konstruktion sogar für den primitiven Verstand einer Maus zu plump sein dürfte. Also greifen wir lieber zu einem Drahtkorb mit Fallklappe aus dem Fachmarkt. Eventuell stellen wir fest, dass der Federmechanismus nur verzögert ausgelöst wird und modifizieren diesen etwas, sodass er bei der kleinsten Bewegung reagiert, noch bevor der Nager es merkt. Eine gute Idee, übrigens auch beim Angeln. Jetzt muss noch ein Köder her. Aber was fressen Mäuse eigentlich am liebsten? Richtig, Käse ... *falsch*! Mäuse lieben Speck, wir sind hier schließlich nicht bei *Tom und Jerry*. Natürlich nehmen wir ein mundgerechtes Stückchen und nicht gleich eine ganze Haxe, das gebietet schließlich schon der gesunde Menschenverstand. Ich denke, Sie haben gemerkt, worauf ich hinauswill, also bitte nun keinen Speck auf den Angelhaken spießen!

Jetzt sind Sie bestens vorbereitet, und Ihre Beute muss nur noch in die Falle tappen. Und hierzu gehört in der Tat auch ein wenig Glück. Übrigens, steckt die Maus in der Falle, ist der Drops gelutscht. Hängt der Fisch am Haken, müssen Sie ihn auch noch an Land befördern. Das klingt leichter, als es in Wirklichkeit ist!

Kapitel 10

AUF BILDSCHIRM UND PAPIER

Warum
Angeln
mehr
ist
als
nur
Sport

97. GRUND

WEIL ES DEN FILM »AUS DER MITTE ENTSPRINGT EIN FLUSS« GIBT

Wenn man einmal dem Angelvirus erlegen ist, dann ist alles, was mit Angeln zu tun hat, automatisch total interessant. So geht es jedenfalls mir. Mein Umfeld hingegen wundert sich regelmäßig über mein Faible für angeblich öde Angelreportagen und B-Movies mit Angelinhalt. Selbst eine kurze Sequenz, die einen Kollegen bei seinem Hobby zeigt, reicht aus, um mich glücklich zu machen. Zugegeben sind die Filme manchmal wirklich schlecht, aber eben nicht das Angeln darin. Wenn Sie Angler sind, dann verstehen Sie mich. Den gleichen Vorwurf könnte man ohnehin beinahe jeder TV-Übertragung über Sport, schlimmstenfalls Golf und Tennis, machen. Was bitte ist daran interessant? Aber als oft belächelter Angler halte ich den Ball lieber flach. Ich sehe ja selbst ein, dass unsere Leidenschaft manchmal etwas ausufert.

Es gibt aber Angel-Spielfilme, auf die lasse ich nichts kommen. Die sind einfach so gut, dass sie auch ein Nichtangler gesehen haben muss. Zu diesen Filmen gehört unbedingt *Aus der Mitte entspringt ein Fluss*. Kennen Sie nicht? Dann kaufen Sie sich rasch die DVD. Der US-amerikanische Spielfilm von Robert Redford stammt aus dem Jahre 1992 und basiert auf dem gleichnamigen, semiautobiografischen Roman von Norman Maclean. Er erzählt die Geschichte zweier Brüder, die völlig verschieden, aber dennoch durch die Liebe zum Fliegenfischen vereint sind. Diese Leidenschaft gibt ihnen Halt, selbst als für einen der Brüder alles zu scheitern scheint. Natürlich will ich nicht zu viel verraten, nur dies noch: Der Film ist wirklich gut, die Natur- und Angelszenen, welche wie ein roter Faden durch die Geschichte führen, machen ihn noch besser. Sie sind immer noch skeptisch? Wahrscheinlich weil Sie selbst nicht Angler sind. Dann hier noch mehr Anregungen: Einer der Hauptdarsteller ist der junge Brad Pitt. Das dürfte vor allem die Frauen interessieren. Für die Filmkritiker unter ihnen: Der Film war für die Golden Globes nominiert (beste Regie), erhielt einen Oscar für die beste Kamera und darüber hinaus eine Nominierung für das beste adaptierte Drehbuch und die beste Filmmusik, welche noch dazu bei den Grammy Awards nominiert war.

Der Film endet mit einem Gedicht des Buchautors, das ich Ihnen an dieser Stelle nicht vorenthalten will:

Am Ende fließen alle Dinge ineinander
und aus der Mitte entspringt ein Fluss.
Der Fluss wurde bei der großen Überschwemmung der Welt begraben
und fließt aus dem Keller der Zeit über Steine.[27]

Während *Aus der Mitte entspringt ein Fluss* zu den Filmklassikern zählt, gehört *Lachsfischen im Jemen* zu meinen Neuentdeckungen. Die britische Komödie von Lasse Hallström aus dem Jahre 2011 entstammt dem gleichnamigen Roman von Paul Torday. Der angelbegeisterte Scheich Muhammad ibn Zaidi bani Tihama hegt den bizarren Wunsch, sich im Wüstenland Jemen den Traum eines eigenen Gewässers zum Lachsfischen zu erfüllen. Hierfür soll die Anwältin Harriet Chetwode-Talbot in seinem Auftrag den Angelexperten Dr. Alfred »Fred« Jones um Unterstützung bitten. Ein anscheinend zum Scheitern verurteiltes Projekt beginnt, das ganz nebenbei drei völlig verschiedene Personen zusammenbringt. Der Film ist eine echte Komödie, bei der neben Witz und Romantik auch die Angelverrücktheit der Engländer sympathisch auf die Schippe genommen wird. Dabei entpuppt sich der Film letztlich auch als politische Satire über die gegenseitige Annäherung der arabischen Welt und des Westens. Als Grundstein hierfür gilt die gemeinsame Leidenschaft Angeln. Das hat mir als Angler natürlich sehr gefallen. Der Film trumpft außerdem mit Emily Blunt in der weiblichen Hauptrolle auf. Diesmal wohl eher ein Argument für die Männer.

98. GRUND

WEIL MAN ES AUCH AUF DEM COMPUTER SPIELEN KANN

Man mag es kaum glauben, aber schon vor knapp 20 Jahren gab es Computerspiele, die das Angeln simulieren sollten. Dass die Grafik damals noch nicht so ausgereift war, erklärt sich von selbst.

Mittlerweile gibt es auf diesem Sektor eine große Auswahl. Bei den mehr oder weniger grafisch schön aufbereiteten Spielen wird der Spieler (oder auch Angler) an entlegene Seen mitgenommen, sei es in Amerika, Nord- oder Südeuropa. Häufig werden aber auch Gewässer erfunden. Allen Spielen ist gemein, dass man von seiner Wohnzimmercouch aus die Möglichkeit hat, fremde Gefilde für die Dauer des Spiels zu erreichen und vor allem, zumindest virtuell, zu beangeln.

Das Angeln an sich wird dabei meist per Computermaus, -tastatur, oder, wie mittlerweile an manchen Spielekonsolen, mittels speziell erhältlicher Angel, in die eine Infrarotfernbedienung eingesetzt werden kann, ermöglicht. Das Angelerlebnis soll so realistisch wie möglich gestaltet werden. Besagte Fernbedienung verfügt nicht nur über eine Kurbel, mit der die virtuelle Schnur eingeholt wird, sondern gibt auch typische Angelruten-Geräusche durch den eingebauten Lautsprecher von sich. Beim dagegen profan wirkenden Computerspiel kann man lediglich per Maus bestimmen, wie und wohin die Schnur ausgeworfen wird.

Der Wettbewerbsgedanke steht bei den Angelsimulationen natürlich im Vordergrund. So kann man sich online mit anderen »Anglern« messen oder aber mit Freunden gemeinsam im gemütlichen Wohnzimmer um die Wette angeln.

Neben der Möglichkeit zu angeln bieten die Spiele häufig noch verschiedene Modi an, in denen zum Beispiel ein flottes Motorboot gesteuert werden muss, oder man hat laut Hersteller die Chance, »atemberaubende Unterwasseranimationen« zu sehen. Je nachdem wie realistisch die Grafik gehalten ist, entstehen dabei zwar allenfalls schöne Filmchen, die sind aber immerhin nett anzusehen. Auch einen virtuellen Shop gibt es meist, bei dem Anglerträume in Erfüllung gehen können. So hat man die Möglichkeit, mit den bei Wettbewerben gewonnenen Preisgeldern auch in der Realität existierende Angelprodukte zumindest virtuell zu erstehen.

Mit dem »echten« Angeln tatsächlich gemein haben die Simulationsspiele die Spannung beim Warten auf den Fisch. Wobei die Wartezeit sich bei den Computerspielen (glücklicherweise) meist nur auf einige Sekunden, maximal eine Minute beschränkt. Nicht auszudenken, wie das Spiel ankäme, müsste man wie im »wahren Leben« mitunter mehrere Stunden auf einen Biss warten.

Wenn dann der Computer-Fisch gebissen hat, gilt es ihn ebenso wie in der Natur sicher zu landen. Je nachdem, welches Spielmedium man nutzt, sind auch hier die Möglichkeiten unterschiedlich. Bei dem einen reichen schon ein, zwei Klicks mit der Maus, bei dem anderen schließt sich ein mehr oder weniger spannender Drill inklusive Einkurbeln der virtuellen Schnur an, womöglich sogar ein Riss ebendieser, wodurch man den animierten Fisch selbstverständlich verloren hätte. Ist der Fisch aber dann doch an Land, sagt der Computer einem noch schnell, wie groß und wie schwer der Fang ist, und schon kann es weitergehen.

Natürlich sind die Spiele keinerlei Alternative zu einem echten Angelausflug. Als Partygag bei einer Feier mit vielen Anglern oder als kleines Amüsement zwischendurch können sie aber eine gelungene Abwechslung bieten, ohne dass der Spaß durch die draußen herrschenden Temperaturen oder andere Wettergegebenheiten getrübt werden könnte. Zusätzlich ein paar kühle Bierchen aus dem nicht allzu weit entfernten Kühlschrank und der Abend ist perfekt.

Angeln vor dem heimischen Computer oder Fernseher ist tatsächlich eine Nummer bequemer als der Kampf mit eisigen Temperaturen, die Aussicht auf stundenlanges Warten und das Schleppen von massenhaft Tackle. Aber ebendiese fehlende Unbequemlichkeit raubt dem Angelerlebnis seine Natürlichkeit, die wohl bei einem naturverbundenen Hobby wie dem Angeln an oberster Stelle steht.

99. GRUND

WEIL ES ANGELBÜCHER GIBT

… oder vielleicht doch eher umgekehrt? Die meisten lieben Angelbücher wohl vielmehr aus dem Grund, dass sie das Angeln lieben. Eigentlich lieben Angler alles, was nur entfernt mit ihrem Hobby zu tun hat.

Zumindest auf die mittlerweile unzähligen Fachmagazine dürfte das zutreffen. Was für neues Gerät und Köder gibt es auf dem Markt? Wer fängt gerade wie und wo? Was besagt der neueste Szenetalk? All das findet der begeisterte Angler in *Blinker, Fisch & Fang, Rute & Rolle* und Co. Dabei fristen die Special-Interest-Magazine auch längst kein Nischendasein mehr. Monatsauflagen von bis zu 80.000 Exemplaren sprechen eine klare Sprache. An Raststätten, in Supermärkten und Buchhandlungen zählen sie mittlerweile zum Standardrepertoire. Erst neulich konnte ich zu meiner Begeisterung einen vielleicht 13-jährigen Jungen dabei beobachten, wie er in der Filiale einer großen deutschen Buchladenkette nach dem aktuellen *Blinker* fragte. Der war aber schon vergriffen, und so zog der Junge enttäuscht von dannen, als gäbe es in dem ganzen Laden sonst nichts Vernünftiges zu lesen.

Außer Fachmagazinen gilt es natürlich auch noch die unzähligen Fachbücher zu durchstöbern, die dem Angler sozusagen als Trockenübung erklären sollen, wie man am besten welchen Fisch fängt.

Als Einstieg empfiehlt es sich meiner Meinung nach, zu einem umfangreicheren Standardwerk zu greifen. Später, wenn man weiß, was man genau will, kann man dann (kleinere) Bücher oder Hefte zu Spezialthemen hinzukaufen. Folgende Bücher beziehungsweise Autoren halte ich insgesamt für besonders empfehlenswert:

ALLROUND

Das große Kosmos Angelbuch, Technik – Taktik – Tolle Fänge ist ein Allround-Angelbuch, das diesen Namen wirklich verdient hat. Florian Läufer wird vielen Deutschen als Autor für verschiedenste Angelmethoden und Fischarten, aber auch als sehr guter Natur- und Angelfotograf bekannt sein. Das Buch eignet sich bestens für Einsteiger, aber auch für fortgeschrittene Petrijünger. Hier wird wirklich kaum ein Thema ausgelassen.

Abenteuer Angeln – Von Ködern, Karpfen & Co wurde ebenfalls von Florian Läufer verfasst. Hierbei handelt es sich um ein wirklich schönes Kinderangelbuch. Neben dem nötigen Grundwissen, welches das Buch kindgerecht anhand zahlreicher Illustrationen vermittelt, verfügt das Werk über nette Gadgets wie Bestimmungsposter, Sticker und einen Karabiner in Fischform.

KARPFEN

Karpfen angeln von Markus Pelzer und Wolf-Bernd Wiemer. Von wem sollte man das Karpfenangeln besser lernen können als vom Altmeister höchstpersönlich. Gut geeignet für Einsteiger!

Karpfenzeit von Christopher Paschmanns. Dieses Werk beschreibt eindrucksvoll die Magie des Karpfenangelns. Auch wenn es kein Sachbuch im herkömmlichen Sinne ist, kann vor allem der etwas fortgeschrittenere Karpfenangler einiges lernen.

RAUBFISCHE

Die Bibel unter den Raubfisch-Angelbüchern ist *Das Uli Beyer Raubfischbuch*. Uli Beyer ist ein alter Hase im Geschäft und kennt sich aus mit dem, was er schreibt, ohne den Anfänger zu überfordern.

Spinnfischen mit Dietmar Isaiasch. Der Raubfischweltmeister weiß, wie es geht! Dietmar Isaiasch steht für das neue und moderne Spinnfischen wie kein Zweiter. Ein guter Einstieg für Fortgeschrittene in die wilde Welt der modernen Kunstköder- und Spinnfischmethoden.

Und wenn Sie das Angeln noch nicht lieben, dann hoffe ich, dass Sie es durch Angelliteratur lieben lernen. Der erste Schritt ist gemacht, Sie haben zu einem Angelbuch gegriffen!

100. GRUND

WEIL ANGELN DIE VORLAGE FÜR GROSSE SCHRIFTSTELLER UND DICHTER WAR

Einige der ganz großen Schriftsteller und Dichter, aber auch ihre weniger bedeutsamen Kollegen, haben sich des Angelns als Sinnbild bedient.

ERNEST HEMINGWAY (siehe auch 28. Grund: »Weil viele berühmte Menschen Angler sind«) gewann mit seiner Novelle *Der alte Mann und das Meer* über einen alten Fischer, der versucht, einen riesigen Fisch zu bändigen, einen Nobelpreis.

Der bedeutende Roman des amerikanischen Schriftstellers HERMAN MELVILLE, *Moby-Dick; oder: Der Wal* stellt ebenfalls einen Zweikampf zwischen Mensch und Natur dar. Kapitän Ahab macht mit seinem Schiff und dessen Besatzung Jagd auf den weißen Pottwal Moby-Dick. Nachdem dieser Ahab ein Bein ausgerissen hat, sinnt Letzterer nach Rache. Ahab ist so sehr vom Fang Moby-Dicks besessen, dass er seine Mission, das Schiff, die Besatzung und das eigene Leben aufs Spiel setzt. Das Buch dürfte sicher den ein oder anderen passionierten Angler nachdenklich stimmen, auch wenn Melville beim Schreiben seiner Geschichte sicher nicht den Sportfischer von morgen im Sinn hatte.

In einem Gedicht von JOHANN WOLFGANG VON GOETHE heißt es:

> *Ich wollt', ich wär' ein Fisch,*
> *So hurtig und frisch.*
> *Und kämst Du zu angeln,*
> *Ich würde nicht mangeln.*
> *Ich wollt', ich wär' ein Fisch,*
> *So hurtig und frisch.*

Klar, dass die Pfarrerin auf meiner Hochzeit diesen Abschnitt unbedingt zitieren wollte!

Aber auch oder *gerade* heute gibt es eine Reihe von Autoren, die dem Angeln ein ganzes Buch gewidmet haben. Sie beschreiben die Schönheit des Angelns, dessen Rolle als Wegbegleiter von der Kindheit in das Erwachsenenalter und die Sehnsucht nach Freiheit und Natur. Empfehlenswerte Bücher mit fischigem Hintergrund sind zum Beispiel:

- *Traumfang: Eine Geschichte vom Angeln* von Andreas Möller
- *Das Glück am Haken: Der ewige Traum vom dicken Fisch* von Christoph Schwennicke
- *Gone Fishing: Bekenntnisse eines Besessenen* von Sven F. Goergens.

101. GRUND

WEIL ES ANGELDOKUMENTATIONEN GIBT

Angeldokumentationen sind für Nichtangler naturgemäß so spannend wie eine Rosamunde-Pilcher-Adaption für Männer. Die meisten Menschen halten schon das Angeln selbst für tierisch langweilig. Wie öde muss dann ein Film darüber sein?

Gleich ein Geständnis vorweg. Es gibt einige Angeldokumentationen, die tatsächlich ziemlich langweilig sind. Das liegt aber weniger am Angeln als vielmehr an den Filmemachern. Lange waren Angelvideos allenfalls semiprofessionelle Privatprojekte, deren dramaturgischer Aufbau und Qualität zugegebenermaßen zu wünschen übrig ließen. Den modernen Medien sei Dank sind diese Zeiten aber passé.

Neuerdings scheint es fast, als schössen die Angel-Multimedia-Produktionen wie Pilze aus dem Boden. Neben den Filmprojekten der großen Angelliteraturverlage, wie dem Jahr Top Special Verlag (*Blinker*) oder dem Paul Parey Verlag (*Fisch & Fang*), setzen Produktionsfirmen wie Think Big Media auf professionelles Equipment und modernen Schnitt. Das Ergebnis sind hochmoderne Dokumentationen, die das Angeln endlich auf faszinierende Weise als das darstellen, was es ist – ein Naturerlebnis. Der Film *Tapâm – A Flyfishing Journey* ist das perfekte Beispiel für dieses neues Selbstverständnis. Der Film zeigt zwei Jungs auf ihrer Reise durch Südamerika. Mit Fliegenrute und Bellyboot fangen sie riesige Fische. Schon beim Anschauen des Trailers ist klar, hier geht die Post ab.

Ein Projekt, das mir als Karpfenangler besonders am Herzen liegt, ist die Multimediaplattform Carpzilla. Unter der Federführung von Mark Dörner (Dark Mörner Produktion) veröffentlichen die Jungs vergangenen Winter schon den zweiten Film, der nicht nur auf DVD erschien, sondern in ganz Deutschland auf einer Kinotournee gezeigt wurde. Ausverkaufte Kinosäle sprechen für sich. Auch hier war das Erfolgsrezept eine Mischung aus Angelsport und Naturerlebnis.

Ich glaube nicht daran, dass früher alles besser war, aber es war bestimmt auch nicht alles schlechter. Eine Reihe von VHS-Kassetten-Angelfilmen haben es daher trotz optischer Mängel in meine Liste der All-time-Favoriten geschafft. Die Filme der britischen Karpfenangelpioniere Alan Taylor & Kevin Maddocks über die Angelei an britischen Kultgewässern zeigen das Angeln von einer weniger spektakulären, dafür aber umso stilvolleren Seite. Typisch britisch eben. Mein Freund Philipp und ich guckten die Kassette so häufig, dass sie schließlich völlig verschlissen war. So gesehen, ist es kein Wunder, dass Philipp einige Jahre später sein eigenes Videoprojekt startete. Mittlerweile ist sein zweites Video über das Angeln an französischen Pools, *Phil in France 2*, erschienen. Vieles in den Videos erinnert mich an die Videos meiner Kindheit, und das meine ich durchaus positiv.

Ebenso kann ich einen Besuch in den Online-DVD-Shops der einschlägigen Fachmagazine wie *Blinker*, *Rute & Rolle* und *Fisch & Fang* empfehlen. Der *Blinker* und andere legen ihren Heften außerdem regelmäßig Gratis-DVDs bei.

102. GRUND

WEIL ES DMAX GIBT

DMAX ist ein echter Männersender. Dafür spricht zum einen die Eigenwerbung des Senders, in der dieser sich selbst als einen solchen bezeichnet, und zum anderen das Programm. Neben schnellen Autos stehen vor allem echte Kerle im Mittelpunkt, die die Wildnis durchforsten. Dabei kommen nicht nur Angler auf ihre Kosten. Auf einmal ist das Fischefangen spannend, und das für jedermann und sicher auch für manch eine Frau. Die Reihen *Fang des Lebens, Fluss-*

monster und zuletzt *Angel Duell* beschäftigen sich allesamt mit der Faszination für Natur und Fischfang. Sie kennen die Formate nicht? Dann beim nächsten Mal unbedingt einschalten! Zu Beginn der Werbepause wird übrigens häufig für Preisausschreiben geworben, bei denen man Angelsachen gewinnen kann.

FANG DES LEBENS

Ein Haufen raubeiniger Seebären begibt sich auf eine Kutterfahrt der ganz besonderen Art. Tief im Norden Alaskas geht es auf die Jagd nach Königskrabben. Das Wetter ist dabei in der Regel, gelinde gesagt, beschissen, und die Tatsache, dass die Jungs sich nicht am laufenden Band übergeben müssen, ist sicher jahrelangen Kneipentrainings geschuldet. Nicht umsonst gilt die Beringsee als eines der gefährlichsten Gewässer der Welt. In der nur kurzen Fangsaison muss die Besatzung der in meterhohen Wellen umherschaukelnden Nussschalen – warum um alles in der Welt kippen die nicht um? – mit markanten Namen wie »Wizard« und »Time Bandit« genug Geld verdienen, damit es für ein ganzes Jahr reicht. Bei jedem Fangkorb, den die Jungs an Bord holen, erwische ich mich dabei, wie ich mitzähle und mitfiebere, ob auch wirklich genug Krabben darin sind. Vermutlich liegt meine Sympathie an der harten, aber herzlichen Art der Protagonisten. So sind Männer eben.

FLUSSMONSTER

Kennen Sie noch den legendären Crokodile Hunter? Ein verrückt gewordener Australier hechtet durch die Wildnis, greift sich dabei jedes Tier, das nicht bei drei auf den Bäumen ist, und schreit begeistert: »Look at this!« So oder so ähnlich dürfen Sie sich *Flussmonster*, nur eben mit Angel, vorstellen. Profiangler Jeremy Wade bereist die ganze Welt, auf der Jagd nach Mythen und Märchen über kiemenatmende Ungeheuer. Ganz gleich, ob es sich um Berichte von schwarzen Piranhas mit messerscharfen Zähnen, die ihre hilflosen Opfer bis auf die Knochen abnagen, oder um menschliche Kadaver im Bauch von drei Meter langen Flusswelsen oder um den Alligatorhecht, der bei seinen Beutezügen angeblich auch Menschen verschlingt, handelt, Jeremy rückt den Schuppenträgern mit der Angel auf die Pelle. Das Ganze ist extrem unterhaltsam, auch wenn der geneigte Zuschauer weiß: Wirkliche Rekordfänge landet der Protagonist meist nicht.

ANGEL DUELL

Zwei Angelprofis treten gegeneinander an. Diesmal sogar zwei deutsche Experten. Seit Kurzem zeigte Deutschlands bekannteste Anglerin Babs Kijewski der Welt, dass Frauen nicht nur genauso gut, sondern manchmal auch besser angeln können als Männer. Ihr bisheriger Kontrahent, der allseits beliebte Auwa Thiemann, ist im Mai 2014 nach kurzer und, für viele, überraschender Krankheit gestorben. Nun bemüht man sich um einen halbwegs ebenbürtigen Nachfolger, um die Sendung fortzuführen.

DMAX ist eine echte Errungenschaft für die deutsche Anglerschaft, denn während es in Italien und vor allem den USA vor Angelsendern nur so wimmelt, herrscht hierzulande ansonsten Flaute. Jetzt kann man seinem Hobby endlich auch vor der Flimmerkiste frönen, herrlich!

Kapitel 11

ABANGELN

»Eigentlich
wollte
ich
doch
nur
angeln!« –
Warum
Angeln
manchmal
zur
Hassliebe
wird!

103. GRUND

WEIL ES OHNE ANGLER WENIGER FISCHE GÄBE

Ohne Angler gäbe es weniger Fische. Klingt komisch, ist aber so. Die Verwunderung über das soeben Gesagte kann ich natürlich nachvollziehen. Angler angeln Fische, diese Fische entnehmen sie dem Gewässer, und dann fehlt eben einer. Aber Angler machen viel mehr, als nur Fische vor den Kopf zu hauen. Die sogenannte Hege ist oberster Grundsatz der Angelfischerei.

Fast jeder Verein besetzt seine Gewässer mit Fischen. Damit ist aber nicht nur das bloße Nachsetzen zuvor gefangener und entnommener Fische gemeint. Vielmehr geht es darum, der Natur unter die Arme zu greifen, wenn diese von alleine nicht aus den Puschen kommt. Kritiker mögen meinen, dass diese Maßnahmen gar nicht nötig wären, wenn Angler den Gewässern keine Fische entnehmen würden. Dem ist aber eben nicht so.

Ich komme aus dem Rheinland, genauer gesagt aus Köln. Hier gibt es natürlich den Rhein, aber auch eine Reihe von Kiesgruben. Die Region verfügt über sehr große Kiesvorkommen, welche unter der Erde verborgen liegen beziehungsweise lagen. Über Jahrzehnte wurden mal mehr, mal weniger große Gruben gegraben, um an den vor allem für den Straßenbau benötigten Rohstoff heranzukommen. Bedingt durch das nachströmende Grundwasser, sind so nicht nur im Kölner Raum Dutzende, wahrscheinlich Hunderte sogenannter Kiesgruben entstanden. Diese Seen haben alle eines gemeinsam: Sie sind nicht natürlich, das heißt, sie verfügen bei ihrer Geburt weder über Wasserpflanzen noch über beschuppte Bewohner. Für gewöhnlich interessiert sich für diese Gruben erst einmal niemand, außer vielleicht Wassersportler und Angler. Die Angler sind es dann meist, die sich um den ersten Besatz kümmern und so Fische in das Gewässer bringen sowie häufig auch Wasserpflanzen. So entsteht über Jahre eine Artenvielfalt, die es ohne die Angler sicher nicht gäbe. Mir ist jedenfalls kein Beispiel aus dem Kölner Raum bekannt, in dem sich der Staat oder andere Interessengruppen für das Thema Fischbesatz in jungfräulichen Kiesgruben eingesetzt hätten. Das allgemeine Interesse kommt dann meist erst nach Jahren der durch Angler getanen Arbeit auf. Plötzlich entdecken Naturschützer das wertvolle Habitat und halten dieses vielleicht sogar für durch die Angler bedroht. Oder dem örtlichen Bürgermeister fällt auf, dass all seine Kollegen ein Strandbad in ihrer Gemeinde vorweisen können, nur er nicht. Die Anglerschaft backt dann häufig die kleineren Brötchen.

Heutzutage erhält sich der Fischbestand in vielen Gewässern längst nicht mehr von alleine. Meist sind Umwelteinflüsse oder die Beschaffenheit des Gewässers selbst schuld daran. Ob ein Angler im Jahr nur einen, zwei oder meinetwegen zehn Fische mit nach Hause nimmt, hat darauf recht wenig Einfluss. Die Kiesgruben meiner Region beispielsweise bieten Lebewesen recht schwierige Bedingungen. Sie sind zumindest bei ihrer Entstehung recht nährstoffarm, und ihre Ufer fallen teilweise extrem steil ab. Hinzu kommt eine mit zehn oder mehr Metern doch recht beachtliche Durchschnittstiefe. Das erschwert den Fischen insbesondere das Laichgeschäft ungemein. Was die Natur dann nicht von alleine schafft, bügeln Angler entweder mit Besatz oder durch Laichhilfen aus.

Aber nicht nur Kiesgruben benötigen Hege und Pflege. Eine gewisse Aufsicht und bedarfsgerechte Unterstützung schaden auch an natürlichen Gewässern nicht. So können beispielsweise schädliche Umwelteinflüsse rechtzeitig erkannt und gebannt oder der Nachbesatz einer bestimmten Fischart veranlasst werden, bevor es zu spät ist.

Auch staatliche Gewässer, zum Beispiel Flüsse wie der Rhein, brauchen längst Unterstützung. Hier gibt es zum Glück zusätzlich Projekte des Fiskus, die jedoch maßgeblich durch die Anglerschaft unterstützt oder sogar geleitet werden. Wussten Sie, dass der Rhein einmal zu den besten Lachsflüssen der Welt gehörte? Doch dann kam das Wirtschaftswunder. Lange galten Fische aus dem Rhein als ungenießbar, der Lachs quasi als ausgestorben, und auch der Aal hatte es mehr als nur schwer. Heute hat sich vieles gebessert. Laichtreppen, härtere Regeln zum Gewässerschutz und Besatzprogramme haben dazu geführt, dass man mit sehr viel Glück wieder Lachse im Rhein fangen und diese sogar essen kann, ohne gleich um das leibliche Wohl fürchten zu müssen. Das haben wir zumindest auch Anglern zu verdanken. Natürlich machen wir all das oder meinetwegen sogar in erster Linie, weil wir Fische fangen wollen. Aber wer macht schon etwas ohne Eigeninteresse? Die Erfahrung lehrt: meist keiner.

104. GRUND

WEIL MAN EINE PRÜFUNG ABSOLVIEREN MUSS

Wer in Deutschland angeln will, der muss eine Prüfung bei der für ihn zuständigen Unteren Fischereibehörde ablegen. Das scheint viele Außenstehende zu verwundern. Was beim Jagen jedem verständlich erscheint, wird beim Angeln als eine Art überflüssige Schikane empfunden. In keinem anderen Land der Welt, zumindest keinem, das ich kenne, muss man eine Prüfung, wie sie in Deutschland existiert, ablegen, um angeln zu dürfen. Das gilt auch für das nahe europäische Ausland. Dort wird das Angeln für gewöhnlich als eine Art Jedermannsrecht empfunden. Es ist dort in erster Linie Freizeitbeschäftigung. Um Hegemaßnahmen kümmert sich der Staat. In Deutschland hält sich der Staat in puncto Hege der Binnenfischerei erfahrungsgemäß zurück. Dagegen scheint man auf die Angler, deren Vereine und Verbände zu vertrauen. Und hier liegt selbstverständlich eine Logik, denn wer kann die Fischerei professioneller und vor allem sachnäher beurteilen als wir Angler, die teilweise tagtäglich ihre Zeit am Wasser verbringen? So gesehen, spricht vieles für den sogenannten Bundesfischereischein, welcher nur bei Nachweis einer entsprechenden Fischerprüfung vergeben wird.

Es gibt jedoch Ausnahmen von der Prüfungspflicht. Eine Prüfungspflicht gab es in Deutschland nicht immer, jedenfalls nicht in allen heutigen Bundesländern. Eine Prüfung mussten die Altscheinbesitzer aber nicht nachholen. Es gilt meines Wissens immer immer noch der Grundsatz: »Einmal Bundesfischereischein, immer Bundesfischereischein«. Und auch Ausländer, die ihre Ferien in Deutschland verbringen oder einige Zeit hier leben, dürfen ran an den Fisch. Eine befristete Erlaubnis wird zumindest dann ohne zusätzlichen Prüfungsbeleg ausgestellt, wenn der Angler nachweisen kann, dass er in seinem Heimatland zur Fischerei berechtigt wäre. Grundsätzlich lässt sich sagen, dass Kinder und Jugendliche bis zur Vollendung des 16. Lebensjahrs keinen Bundesfischereischein benötigen. Für sie wird ein Jugendfischereischein ausgestellt. Eine bloße Formalie, für die keine Prüfung benötigt wird. Der Schein berechtigt aber lediglich zum Angeln zusammen mit einem Bundesfischereischeininhaber.[28]

Eine Prüfung ist richtig und wichtig. Neben viel Sinnvollem habe ich im Rahmen meines eigenen Prüfungsvorbereitungskurses jedoch auch einiges Verrücktes erlebt. Als Teenie stand ich plötzlich in einer verrauchten Kneipe, umzingelt von deutlich älteren Herren. Der Kursleiter trug eine Cordhose und ein grünes Hemd. Reichlich Herrengedecke machten die Runde. Fragen nach modernen Angelmethoden wurden als Mumpitz abgetan, und unser Kursleiter machte nicht unbedingt einen Hehl daraus, dass er alles außer Forellen eigentlich sowieso »doof« fand. Zumindest hatte ich als Teenager diesen Eindruck. Mein absolutes Highlight war aber die Materialkunde mit völlig antiquierten Angelruten und Rollen und dilettantischer Zusammenstellung von Komponenten wie Schnur, Montage und Haken. Keine Ahnung, wo man solche Sachen bekommt, im Angelladen des 21. Jahrhunderts aber definitiv nicht. Schnell merkte ich, dass die uns vorgeführten Montagen sehr plump wirkten und moderne Montagen und Methoden, wie ich sie aus Angelläden und -magazinen kannte, gar keine Erwähnung fanden, und fragte nach. Die Antwort auf meine kecke Frage? Sie ahnen es: »Alles Mumpitz!« Bei so einem Lehrgang treffen manchmal Welten aufeinander. Das kann sehr witzig sein.

Natürlich ist die Materialkunde nur ein geringer Teil der Angelprüfung. Fisch- und Gewässerkunde sind ebenso Bestandteil und dem Inhalt nach auch nicht zu beanstanden. Was mich aber verwundert, ist die Tatsache, dass wir Angler auf der einen Seite verpflichtend mit Fachwissen im Bereich Fisch- und Gewässerkunde versorgt werden, später aber wenig bis keine Entscheidungskompetenz in den Bereichen Besatz, Entnahme und Gewässerpflege haben. Nimmt man uns nun als Organ der Fischhege ernst, oder ist die Fischerprüfung nur eine Veranstaltung fürs gute Gewissen? Darüber muss man sich offenbar noch einig werden.

Die meisten von Ihnen, die ihren Lehrgang und die Prüfung bereits hinter sich haben, werden verstehen, wovon ich rede. Denjenigen, welchen das Ganze noch bevorsteht, wünsche ich viel Spaß und natürlich Erfolg. Informationen über Lehrgänge erhalten Sie über die Internetpräsenzen der jeweils zuständigen Fischereiverbände in Ihrem Bundesland.

105. GRUND

WEIL MAN EINEM VEREIN BEITRETEN KANN

Der Verein ist dem Deutschen sehr wichtig. Das zeigt auch der Vergleich mit unseren Nachbarn. Hier sind Vereine längst nicht so beliebt wie bei uns. Zwar teilt man auch andernorts sein Hobby mit Gleichgesinnten, aber etwas so Bürokratisches wie ein Verein scheint den meisten unserer ausländischen Freunde eher fremd zu sein. Es gibt in Deutschland rund 600.000 Vereine.[29] Eine schier unglaubliche Zahl. In Deutschland leben circa 80 Millionen Menschen. Wenn jeder Verein nur etwas mehr als 130 Mitglieder aufnähme, wäre jeder Deutsche vom Säugling bis zum Greis in einem Verein organisiert. Tatsächlich sind in etwa die Hälfte aller Deutschen in Vereinen. Das Vereinswesen hat eine lange Tradition bei uns, die bis ins frühe 19. Jahrhundert zurückreicht. Und auch, wenn ich die meisten Bekannten über ihre Vereine mehr schimpfen als Gutes sagen höre, sind diese aus unserem Leben nicht mehr fortzudenken.

Der Verein (etymologisch: aus *vereinen*, *eins werden* und etwas *zusammenbringen*) bezeichnet eine freiwillige und auf Dauer angelegte Vereinigung von natürlichen und/oder juristischen Personen zur Verfolgung eines bestimmten Zwecks, die in ihrem Bestand vom Wechsel ihrer Mitglieder unabhängig ist.[30] Zumindest im Angelsport ist es mit der Zusammengehörigkeit jedoch so eine Sache, wie ich schon erklärt habe. Für viele Angler ist ein Verein nämlich nur Mittel zum Zweck. Dazu muss man wissen, dass in Deutschland ein Großteil der Gewässer in Vereinshand ist. In Ländern wie Frankreich oder Holland gibt es wesentlich mehr »freies« Wasser in privater oder staatlicher Trägerschaft. Will ein Angler an einem solchen Gewässer sein Glück versuchen, geht er zu einer offenen Verkaufsstelle, kauft sich eine Tages-, Wochen- oder Jahreskarte und ab geht's ans Wasser. In Deutschland sieht die Sache schon anders aus. Zumindest im Großraum Köln fällt mir kein einziges Gewässer ein, das nicht in Vereinshand wäre. Lediglich der Rhein verfügt größtenteils über staatliche Strecken. Wer hierzulande angeln gehen möchte, muss quasi notgedrungen in einen Verein eintreten. Das führt zuweilen zu seltsamen Situationen. Eingeschworene Gemeinschaften verweigern Fremden nach assessmentcenterähnlichen Interviews den Eintritt in den Verein. Traditionsfanatiker feinden Jungspunde an, die neben dem obligatorischen Arbeitseinsatz am Wasser nicht auch noch ihre rare Freizeit in Sommerfest, Weihnachtsfeier und sonstige Biertrink- und

Würstchenessveranstaltungen investieren wollen. Hinzu kommen teils saftige Aufnahmegebühren.

Aber natürlich erfüllen Vereine auch sehr wichtige Aufgaben. Sie übernehmen beispielsweise die Jugendförderung. Ich selbst war jahrelang als Jugendleiter in meinem Verein tätig und habe so unzählige Kinder und Jugendliche an den Fisch geführt. Auch Hegemaßnahmen sind überaus bedeutsam, denn wie schon erwähnt, ist Naturschutz unter Wasser hierzulande nach einhelliger Auffassung vor allem Anglersache. Allerdings kann ich auch diejenigen Angler gut verstehen, die von der ganzen Vereinsmeierei die Nase voll haben. Erst neulich brachte ein guter Freund das Dilemma auf den Punkt: »Ich will doch einfach nur angeln gehen!« Ja, das wäre schön, aber so einfach sind die Dinge nun einmal nicht.

Ich für meinen Teil würde mir mehr frei zugängliches Wasser wünschen. Angeln sollte in Deutschland nicht gänzlich, aber zumindest auch ohne Vereinsmitgliedschaft möglich sein. Natürlich heißt das nicht, dass ein paar Freunden das Recht verwehrt bleiben sollte, einen Teich zu pachten und einen Verein zu gründen. Anders sieht es meiner Meinung nach bei größeren Gewässern zum Beispiel in Forstgebieten oder Teichen in städtischen Parkanlagen aus. Hier ist die Hege und Pflege am Wasser ohnehin durch das Forstamt beziehungsweise die Stadt gewährleistet. Ein bisschen Fischbesatz wäre sicher auch zu regeln.

106. GRUND

WEIL ANGLER NATURSCHÜTZER SIND

Angeln und Tier- oder besser Naturschutz, passt das zusammen? Meiner Meinung nach unbedingt!

Beim Tierschutz muss man sich die Frage stellen, was wir genau schützen oder besser erreichen wollen. Geht es um das Individuum oder Artenreichtum an sich? Natürlich darf man dabei eine gewisse Ethik jedem einzelnen Lebewesen gegenüber nicht außer Acht lassen. Das Quälen von Tieren allein aus Gründen der Belustigung oder des Profits ist abscheulich. Tierschutz macht meiner Meinung nach aber insgesamt keinen Sinn, wenn das Thema allzu sehr vermenschlicht und auf das Individuum reduziert wird. Das mag für eine gute Werbekampagne taugen, hilft der Spezies insgesamt aber womöglich nicht wirklich weiter. Selbst unter Tierschützern scheint Uneinigkeit darüber zu herrschen, welche Anforderungen an den Tierschutz zu stellen sind. Die einen wollen die Tiere möglichst vor jedem Einfluss des Menschen bewahren. In ihren Augen ist das Töten von Tieren und deren Nutzung per se schlecht. Andere sind liberaler und glauben, dass Naturschutz meist nur möglich ist, wenn der Mensch weiter einen direkten Nutzen von seinem Engagement hat. Die Vorstellung, dass sich die komplette Menschheit völlig von der kommerziellen Nutztierhaltung verabschiedet und damit aufhört, auf Kosten von Tieren zu leben, scheint nicht nur mir ziemlich abwegig. Aber wenn man Menschen und ihre Interessen in Tierschutzprojekte einbindet, gelingt es vielleicht, sie aus dem Bereich der Gleichgültigkeit herauszulocken. Ein Großteil der Naturschutzreservate der Welt, auch im Wasser, baut auf einem Konzept des Gebens und Nehmens auf. Tausende Menschen besuchen jährlich Reservate, um bedrohte Tierarten zu bestaunen. Dabei rückt man den Tieren vielleicht auch schon mal etwas zu sehr auf die Pelle. In Safariparks gibt es teilweise sogar die Tiere als Grillfleisch zu essen, welche man zu bestaunen eigentlich erst angereist ist. Dieser Zoocharakter und die scheinbare Widersprüchlichkeit sorgen häufig für Streit. Meiner Meinung nach muss man sich aber nur eine Frage stellen, um zu erkennen, ob das Projekt nun verwerflich oder hilfreich ist. Wie wäre der Effekt ohne Tourismus? Würden ähnlich viele Tiere geschützt? Ließe sich all das durch Spenden von Menschen finanzieren, die von ihrem Engagement keinen direkten Nutzen haben und die Früchte ihres Beitrags noch nicht einmal live miterleben dürfen? Das kann ich mir beim besten Willen nicht vorstellen.

Für mich ist Tierschutz daher nicht gleich Naturschutz. Ich persönlich glaube nicht, dass der Mensch alleine aus der Möglichkeit heraus, ohne das Töten von Tieren oder deren Nutzung leben zu können, automatisch die Pflicht hat, dies auch zu tun. Zumindest der Schutz der Natur, und dazu gehört selbstverständlich auch der Schutz der Tiere, die in ihr leben, ist aber unsere ureigenste Pflicht.

Angeln ist also vielleicht kein Tierschutz, Naturschutz ist es aber trotzdem. Natürlich wäre es dem Fisch im Wasser wahrscheinlich lieber, man würde ihn nicht herausangeln. Ehrlicherweise muss man aber auch einräumen, dass es ihn ohne Angler wahrscheinlich erst gar nicht gäbe. Angler kümmern sich um einen ausgewogenen Bestand. Sie sorgen dafür, dass genügend, aber nicht zu viele Fische in den Gewässern umherschwimmen und eine ausgewogene Artenvielfalt herrscht. Hiervon profitieren auch Wasservögel und die Gesundheit des Gewässers. Angler nehmen häufig die Bepflanzung mit Schilf und Seerosen an den Uferstrecken vor. Fehlt es an geeigneten Laichmöglichkeiten, werden diese künstlich geschaffen.

Aber kommt die Natur nicht viel besser ohne unseren Eingriff aus? In einigen Fällen eben nicht. Bei vielen Gewässern handelt es sich um künstliche, durch den Menschen geschaffene oder veränderte Lebensräume, die einer besonderen Pflege bedürfen. Wenn zum Nutzen der gesamten Natur ein paar Fische geangelt werden, ist das die Sache meiner Meinung nach wert. Oder glauben Sie, irgendwer würde sich für die Unterwasserwelt ehemaliger Kiesgruben interessieren, wenn es nicht ein paar verrückte Angler gäbe?

Natur und Kreatur sollten möglichst wenig beeinträchtigt werden. Grob gesagt, gelten daher folgende Mindestanforderungen beim Fischfang: Montage und Haken werden in der Regel so gewählt, dass der Fisch bestenfalls im vorderen Bereich der Lippe gehakt und damit möglichst wenig verletzt wird. Beim Angeln auf Friedfische sind Haken mit mehreren Spitzen absolut tabu. Der

Fisch wird nicht an der Angel aus dem Wasser gehoben oder an Land gezogen – auch wenn man das umgangssprachlich so sagt –, sondern zusätzlich mit einem Kescher eingefangen. Will, muss oder darf man den Fisch zum Verzehr mit nach Hause nehmen, wird der Fisch mittels Schlag auf den Kopf betäubt und sofort per Herzstich getötet.

Was das Thema »waidgerecht« angeht, scheinen aber vor allem die US-Amerikaner anderer Auffassung zu sein. Jedenfalls, wenn man den Fotos und Videos in den Medien und Facebook glauben schenken möchte. In Amerika ist der Schwarzbarsch Sportangelfisch Nummer eins. Obwohl es in den USA auch Karpfen gibt, galten und gelten diese immer noch bei vielen als minderwertig. Viele Amerikaner stehen auf Jagen und vor allem Schießen. Ich glaube, das kann man so ganz wertfrei feststellen. Auch das Jagen mit dem Bogen ist beliebt und anscheinend auch erlaubt. Alleine das wäre in Deutschland wohl undenkbar. Denn hier liegt das oberste Gebot beim Jagen meiner Kenntnis nach darin, die Beute möglichst schnell und schmerzfrei zu erlegen. Dafür ist ein Pfeil im Vergleich zu einer Gewehrkugel denkbar ungeeignet. Die Bogenschützen machen aber nicht nur auf Säugetiere Jagd, auch das Schießen auf Karpfen ist beliebt. Dabei geben die relativ großen, sich an der Gewässeroberfläche sonnenden Karpfen ein äußerst gutes Ziel für die Bogenschützen ab. Ist der Fisch mit dem harpunenartigen Pfeil getroffen, wird er mit einer am Bogen angebrachten Seilwinde eingekurbelt. Schnell noch ein Foto mit der Beute, und ab gehts ... in die Mülltonne, denn als Speisefisch taugt der Karpfen den US-Amerikanern und, ehrlich gesagt, vielen Deutschen in der Regel nicht. Ein grausamer Trend aus Übersee, der glücklicherweise noch keine Nachahmer in Deutschland gefunden hat.

Da kann ich dem Sportangeln, wie es vor allem in England betrieben wird, schon sehr viel mehr abgewinnen. Auch hier landen die mit der Angel gefangenen Fische oft nicht auf dem Teller. Dafür aber wenigstens wieder lebendig in ihrem nassen Element. Dabei achtet man penibel darauf, dass die Fische möglichst wenig bis gar keinen Schaden nehmen. Geangelt wird vorzugsweise mit Haken ohne Widerhaken. Die gefangenen Fische werden an Land auf eine Art Luftmatratze, die sogenannte Abhakmatte, gelegt. Nachdem der Haken entfernt wurde, werden die ihm verursachten, aber auch die eventuell schon vorhandenen Wunden mit einem Antiseptikum versorgt. Danach wird der Fisch zurück ins Wasser gesetzt, nicht geworfen!

107. GRUND

WEIL ES CATCH & RELEASE GIBT

»Catch & Release« bedeutet »Fangen & Zurücksetzen«. Das Konzept beschreibt eine unter Anglern auf der ganzen Welt verbreitete Praxis. Demnach sollen Angler zumindest einem Teil ihres Fangs – insbesondere seltenen oder großen Exemplaren – wieder die Freiheit schenken. Dies soll die Fanggründe schonen und so zur Nachhaltigkeit der Fischerei beitragen. Catch & Release meint daher mehr die selektive Entnahme von Fischen als das generelle Zurücksetzen jedes gefangenen Exemplars, was wohl eher als Trophäenangeln bezeichnet werden muss.

So oder so entfernt sich das moderne Angeln immer weiter vom Zweck des Nahrungserwerbs, was zumindest in Deutschland für einigen rechtlichen Zündstoff sorgt. Gemeinhin wird behauptet, das Zurücksetzen maßiger Fische – damit meint der Angler jene Exemplare, die das gesetzlich vorgeschriebene Mindestmaß haben – sei hierzulande verboten und sogar strafbar.

Bei der Frage der »mutmaßlichen« strafrechtlichen Relevanz von Catch & Release steht § 17 Nr. 2 b TierSchG im Mittelpunkt der Debatte. Demnach wird mit Freiheitsstrafe bis zu drei Jahren oder mit Geldstrafe bestraft, wer einem Wirbeltier länger anhaltende oder sich wiederholende erhebliche Schmerzen oder Leiden zufügt.

Eine einheitliche und feststehende Definition für Schmerzen im Sinne des Tierschutzgesetzes gibt es bis dato nicht. Zurückgegriffen wird weitestgehend auf die Definition der »International Association for the Study of Pain«, wonach Schmerzen unangenehme sensorische und gefühlsmäßige Erfahrungen sind, die mit akuter oder potenzieller Gewebeschädigung einhergehen oder in Form solcher Schädigungen beschrieben werden.[31] Eine tiefer gehende Aufführung der verschiedenen rechtlichen Standpunkte würde hier zu weit gehen. Es bleibt aber festzuhalten, dass in der Wissenschaft in der Frage, ob Fische überhaupt fähig sind, Schmerzen zu empfinden, bis dato Uneinigkeit herrscht.

Gleiches gilt für die Leidensfähigkeit von Fischen, obschon die Gerichte diese wohl meist annehmen. Die Rechtsprechung definiert »Leiden« als alle nicht bereits vom Begriff der »Schmerzen« umfassten Beeinträchtigungen im Wohlbefinden, die über schlichtes Unbehagen hinausgehen.[32] Unter »Leiden« in diesem Sinne sind vornehmlich der Wesensart des Tieres zuwiderlaufende, instinktwidrige und vom Tier gegenüber seinem Selbst- oder Arterhaltungstrieb als lebensfeindlich empfundene Einwirkungen und Beeinträchtigungen des Wohlbefindens zu verstehen, welche in Verhaltensstörungen und Verhaltensanomalien ihren Ausdruck finden können.[33] Tatsächlich kann der Fang von Fischen deren Verhalten nach dem Fang zumindest kurzfristig negativ beeinflussen.

Ich persönlich glaube nicht, dass Fische so komplex wie zum Beispiel Säugetiere empfinden können, sonst würde ich sicher nicht angeln gehen. Geht man aber allen Zweifeln zum Trotz davon aus, dass Fische Schmerz oder Leid empfinden können, so muss dieser/dieses auch länger anhaltend sein. Der Zeitrahmen, der durch den Drill und das anschließende Zurücksetzen eines Fisches in Anspruch genommen wird, erscheint dafür aber kaum ausreichend, insbesondere, weil viele Studien gezeigt haben, dass sich einige Fischarten rasch vom Drillvorgang erholen.[34] Karpfen beispielsweise sind äußerst robust und überstehen selbst längere Landgänge, ohne Schaden zu nehmen.

Allerdings wurden bereits Angler verurteilt, die ihre gefangenen Fische zurückgesetzt haben. Es sei aber erwähnt, dass es sich hierbei in erster Linie um Sachverhalte handelte, in denen die Angler ihren Fang über längere Zeit hälterten, vermaßen, wogen und fotografierten. Oft wird als einzig möglicher Rechtfertigungsgrund für das Angeln von Fischen deren anschließender Verzehr angeführt. Das ist aber nicht ganz richtig. Grundsätzlich sind auch Gründe wie zum Beispiel Hegemaßnahmen (wertvolle Laichfische oder Bestandsschutz) als Rechtfertigung des Catch & Release denkbar. Auch wird man von keinem Angler verlangen können, dass er einen Fisch tötet, wenn er ihn später nicht verwerten kann.

108. GRUND

WEIL EIN SCHLECHTER ANGELTAG BESSER ALS EIN GUTER ARBEITSTAG IST

Diese Überschrift klingt banal, aber wir Angler meinen das wirklich ernst. Es gibt auch unzählige Aufkleber, die von unserer Leidenschaft zeugen. Achten Sie bei Ihrer nächsten Autofahrt einfach einmal auf die vorausfahrenden Autos. Legendär ist der Aufkleber der Firma Jenzi, der den Leser auffordert: »Eat, sleep, go fishing«, oder der unter Junganglern äußerst beliebte Aufkleber und T-Shirt-spruch »Fuck the world go fishing«. In England sind Tassen, Fußmatten und Schilder mit dem Ausspruch »Born to fish, forced to work« der Verkaufsschlager in der Weihnachtszeit. All diese Sprüche bringen eines zum Ausdruck: Wir Angler meinen es wirklich sehr, sehr ernst mit unserem Hobby, oder sollte ich besser sagen mit unserer Passion? Nicht ganz zu Unrecht spricht man daher auch vom »Anglervirus«. Wer ihm verfallen ist, kann an nichts anderes mehr denken außer an das eine, fast wie bei einer Drogensucht.

Eine so starke Leidenschaft kann natürlich zu vielen Konflikten mit dem eigenen Umfeld führen. Das gilt ganz besonders für den Job. Denn leider ist Angeln nicht nur viel reizvoller als ein Tag im Büro, es kostet leider auch sehr viel Zeit. Ich kann von diesem Kampf mit dem inneren Schweinehund ein Liedchen singen. Während meines Abiturs konnte ich mich noch gerade so zusammenreißen, regelmäßig den Unterricht zu besuchen, statt zum Angeln zu fahren. Als ich endlich den Führerschein und ein eigenes Auto hatte, führte das aber zwangsläufig dazu, dass ich die Nächte am See und die Tage in der Schule verbrachte. Mit gerade mal 18 Jahren steckt man so was körperlich locker weg, was ich von meinen Mitschülern allerdings nicht unbedingt behaupten kann. Der Geruch von Fischschleim löst bei Nichtanglern nicht unbedingt Begeisterung aus. In der Uni wurde es dann noch schlimmer. Meine Zeit konnte ich mir nun selbst einteilen. Was meinen Sie, wozu mir die Stimme in meinem Kopf meist geraten hat? »Los, fahr ans Wasser, heute könnte der Fisch deines Lebens anbeißen!« Ich denke, ich kann von mir ohne Zweifel behaupten, dass ich in der Anfangszeit meines Studiums mehr Nächte im Jahr am Wasser als im eigenen Bett verbracht habe. Den Vergleich von Angelzeit und Zeit in Vorlesungen stelle ich lieber gar nicht erst auf. Später hat mich dann doch die Vernunft eingeholt. Einen Abschluss in Jura kann man sich bekanntlich nicht erschlafen und erst recht nicht erangeln.

Einige meiner Kollegen scheinen das Thema Work-Fishing-Balance weniger gut in den Griff bekommen zu haben. Nicht wenige richten Beruf und Familie nach dem Angeln aus, nicht umgekehrt. Einige rühmen sich sogar damit, dass sie weniger zu Hause bei ihrer Familie schlafen als am See. Immer wieder bringt das Ringen um mehr Zeit für das Angeln aber auch sehr lustige Anekdoten mit sich. Ein sehr guter Freund von mir sorgt damit regelmäßig für Gesprächsstoff. Erst kürzlich erreichte mich sein Notruf mittags mitten in der Woche. »Komm sofort an den See, und bring mir bitte etwas zum Anziehen mit!«, sagte er nur knapp. Am See angekommen, konnte ich dann nicht anders, als in brüllendes Gelächter auszubrechen. Vor mir stand mein Freund in seinem klitschnassen Business-Anzug. In der Mittagspause, zwischen zwei Geschäftsterminen, hatte er »nur mal kurz« (der geneigte Leser muss hier sicher schmunzeln) ans Wasser fahren wollen, um anzufüttern. Dabei musste er die leidige Erfahrung machen, dass die übergestülpten Watstiefel nicht in ausreichender Relation zur Gewässertiefe standen. Den anschließenden Geschäftstermin hat er verpasst, dafür aber am nächsten Tag einen tollen Karpfen auf dem angefütterten Platz gefangen. Man muss schließlich Prioritäten setzen!

109. GRUND

WEIL ES PLEITEN, PECH UND PANNEN GIBT

»Erst hatten wir kein Glück, und dann kam auch noch Pech dazu.« Diese Überschrift passt nicht nur zu einem Angelerlebnis, an das ich mich erinnern kann. Beim Angeln passieren häufig die verrücktesten Dinge. Zwei Erlebnisse werde ich aber sicher nie vergessen:

DIE GEHAKTE SCHULTER

Heute lache ich darüber, doch es hätte auch schiefgehen können. Ich war noch nicht ganz trocken hinter den Ohren, und erst kurz zuvor war ich während eines Sommerurlaubs dem Karpfenangeln verfallen. Nun wollte ich mein Glück auch in der Heimat auf die Probe stellen. Also zog ich zusammen mit meinem Angelkumpel los, um an unserem Vereinsgewässer auf Karpfen zu angeln. Der See war riesig, und so beschlossen wir, weit in der Mitte des Sees zu fischen, was, wie ich heute weiß, völliger Blödsinn war. Mehrmals versuchte ich, mit aller Kraft die Angel auszuwerfen, um das Grundblei samt Köder so weit wie möglich in Richtung Seemitte zu katapultieren, doch es gelang mir nicht. Schließlich bat ich meinen Freund darum, für mich auszuwerfen, schließlich war er der erfahrenere Karpfenangler von uns beiden. Philipp ließ sich selbstverständlich nicht lumpen. Er brachte sich neben mir in Stellung, holte weit und kräftig aus und riss die Rute nach vorne. Plötzlich spürte ich einen kräftigen Schlag an meiner linken Schulter, ich wurde nach vorne gerissen und landete auf der Nase. Irritiert starrte ich Philipp an, der wiederum mit gleichzeitig entsetzter und entschuldigender Miene zurückblickte. Philipp hatte mir doch glatt aus Versehen die Montage in den Rücken gepfeffert. In der Schulterpartie meines Bundeswehrparkas steckte noch der Angelhaken. Die Schnur war gerissen, das 100 Gramm schwere Blei musste nur knapp meinen Kopf verfehlt haben. Später lachten wir über den Dusel, den wir gehabt hatten, aber uns beiden war auch klar, dass so eine Aktion auch böse Folgen haben kann.

DER GEFANGENE HUND

Eigentlich hätten wir es besser wissen müssen, werfe ich uns immer wieder in Gedanken vor, als wir um zwei Uhr morgens mitten im Nirgendwo in einer Klinik vor dem OP sitzen. Der Patient heißt Lilly und ist die französische Bulldoggendame meines Kumpels Jan, mit dem ich noch vor 20 Minuten am Wasser gesessen und geangelt hatte. Eigentlich war alles bestens gelaufen. Einen Fisch nach dem anderen hatten wir gefangen, und ein Ende war nicht in Sicht. Bei dem Spektakel stets dabei war Lilly. Munter hüpfte sie um uns herum und versuchte, die gefangenen Fische abzuschlecken. Jan hatte sie zuvor schon oft mit zum gemeinsamen Angeln genommen.

Doch dann war alles schiefgelaufen. Wir hatten gerade wieder einen Fisch gefangen, saßen im Zelt und bereiteten alles für das erneute Auswerfen vor, als Jan mich fragte, ob ich Lilly gesehen hätte. Die war nicht im Zelt und auch sonst nirgends zu hören. Auch auf unser Rufen antwortete der Hund mit keinem Bellen.

Also stand Jan auf, ging zu seinen Ruten und stieß plötzlich einen markerschütternden Schrei aus. Wie von der Tarantel gestochen und mit einer bösen Vorahnung im Kopf rannte ich zu den Ruten. Jan hielt Lilly in den Armen und aus ihrem Maul baumelte das Vorfach einer Karpfenmontage. Wir sind keine Idioten. Selbstverständlich hatte Jan, bevor er die Angel aus den Augen gelassen hatte, Haken und Köder an einem Rutenring gesichert, doch irgendwie hatte der Hund es geschafft, an den aufgestellten Ruten hochzuspringen und den Köder herunterzuschlingen. Dann ging alles ganz schnell. Ich trennte Hauptschnur und Vorfach voneinander und rannte mit Lilly auf dem Arm zusammen mit Jan zu dessen Auto. Was folgte, war eine halsbrecherische Fahrt à la *Alarm für Cobra 11*, während meine zuvor aus dem Bett geklingelte Mutter Jan per Telefon zum Tierarzt manövrierte. Eine Stunde nach unserer Ankunft in der Klinik war dann klar: Lilly hatte überlebt, und außer einem großen Loch in Jans Geldbörse würden das Ganze keine negativen Folgen hinterlassen. Solche Erlebnisse schweißen zwar zusammen, dennoch kann ich in Zukunft gerne darauf verzichten.

110. GRUND

WEIL ES ANGLERWITZE GIBT

Gleich vorweg. Angler haben nichts gegen Ironie, solange es Selbstironie ist. Außenstehende sollen gefälligst über etwas anderes lachen. Wir Angler halten es wie die Kölner beim Karneval (ich weiß, wovon ich rede, ich bin beides) – wir nehmen das Ganze sehr ernst!

Als Klassiker fallen mir vor allem Karikaturen ein. Zum Beispiel ein angelndes Skelett im Regenmantel. Haha, so lange dauert es also, bis ein Fisch anbeißt. Oder ein Männlein, das sich beim Auswerfen mit dem Haken im eigenen Hosenboden verhakt. Auch sehr einfallsreich. Ich glaube, wenn ich noch einmal einen Film sehe, bei dem ein erfolgloser Angler einen alten Stiefel am Haken hat, schmeiße ich den Fernseher ein. Mehr Klischee geht wirklich nicht!

Dann doch lieber ein T-Shirt mit der Aufschrift »Abhackmatte« oder »Swinger Club«, aber das versteht ein Nichtangler natürlich nicht.

Es gibt ganze Bücher und Internetseiten, die sich Anglerwitzen widmen. Eine gewisse Zielgruppe scheint es also zu geben. Daher im Folgenden einige ganz manierliche Klassiker:

- Kommt eine Frau zum Angler und fragt: »Und, beißen die Fische?« Der Angler antwortet: »Nein, Sie können sie ruhig streicheln!«
- »Haben Sie die Fische, die Sie hier im Eimer haben, alle allein gefangen?« – »Nein, ich hatte einen Wurm, der mir dabei geholfen hat.«
- Fragt der Passant den Angler: »Beißen Sie?« Darauf der Angler: »Nur, wenn Sie mich weiter beim Angeln stören.«
- »Sind Fische gesund, Herr Doktor?« – »Ich glaube schon, bei mir war jedenfalls noch keiner in Behandlung.«
- Treffen sich zwei Regenwurmfrauen. Fragt die eine: »So alleine? Wo ist denn Ihr Mann?« Schluchzt die andere: »Beim Angeln!«
- Sagt der Barsch zum Dorsch: »Du, ich glaube, ich bin krank!« – »Dann schwimm doch schnell zum Heilbutt!«
- »Gib einem Mann einen Fisch, und du hast ihn für einen Tag satt gemacht. Zeig ihm, wie man angelt, und du bist ihn jedes Wochenende los.«
- Anglergebet: »Herr, lass mich fangen einen Fisch, und so groß sei diese Gabe, dass ich nachher in der Kneipe keine Not zu lügen habe.«
- »Möchten Sie den Fisch blau essen?« – »Nein, servieren Sie erst den Fisch und dann den Schnaps.«

🎣 »Weißt du, was ich vorhabe, wenn ich mal Pensionär bin?«, fragt der Beamte seine Frau. »Nein, was denn?« – »Die ersten drei Tage werde ich im Angelstuhl sitzen.« – »Und dann?« – »Dann werde ich ganz langsam anfangen zu angeln.«[35]

111. GRUND

WEIL MAN EINEN VERSTÄNDNISVOLLEN PARTNER BRAUCHT

Wie bei jedem ausgefallenen Hobby ist es auch beim Angeln erforderlich, jemanden an seiner Seite zu haben, der die eigene Leidenschaft unterstützt. Der jeweilige Partner braucht nicht nur sehr viel Verständnis, Geduld und manchmal starke Nerven, sondern sollte auch ein paar andere Qualitäten und gegebenenfalls Haushaltsgegenstände mitbringen.

Wenn es an die Planung eines Angelausflugs geht, entwickeln Angler gerne eine neue Zeitrechnung, an die sich der Partner zunächst gewöhnen muss. So bedeutet »Ich bin einen Tag am See« meist, dass der geneigte Angler für eine *Nacht* an den See fährt. Dies beinhaltet selbstredend die frühzeitige Anreise am Tag vor der Nacht (möglichst morgens), damit die passende Stelle noch nicht besetzt ist, und die späte Abreise am Tag nach der Nacht (möglichst abends), um seine Chancen so lange wie nur irgend möglich aufrechtzuerhalten. Ganz logisch muss im Vorfeld (also einen Tag vor Anreise) noch das Auto gepackt, Angelgerät sortiert, der Einkauf gemacht (denn für »einen Tag« braucht man ja natürlich eine Menge Verpflegung) und die detaillierte Planung mit den möglicherweise mitreisenden Angelkollegen durchgesprochen werden. Auch nach der Rückkunft des Anglers bedarf es eines weiteren Tages, um das »Tackle« wieder zu reinigen und liebevoll an seinen angestammten Platz zu legen. Somit ergibt sich ein Zeitbedarf von nicht weniger als vier Tagen für »einen Tag« angeln.

Auch im täglichen Leben kann das Hobby »Angeln« eine große Rolle spielen. Es gibt nämlich einen direkten Einfluss auf die Gestaltung des Alltags. Beim Kauf unseres letzten Autos wurde lange gesucht, viel diskutiert und schließlich ein Kompromiss geschlossen. Denn nichts ist wichtiger, als dass alle, aber auch wirklich alle Angelsachen in das Auto passen. Möchte der Partner vielleicht mit einem praktischen Kleinwagen durch die City düsen, um überall einen Parkplatz zu finden, bedarf es bei dem ein oder anderen Angelausflug doch eines größeren Gefährts. Unsere Wahl fiel somit auf einen etwas kleineren Kombi, bei dem sich glücklicherweise die Rückbänke umklappen lassen, wodurch genügend Stauraum entsteht. Neben der Anschaffung eines Zweitwagens sind mögliche andere (für mich) denkbare Lösungen, von denen manche Angler jedoch eventuell nicht begeistert wären: Kleinwagen mit Anhängerkupplung oder aber Cabrio (sodass die Angelsachen einfach aus dem Dach herausragen können). Wenn ein »normales« Auto nicht mehr ausreicht, muss man zu größeren Fahrzeugen oder anderen Mitteln greifen. So hat sich ein befreundeter Angler doch glatt mit viel Liebe und Geschick einen Träger gebastelt, mit dem er ein ganzes Boot auf dem Dach seiner Familienkutsche transportieren kann.

Nicht nur auf die Wahl des Autos, sondern auch auf die Wahl des geeigneten Wohn- oder Urlaubsorts hat das Hobby der lieben Angler einen nicht zu mindernden Einfluss. So wird bei der Suche nach geeignetem Wohnraum insbesondere auf Verstauungsmöglichkeiten für Angelsachen Wert gelegt. Denn viele Sachen bedürfen auch vieler Verstauungsmöglichkeiten. Wer meint, der gemeine Angler kommt mit einer Rute aus, der liegt falsch! Neben der Ersatzrute und der Ersatzrute für die Ersatzrute muss natürlich auch dem Zustand Rechnung getragen werden, dass man an den meisten Seen mit drei oder gar vier Ruten gleichzeitig fischen darf. Dies führt zu einer beachtlichen Masse an Equipment, wenn man noch die anderen nötigen Dinge wie zum Beispiel Zelte, Stühle, Kescher und, und, und hinzuaddiert. Ob dieses nun in einem eigens dafür eingerichteten Kellerraum, einer Garage, die im Anschluss natürlich kaum noch geeignet ist, um dort ein Auto zu parken, oder gleich in beiden Räumlichkeiten untergebracht wird, spielt für die meisten Angler dabei glücklicherweise nicht die größte Rolle. Hauptsache, ihre Schätze liegen sicher verwahrt an ihrem Platz, wo sie auf den nächsten Einsatz warten.

Neben speziellen Angelreisen, seien es Nachtausflüge oder gar wochenlanges Angeln an sogenannten Pay-Lakes – private und professionell bewirtschaftete Gewässer, an denen man für nicht wenig Geld exklusiv Angelplätze mieten kann –, gibt es natürlich für den Angler noch die Möglichkeit, das Fischefangen geschickt in den Familienurlaub zu integrieren, oder aber – noch geschickter – den Angelausflug als romantisches Wochenende am See zu tarnen. Wenn die kleine »Trickserei« auffällt, ist man ja schon am Urlaubsort … und der kann wie bereits im 71. Grund (»Weil man überall auf der Welt angeln kann«) erläutert, theoretisch *überall* liegen. Sicherlich gibt es den ein oder anderen Fleck auf der Erde, der besser oder schlechter zum Angeln geeignet ist, aber ich habe noch keinen Urlaubsbericht von befreundeten Anglern gehört, bei dem nicht erwähnt wurde, dass man in dem Urlaubsort auch hätte angeln können oder sogar geangelt hat. So ist zum Beispiel ein befreundetes Pärchen nach Gran Canaria in einen der ersten gemeinsamen Urlaube gestartet. Zur Freude der nicht angelnden Freundin befand sich im Gepäck, nebst Ködern und Haken, auch eine kleine »Reise-Angel«. (In der Tat werden speziell für solche Fälle auf kleinstem Raum verstaubare Ruten gefertigt, die allerdings anscheinend nicht geeignet sind, im regulären Angelalltag eingesetzt zu werden. Denn sonst würde sich nicht nur die Problematik der Autowahl, sondern möglicherweise auch die Kellerfrage von alleine lösen.) Nach einigen Tagen Strandurlaub wurde dann also ein Mietwagen gekapert, und los ging es auf die holprige Fahrt ins Landesinnere zu einem der Seen, wo dann auch gleich das Glück erfolgreich auf die Probe gestellt wurde.

Auch während unserer eigenen Hochzeitsreise durch Südafrika stellte sich heraus, dass neben Safari, Sightseeing und Strand das Spinnfischen einen interessanten Höhepunkt des Landes darstellt. Sogar ganz bürokratische Dinge, wie zum Beispiel der Abschluss einer Hausratversicherung, werden mit einem Angler in der Familie zum Erlebnis. So ist selbstverständlich die Frage, ob und wie die wertvollen Angelsachen versichert sind, zentraler Diskussionspunkt.

Auch soll es Angler geben, die regelmäßig ihre gefangenen Fische mit nach Hause bringen, wo sie dann entweder vom Angler selbst oder aber von einem versierten Partner zu essbaren Stücken verarbeitet werden. Wie verzehrbar das Ganze ist, hängt natürlich von dem jeweiligen Angelgeschick ab. So habe ich schon von einer Familie gehört, die dosenweise eingelegte Fische und gefrorene Fischfrikadellen ihr eigen nennt, da die mitgebrachten Fische leider nicht zum bloßen Grillen oder Braten geeignet waren. Ein Umstand, dem natürlich auch bei der Wahl der Küchenausstattung Rechnung getragen werden sollte. Möglichst sollte man mindestens eine, wenn nicht sogar zwei riesige Kühltruhen im Haus haben. Denn idealerweise kann der Angler so seine (fischig riechenden) gefrorenen Köder separat vom sonstigen tiefgefrorenen Essen aufbewahren. Ideal wäre auch der Besitz spezieller Küchengeräte zum Erstellen von Ködern. Seien es modifizierte Fleischwölfe zur Verarbeitung diverser Futtermittel oder aber Zehn-Liter-Töpfe zum Einkochen der verschiedensten Körner. Hilfreich ist in diesem Zusammenhang auch eine tendenzielle Toleranz gegenüber diversen Gerüchen, die bei der Erstellung und dem Transport von Ködern durch das Haus, die Wohnung, das Auto oder die Garage wabern.

Trotz dieser widrigen Umstände soll es tatsächlich Menschen geben, die mit den oben beschriebenen Anglern den Alltag verbringen und das sogar recht glücklich ... was ist also das Geheimnis? Sind die jeweiligen Partner so abgestumpft? Haben sie sich womöglich an die Gerüche und örtlichen Begebenheiten gewöhnt? Im

Gegenteil! Die Leidenschaft und Hingabe, mit der Angler ihr Hobby zu einem Bestandteil ihres Lebens machen, ist so ansteckend und mitreißend, dass sie den Partner häufig dazu verleiten, das Hobby genauso zu lieben wie »ihren« Angler und somit auch die ein oder andere Schwäche hinzunehmen. Und seien wir mal ehrlich, ist es denn nicht auch manchmal etwas schwierig nachzuvollziehen, welche Marotten und Merkwürdigkeiten wir selbst an den Tag legen? So wird beispielsweise meine Leidenschaft, Schuhe und Taschen zu »sammeln«, stillschweigend akzeptiert und höchstens mal mit einem belustigten Kommentar festgestellt, dass der Schrank, aus dem »nichts zum Anziehen« hervorgeht, doch voll sei.[*]

---

[*] *Dieser letzte Grund wurde von der Ehefrau des Autors verfasst. Die beiden sind seit mehr als zehn Jahren zusammen und seit mittlerweile mehr als zwei Jahren glücklich verheiratet.*

Kapitel 12

DIE BONUSGRÜNDE

Nur
noch
ein
Wurf
(dann
können
wir
einpacken)

1. BONUSGRUND

WEIL MAN FISCHE AUCH OHNE HAKEN FANGEN KANN

Denken Sie jetzt bitte nicht gleich an den Fischfang mit Netzen. Wir Angler fangen unsere Fische natürlich standesgemäß mit der Angelrute. Den Fischfang mit Netzen überlassen wir lieber unseren professionellen Kollegen, den Berufsfischern. Und trotzdem gibt es eine Angelmethode, bei der zwar eine Art Angel, aber eben doch kein Haken benutzt wird. Gemeint ist das Pöddern, eine altertümliche Angelmethode, die selbst bei Anglern zunehmend in Vergessenheit gerät.

Das Pöddern stammt aus dem norddeutschen Raum. Gepöddert wird auf Aal und das – wie schon gesagt – ganz ohne Haken. Das Setup ist so einfach wie genial. Die Aale werden mit einem dicken Wurmbündel angelockt, das aus einem Bindfaden besteht, auf den Tauwürmer der Länge nach aufgezogen werden. Sobald sich ein Aal mit seinen feinen Bürstenzähnen in den Fäden des Pödders verbeißt, sind Eile und Fingerspitzengefühl zugleich gefordert. Mit dem sogenannten Pödderstock wird der Fang sanft an die Oberfläche bugsiert und dann über einem bereitstehenden Behältnis abgeschüttelt.

Angeln ist ein Materialsport, bei dem zunehmend eine Unmenge Hightech eingesetzt wird, die im Übrigen nicht gerade günstig ist. Pöddern ist dagegen Angeln in seiner ursprünglichsten Form. Das Gerät ist äußerst einfach gehalten und die Kosten sind daher mehr als überschaubar. Als Pödderstock dient ein teleskopierbarer Kescherstab oder eine schnöde Bambusstange. Je steifer und unnachgiebiger der Stock ist, desto besser. Hier herrschen im Gegensatz zum normalen Angeln also verkehrte Welten. Je wackeliger der Pödderstock, desto höher wäre die Gefahr, dass der Aal beim Landeversuch zu früh abgeschüttelt wird.

Der Köder ist ein wahrer Aalmagnet. Aale verfügen über einen fantastischen Geruchssinn. Auf ein so großes Wurmbündel trifft der Aal unter Wasser zudem nicht alle Tage. Einem solchen Leckerbissen können die Aale daher kaum widerstehen. An einem normalen Angelhaken könnte man eine solche Menge Köder niemals vernünftig präsentieren. Ködertechnisch ist das Pöddern dem normalen Angeln also gewissermaßen überlegen.

Als Hauptschnur eignet sich am besten eine starke geflochtene, welche direkt an die Spitze des Stocks gebunden wird. Eine Angelrolle benötigt man beim Pöddern dagegen nicht. Über eine dehnungsarme Schnur übertragen sich die Anbisse der Aale am besten. Dabei sollte die Schnur möglichst nicht viel länger als der Pödderstock selbst sein, da man sonst Probleme bei der Landung bekommen würde. Hier gilt das gleiche Prinzip wie beim Einsatz einer Kopfrute. Da immer in direkter Ufernähe gepöddert wird, dürfte die Gewässertiefe aber nur in den seltensten Fällen Probleme bereiten.

Am unteren Ende der Schnur wird ein spezielles Pödder-Blei angeknotet, welches an beiden Enden über eine Öse verfügt. An der noch freien Öse wird dann das Tauwurmbündel befestigt. Notfalls kommt man aber auch mit einem handelsüblichen Tropfenblei oder einem auf die Schnur gefädelten und per Stopperknoten fixierten Sargblei zurecht.

Pöddern klingt einfach, doch man benötigt Fingerspitzengefühl. Das gilt für den Angelvorgang selbst und ebenso für die Vorbereitung des Köders. Zum Präparieren des Tauwurmbündels braucht man eine stabile Ködernadel und einen dicken Bindfaden. Auf diesen werden mit der Ködernadel zwei bis drei Dosen Tauwürmer der Länge nach aufgezogen. So entsteht ein Riesenwurm von circa ein bis zwei Metern Länge. Nun werden die beiden Enden miteinander verknotet und der Ring in kleinen Schlaufen über der Hand zusammengelegt. So entsteht ein dickes Wurmbündel. Schließlich befestigt man das Bündel an der freien Öse des Pödder-Bleis – fertig.

Das Behältnis zum Abschütteln der Aale sollte mit Bedacht gewählt werden. Aale sind sehr agil und nicht wenige sind ihren

Fängern nach der vermeintlich sicheren Landung aus dem Kescher oder Eimer ausgebüchst und zurück ins Wasser entflohen. Als Aalgefängnis eignen sich große Kescher mit feinen Maschen oder aufblasbare Kinderplanschbecken. Letztere sind zwar nicht sehr hoch, doch die glatte Oberfläche des Planschbeckenrandes stellt für den Fang ein nur schwer überwindbares Hindernis dar. Das Becken wird so dicht wie möglich neben dem Pödder platziert, damit ja nichts daneben landet.

Pöddern ist im Prinzip Grundangeln, wobei die Schnur ständig gespannt sein sollte, um Bisse besser erkennen zu können. Durch rhythmisches Heben und Senken lässt man das Wurmbündel über den Grund tanzen. Hierdurch verteilt sich der Duft der Tauwürmer besser im Wasser. Zusätzlich reizt die Bewegung des Köders. Sobald sich ein Aal in dem Wurmbündel verbissen hat, folgt der schwierigste Teil der Übung, die Landung. Es braucht schon einige Lehrstunden, bis es Anfängern gelingt, den Fang mit einer sanften, schwungvollen, aber dennoch ruckfreien Bewegung aus dem Wasser zu befördern. Sobald der Aal die Wasseroberfläche erreicht, wird er instinktiv versuchen, das Tauwurmbündel loszulassen. Hat man den richtigen Schwung erst einmal raus, fällt der Fisch bestenfalls genau im richtigen Moment von selbst ab und landet direkt im Aalbehältnis.

Am besten pöddern lässt sich dort, wo man reichlich Aale findet, also vor allem an leicht fließenden Gewässern in Norddeutschland. Um anständig pöddern zu können, sollten die Jagdgründe außerdem nicht zu tief sein. Die besten Bedingungen zum Pöddern findet man in den Jahreszeiten Frühling und Herbst, der Zeit der Laichzüge der Aale. Als beste Fangzeit gelten zudem warme, gewitterschwüle Sommernächte. Aale sind nachtaktiv.[36]

2. BONUSGRUND

WEIL FISCHE WANDERN GEHEN

Natürlich nicht mit Wanderstiefeln und Rucksack gewappnet. Aber die Strecken, die Fische zu Flosse zurücklegen, sind aller Rede wert. Am bekanntesten dürften die Laichzüge der Lachse und Aale sein.

LACHSWANDERUNG

Der Lachs – der König unter den Salmoniden – ist gewissermaßen in zwei Welten zu Hause, dem Süß- und dem Salzwasser. Die kleinen Lachse schlüpfen in flachen Binnengewässern. Sind die Fische stark genug, verlassen sie ihre Kinderstube rasch und ziehen die Flüsse abwärts in Richtung Meer. Schließlich – einmal im Leben – begibt sich der geschlechtsreife Lachs dann auf eine lange und beschwerliche Reise zurück zu seinem Geburtsort, um sich dort fortzupflanzen. Die Wanderung der atlantischen Lachse findet jedes Jahr im Herbst statt. Das Naturschauspiel in Alaska und Kanada ist in der ganzen Welt bekannt. Einer der größten Laichplätze im Pazifischen Nordwesten ist der Columbia River in Oregon und Washington.

Auf dem Weg in seine Laichgründe schwimmt der Lachs unentwegt stromaufwärts, was schon für sich genommen eine beispiellose Kraftanstrengung darstellt. Auf seiner langen Reise müssen die Lachse nicht nur Wasserfälle überwinden, sondern auch hungrigen Bären ausweichen, denen die fetten Lachse gerade recht kommen, um sich für den bevorstehenden Winterschlaf einen dicken Wanst anzufressen. Und dann gibt es da natürlich noch uns Angler. Auch für uns stellt der Zug der Lachse die passende Gelegenheit für den Fang des Lebens dar. Der größte Feind der Lachse war und ist aber nach wie vor die Industrie. Der Rhein galt lange als einer der lachsreichsten Flüsse Europas, bis der König der Salmoniden in den 1950er-Jahren in Deutschland vollständig ausstarb. Durch die Aktion Lachs 2000 gelang im Jahre 1983 am Oberrhein schließlich eine erfolgreiche Wiederansiedlung. 14 Jahre später kehrten erstmals eingesetzte Junglachse an ihren »Geburtsort« zurück. Heute werden wieder vereinzelt Lachse in Deutschland gefangen.

Aber wie soll ein Lachs sich auch nach Jahren noch an die geografische Lage seiner Geburtsstätte erinnern? Es ist schon bemerkenswert, wie es den Fischen anscheinend spielend gelingt, nach so langer Zeit zielsicher an ihren Bestimmungsort zurückzufinden. An ihrer Intelligenz liegt das natürlich nicht. Vielmehr bedienen sich die Fische, wie auch andere Zugtiere, des Magnetfeldes der Erde. In der Riechschleimhaut der Lachse befinden sich Zellen mit dem magnetischen Eisenoxid-Mineral Magnetit. Diese wandeln die aufgenommenen Informationen in Nervenreize um, die den Lachsen die richtige Richtung weisen. Das hört sich schon fast nach Science-Fiction an, oder?

Nicht wenige Lachse überstehen den Kraftakt des Laichzugs leider nicht. Diejenigen Fische, die ihren Geburtsort erreichen, beginnen augenblicklich mit dem Laichgeschäft. Nach getaner Arbeit sind sie in der Regel so erschöpft, dass sie sterben. Was zunächst traurig und sinnlos klingt, ist eigentlich nur Ausdruck des Kreislaufs des Lebens. Die Laichtiere haben ihren Zweck erfüllt und sich fortgepflanzt. Dabei haben sie noch ganz nebenbei unzähligen Tierarten als Nahrungsquelle das Überleben gesichert. Und selbst nach ihrem Tod erfüllen die Fische einen höheren Zweck, denn sie dienen im wahrsten Sinne des Wortes als Dünger für die Wälder Alaskas: Ein Großteil der lebensnotwendigen Stickstoffversorgung der Region stammt von den in den Flüssen verendeten Lachsen.

AALWANDERUNG

Der Aal wandert. Er ist sogar ein wahrer Weltenbummler. Wussten Sie, dass jeder in freier Natur geborene Aal eigentlich Amerikaner ist? Denn dort ist er geboren. Zwar verbringt der europäische Aal sein Leben im hiesigen Süßwasser, zur Fortpflanzung begibt er sich jedoch zurück ins Meer bis vor die Küste Amerikas.

Der Lebensraum der Aale beschränkt sich aber nicht nur auf Fließgewässer, wie man zunächst vermuten könnte. Auch stehende Gewässer können von Aalen spielend besiedelt und zur Laich wieder verlassen werden. Hierzu schlängeln sich die Fische auch über Land durch feuchtes Gras in den nächsten Bach oder Fluss. Dort angekommen, lassen sie sich bequem von der Strömung treiben. Der Landgang bereitet dem Aal gegenüber anderen Fischen übrigens kaum Probleme, da er den lebensnotwendigen Sauerstoff über die Haut aufnehmen kann.

Der Laichzug in die Sargassosee dauert mehr als ein Jahr. Dabei legt der Aal teilweise Strecken von über 5000 Kilometern zurück, ohne hierbei Nahrung aufzunehmen. Während er sich nachts nahe der Oberfläche bewegt taucht er tags auf bis zu 1000 Meter tief ab. Solche Tiefen bekommt kein anderer europäischer Süßwasserfisch je im Leben zu sehen. Um schneller an ihr Ziel zu gelangen und gleichzeitig Kräfte zu sparen, nutzen die Aale Meeresströmungen aus. In der Sargassosee angekommen, laichen die Aale in Tiefen von unglaublichen 2000 Metern. Wie auch der Lachs überlebt der Aal die Strapazen der Reise und des Laichgeschäfts nicht. Die Rückreise nach Europa bleibt den später neu geborenen Jungaalen vorbehalten.

Leider ist der Aal mittlerweile vom Aussterben bedroht. Da er sich während seines Laichzugs in den Flüssen von der Strömung treiben lässt, gerät er häufig in die Turbinen von Wasserkraftwerken und erreicht so erst gar nicht seine Kinderstube.[37]

3. BONUSGRUND

WEIL MAN MIT VÖGELN ANGELN KANN

Keine Angst, natürlich nicht als Köder. Ich habe einmal aus Versehen eine Ente gefangen, die sich unbemerkt an meinem Köder vergriffen hatte. Das war wirklich kein Spaß, weder für die Ente noch für mich. Aber keine Angst, der Ente geht es gut. Außerdem geht es an dieser Stelle auch nicht um Köder und ebenso wenig um Enten. Es geht vielmehr um den Angler – oder besser das Angelgerät. Einige werden es vielleicht schon ahnen: Es geht um den Kormoran.

Der Kormoran gehört weiß Gott nicht zu den Lieblingsvögeln der Angler, hat er doch den Ruf, vielerorts zu einer starken Dezimierung der heimischen Fischbestände beizutragen. Der Kormoran gilt als exzellenter Fischjäger mit einem riesigen Appetit.

Doch was den Kormoran hierzulande als Kontrahenten der Angler mit ausgeprägtem Negativimage erscheinen lässt, machen sich Fischer in Asien seit Jahrhunderten zunutze. In Japan wird das Kormoranfischen als »Ukai« bezeichnet. Heute wird das Fischen mit dem schwarzen Vogel allerdings mehr als Touristenattraktion als zum kommerziellen Fischfang betrieben. Auch in Europa gab es das Kormoranfischen zeitweise in der Vergangenheit, jedoch weniger aus kommerziellen Gründen, sondern als Jagdsport wohlhabender Leute. Man kann hier vielleicht Parallelen zur Falkenjagd sehen, wobei der Falke dem Kormoran in puncto Schönheit und Anmut wohl problemlos den Rang ablaufen dürfte.

Vögel, die für die Kormoranfischerei eingesetzt werden, stammen entweder aus Wildfängen oder aus eigens dafür eingerichteten Zuchten. Bereits im Kindesalter werden die Vögel abgerichtet. Während Wildfänge meist mit einer Leine an der Flucht gehindert werden, sind die von Hand aufgezogenen Vögel in der Regel derart stark auf ihren Besitzer geprägt, dass man sie frei fliegen lassen kann und sie dennoch immer wieder zurückkehren.

An Land und für den Transport werden die Tiere von ihren Fischern in traditionellen Körben gehalten. Ihren Dienst verrichten die Vögel als Matrosen an Bord eines Fischerboots. Dort finden bis zu zwölf Vögel Platz. Dabei herrscht eine strenge Sitzordnung, da sonst Kämpfe um den Rang ausbrechen können. Ein bisschen wie bei Tisch auf einer Familienfeier. Als Sitzgelegenheit für die Kormorane muss aber der Rand des Bootes oder eine spezielle Sitzstange genügen.

Das Abrichten der Vögel ist insbesondere bei Wildfängen mühsam. Fast ein Jahr und tägliches mehrstündiges Training werden benötigt, bis die Jungvögel einsatzbereit sind. Für einen Vogel ist das ein ganz schön intensives Ausbildungspensum. In ihrer Ausbildung wird den Kormoranen beigebracht, auf dem Rand des Bootes zu sitzen und auf Zuruf Fische zu fangen. Dabei müssen sie sich vor allem an ihren Halsring gewöhnen, der das Verschlucken der Beute verhindern soll. Außerdem lernen die Kormorane, ihren Fang an Bord zu bringen. Dort müssen sie ihn dem Fischer übergeben. Im Gegenzug erhalten sie eine kleine fischige Belohnung. Die Fangleistung von Kormoranen ist immens und kann über 100 Fischen in der Stunde betragen. Kein Wunder also, dass wir Angler sie nicht so gut leiden können.[38]

4. BONUSGRUND

WEIL ES PROF. DR. ROBERT ARLINGHAUS GIBT

Prof. Dr. Robert Arlinghaus dürfte unter den meisten eingefleischten Anglern bekannt sein. Und auch in der nicht angelnden Öffentlichkeit wird der »angelnde Professor« – wie er häufig genannt wird – sicher dem ein oder anderen ein Begriff sein. Sein Fachgebiet ist das Integrative Fischereimanagement, kurz IFishMan. Die Disziplin ist am Albrecht-Daniel-Thaer-Institut für Agrar- und

Gartenbauwissenschaften der Lebenswissenschaftlichen Fakultät an der Humboldt-Universität zu Berlin angesiedelt. Zusätzlich ist Arlinghaus am Leibniz-Institut für Gewässerökologie und Binnenfischerei tätig. Kurz: Professor Arlinghaus hat etwas übrig für Fische und Angler.

Aufgabe des IFishMan ist die Erarbeitung von Grundlagen zur nachhaltigen Bewirtschaftung von wild lebenden Fischbeständen im Kontext der Angelfischerei in Binnengewässern. Unter der Leitung von Prof. Dr. Robert Arlinghaus verfolgt der Fachbereich einen inter- und transdisziplinären Forschungsansatz, bei der die Analyse der Angelfischerei als gekoppeltes sozial-ökologisches System im Vordergrund steht. Der rein naturwissenschaftliche Forschungsansatz geht Arlinghaus und seinen Kollegen nämlich zu kurz. Die Forscher haben es sich zur Aufgabe gemacht, Brücken zu bauen, zwischen der Fischereiökologie und den angewandten Sozialwissenschaften. Über die Fische hinaus befinden sich daher auch die Einstellungen und Verhaltensweisen der Angler und der Entscheidungsträger in Vereinen und Behörden im Fokus der Arbeit. Neben der für Forschungsinstitute typischen Zusammenarbeit mit anderen Universitäten im In- und Ausland stehen Arlinghaus und Kollegen daher auch im regen Austausch mit Vertretern der Praxis, wie zum Beispiel den Angelvereinen und -verbänden, Behörden und, last but not least, der Welternährungsorganisation der Vereinten Nationen.

Im Fokus der öffentlichen Wahrnehmung und des Interesses der Anglerschaft steht nach wie vor das kontrovers diskutierte Thema »Schmerzempfinden von Fischen«. Arlinghaus' Studien zufolge empfinden Fische keinen Schmerz. Zumindest nicht die Art von Schmerz, welche der Empfindung des Menschen nahekäme. Hiermit stärkt der angelnde Professor insbesondere denjenigen Anglern den Rücken, welche ihrer Beute nach dem Fang lieber wieder die Freiheit schenken möchten, statt die gefangenen Fische zu verspeisen. Unter Anglern gilt Arlinghaus daher als Bollwerk gegen diejenigen, die im Angelsport nichts als Tierquälerei sehen wollen. Dabei gelingt es ihm nach meinem Dafürhalten überraschend gut, in einer naturgemäß sehr hitzig geführten Debatte die nötige Professionalität zu wahren und trotz seiner eigenen Passion – dem Angeln – möglichst neutral und stets wissenschaftlich korrekt zu bleiben.

Allerdings wird die Rolle des Beschützers des Catch & Release Dr. Arlinghaus' Arbeit nur unzureichend gerecht, denn sie umfasst sehr viel mehr. Ein gutes Beispiel für ihren praktischen Nutzen ist der jüngst erschienene Kurzleitfaden *Fischbesatz: 10 Regeln, auf die man beim Fischbesatz achten sollte*, der zur Pflichtlektüre eines jeden aktiven Anglers und insbesondere der Verantwortlichen innerhalb der Angelvereine gehören sollte. Denn der Fischbesatz hat in vielen Angelvereinen den Status eines jährlichen Rituals. Dass die Art und Weise, wie Besatzmaßnahmen in vielen Fällen durchgeführt werden, wenig durchdacht und unökologisch ist, wird schnell klar, wenn man sich mit den zehn Regeln für sinnvollen und nachhaltigen Fischbesatz befasst, welche Arlinghaus aufgestellt hat. Die Logik, mehr Besatz gleich mehr Fisch gleich mehr Fangerfolg, gilt eben doch nur in den wenigsten Fällen. Schätzungen gehen davon aus, dass circa 70 Prozent aller weltweit durchgeführten Besatzmaßnahmen die Bestände weder stabilisieren noch den Fangerfolg der Angler erhöhen.

Ziel der zehn Besatzregeln ist es, eine Stabilisierung der Bestände zu bewirken und gleichzeitig das allgemeine Zusammenleben – zwischen Anglern, Nichtanglern und unterschiedlichen Anglertypen – in den Vereinen zu verbessern. Zu viel will ich an dieser Stelle gar nicht verraten; lesen Sie lieber selbst unter http://www.ifishman.de/publikationen (Stichwort »10 Regeln für den Fischbesatz«).[39]

5. BONUSGRUND

WEIL NICHT NUR ALTE AUTOS WAHRE KLASSIKER WERDEN KÖNNEN

Der Mensch sammelt gerne. Männer vor allem schöne Autos. Am besten wertvolle Klassiker. Doch das ist ein ziemlich teurer Spaß, den sich nur die wenigsten von uns leisten können. Doch für angelnde Nostalgiker mit einer Vorliebe für Ingenieurskunst gibt es eine Lösung. Sammeln Sie Angelgerät! Über die Jahre hat auch die Angelindustrie einige Klassiker hervorgebracht, die heiß begehrt sind und über die Jahre sogar noch an Wert gewinnen. Das gilt ganz besonders für Rollen, Ruten und Kunstköder.

Die Bandbreite an Klassikern ist beinahe grenzenlos. Daher möchte ich mich hier auf einige allgemeine Aspekte und meine Favoriten beschränken. Am Ende gilt sowieso: Erlaubt ist, was Ihnen fällt.

ANGELROLLEN

Angelrollen gehören schlechthin zu den wertstabilsten und langlebigsten Investitionen, die ein Angler tätigen kann. Wenn Sie für einen Gegenstand bei Angeln viel Geld auf den Tisch legen wollen, dann investieren Sie in eine gute Angelrolle, denn die hält bestenfalls ein Leben lang. Von Spezialanfertigungen abgesehen, werden heute eigentlich alle Angelrollen in Fernost hergestellt. Wer eine echte Rolle »made in Germany« ergattert, kann sich glücklich schätzen. Hier reden wir dann wahrscheinlich über Exemplare der Deutschen Angelgeräte Manufaktur, kurz DAM. Diese dürften aber so alt sein, dass sie mehr für die Vitrine als für den Einsatz am Wasser taugen. Echte Klassiker – aus meiner Sicht teilweise immer noch »up to date« und zudem deutlich hochwertiger als ihre Nachfolger – sind Rollen der Firma Daiwa, die noch in Japan produziert wurden. Wer eine echte Daiwa »japanmade« ergattern kann, sollte unbedingt zuschlagen. Als Klassiker schlechthin unter den Karpfenangelrollen wird die Daiwa SS 3000 gehandelt. Ich selbst besitze leider kein Exemplar der Kultrolle. Dafür bin ich stolzer Besitzer eines Dreiersets Daiwa Emblem Z – ebenfalls noch in Japan gefertigt und heiß begehrt.

RUTEN

Auch Angelruten sind beliebte Sammlerstücke. Da sich insbesondere das Material, aus welchem die Rutenblanks gefertigt sind, über die Jahre stark verändert hat – man würde vielleicht besser »entwickelt hat« sagen –, stehen die Chancen nicht schlecht, beim Stöbern in Opas Angelkeller oder beim Schlendern über den Flohmarkt auf den ein oder anderen Schatz zu stoßen. So erging es auch mir vor einigen Jahren, als mir die Freundin meiner Großtante einen ganzen Haufen in die Jahre gekommener Angelsachen aus dem Nachlass ihres Vaters vor die Tür stellte. Darunter befanden sich neben viel altem Kram auch einige echte Schätze, wie zum Beispiel eine handgespließte Bambusrute für das Stellfischangeln. Diese Fertigungstechnik stammt noch aus einer Zeit, in der Rutenblanks aus Holz und nicht Glas- oder Kohlefaser gebaut wurden. Apropos Glasfaser; auch hier gibt es echte Klassiker, die auch noch heutzutage zum Angeln taugen. Glasfaser war lange Zeit der vorherrschende Werkstoff im Rutenbau, bevor er von der moderneren Kohlefaser abgelöst wurde. Anders als Kohlefaser ist Glasfaser extrem biegsam – Kritiker würden behaupten wabbelig. Aber die Glasfaser hat auch ihre Vorteile und vor allem echte Liebhaber. Manch einer würde wohl ein kleines Vermögen ausgeben, hätte er die Gelegenheit, noch einen der legendären goldgelben Glasfaserblanks aus dem Hause Sportex für den Aufbau einer Hechtpeitsche zu ergattern. Als Klassiker unter den Karpfenanglern sind mir zum Beispiel die Sportex Kev Carp sowie alte Harrison- und Hutchinsonblanks ein Begriff.

KUNSTKÖDER

Zugegeben, an moderne Wobbler kommt ein rostiger alter Blinker auf den ersten Blick nicht ran. Doch auch unter den Kunstködern gibt es echte Juwelen. Da wäre zum Beispiel der Effzett-Blinker von DAM, der nun schon seit der Nachkriegszeit in fast unveränderter Form vertrieben wird und immer noch Fisch fängt. Glücklich kann sich auch schätzen, wer noch im Besitz eines gut erhaltenen alten Holzwobblers ist: nur Holz, eine Tauchschaufel aus Blech, vernickelte Drillingshaken und eine meist mit feinsten Rissen durchzogene Handbemalung. Man mag sich darüber streiten, ob diese Exemplare wirklich noch zum Fang von Meterhechten taugen, aber schön anzusehen sind sie allemal und dazu noch extrem selten. Mich erinnern sie immer ein bisschen an den Christbaumschmuck meiner Großmutter oder an Räuchermännchen aus dem Erzgebirge. Wer nicht so sehr zum Schwelgen in der Vergangenheit neigt, dem kann ich handgemachte Wobbler aus Japan ans Herz legen. Ob man hiermit wirklich einen Abriss riskieren will, muss jeder selbst wissen.

6. BONUSGRUND

WEIL ES KAJAKANGELN GIBT

Das Kajakangeln erfreut sich wachsender Beliebtheit. Zugegeben, neu ist die Idee des Bootsangelns nicht. Üblicherweise greifen Angler zum Befahren ihres Angelgewässers aber auf Ruderboote oder die schwimmreifenähnlichen Bellyboats zurück. Aber das Kajak verbindet die Vorteile eines schnellen Ruder- beziehungsweise Motorboots (mit Elektromotor) mit der Wendigkeit eines Bellyboats.

Mit einem Angelkajak ist man im wahrsten Sinne des Wortes knallhart am Fisch. Beim Spinnfischen kommen die Bisse oft in direkter Nähe zum Boot. Anbiss und Drill fühlen sich dabei so intensiv an, als säße man direkt im Wasser. Und tatsächlich trennt einen ja nur eine dünne Hülle vom nassen Element. Bei größeren Fischen dreht und taumelt das Kajak im Drill sogar umher; das ist Adrenalin pur. Eine solche Nähe zum Fisch und seinem Element bietet kaum eine andere Art der Angelei; die Pirsch mit Fliegenrute vielleicht einmal ausgenommen.

Kajaks sind perfekte Angelboote. Wieso sind wir Angler darauf eigentlich erst so spät gekommen? Schließlich bietet das Angelkajak, wie wir eingangs festgestellt haben, eine Reihe von Vorteilen. Aber Kajakangeln will gelernt sein. Denn hier muss man nicht nur ein guter Angler sein, sondern auch seine seemännischen Fähigkeiten unter Beweis stellen. Aller Anfang ist schwer, aber mit etwas Geschick wird der erste Angelturn mit dem Kajak hoffentlich trotzdem kein Reinfall.

Für Anfänger eignen sich wegen ihrer ruhigen Lage im Wasser vor allem Kajaks mit einem etwas breiteren Rumpf. Das geht zwar zu Lasten der Geschwindigkeit, das finde ich aber verkraftbar, schließlich ist Angeln kein Wettrennen. In kleineren überschaubaren Gewässern stellt sich die Frage nach Reichweite ohnehin nicht. Wer dagegen häufiger größere Strecken abfischen möchte oder in Flüssen gegen die Strömung ankämpfen muss, der sollte sich ein schmaleres Kajak zulegen. Zumindest das Kajakangeln in Flüssen scheint mir aber ohnehin eher etwas für die Fortgeschrittenen unter uns zu sein.

Greifen Sie unbedingt auf spezielle Angelkajaks zurück. Diese sind unter anderem mit bequemen Sitzen ausgestattet, auf denen Sie mühelos einen ganzen Angeltag verweilen können. Angelkajaks gibt es neben dem herkömmlichen Handbetrieb per Paddel auch mit Tretantrieb. Tretantriebe bieten aus meiner Sicht den entscheidenden Vorteil, dass man nicht erst die Paddel aus der Hand legen muss, wenn man zur Rute greifen möchte. In diesem Moment wäre man sonst zwangsläufig völlig ohne Antrieb. Mit dem Tretantrieb kann man also gleichzeitig steuern und angeln. Das ist beim Auslegen der Schleppangeln von Vorteil und beim Vertikalangeln eigentlich ein Muss. Der Tretantrieb ist gewissermaßen das mechanische Gegenstück zum Elektromotor.

Natürlich muss nicht gleich ein eigenes Kajak angeschafft werden. Mittlerweile gibt es zahlreiche Verleihdienste und zudem gute Guidings direkt vor Ort. Ausprobieren lohnt sich definitiv. Sie werden begeistert sein.[40]

7. BONUSGRUND

WEIL MAN AUS DEM AUTO ANGELN KANN

Angeln aus dem Auto? Auf so eine verrückte Idee kann wirklich nur einer aus einem autoverrücktes Land wie Deutschland kommen. Aber warum eigentlich nicht? Als Angler braucht man ein Auto, so viel ist sicher. Selbst eine Minimalausrüstung, wie die eines Fliegenfischers, lässt sich schwer mit dem Fahrrad transportieren. Als Kind und Jugendlicher habe ich das gehasst wie die Pest. Erstens war Taxi Mama viel bequemer. Zweitens brauchte ich mit dem Fahrrad viel länger, bis ich endlich den See erreichte. Und drittens kam es mir immer so vor, als müsse ich die Hälfte meines unverzichtbaren Equipments wegen mangelnder Transportkapazitäten zu Hause lassen. Spätestens für den erwachsenen Angler ist ein Auto Pflicht. Nur die wenigsten unter uns dürften mit dem Glück gesegnet sein, ein geeignetes Angelgewässer direkt vor ihrer Haustür vorfinden zu dürfen.

Für Karpfenangler wie mich scheint manchmal selbst ein Familienkombi zu klein zu sein, um das gesamte Angelequipment ans Wasser zu schaffen. Praktisch ist daher ein Van und das gleich aus zwei Gründen: Zunächst bietet ein Van genügend Platz für das Angelgerät, Angelfutter und (Camping-)Equipment für einen längeren Angelausflug. Selbst das Schlauchboot darf hier mit an Bord. So erspart man sich selbst, der Lackierung des Dachs und seinen besorgten Mitmenschen die sonst obligatorische Amokfahrt mit einem Boot auf dem Dachgepäckträger. Aber ein Van bietet weitere Vorteile; jedenfalls dann, wenn man ihn als Campingvan ausbaut. Und warum eigentlich nicht? Schließlich ist das warme Plätzchen im Bus in der Regel viel angenehmer als das Campieren in einem Zelt. Das gilt jedenfalls für die kalte Jahreszeit oder in der Mückensaison. Natürlich darf man nicht an jedem Gewässer mit dem Auto parken, aber Sie wären überrascht, wie viele Park & Fish-Gewässer es tatsächlich gibt. So können zum Beispiel viele Flüsse – insbesondere im Nachbarland Frankreich – mit dem Auto angefahren werden. Gleiches gilt für viele Stauseen. Aber auch an lokalen Gewässern liegen die Parkplätze meist nicht weit von den eigentlichen Angelstellen entfernt. Der Campingbus kann daher wenigstens als Basiscamp dienen. Als Angler benötigt man dabei noch nicht einmal einen professionellen Campingausbau. Ein Bedchair samt Bivvytable und die fürs Nachtangeln ohnehin obligatorische Campingausrüstung in Form von Zeltlampe, Gaskocher und Kühltasche tun es allemal.

Aber natürlich spricht rein gar nichts gegen die Investition in einen echten Campingausbau. Momentan ist das Reisen mit dem Wohnmobil in aller Munde. Unter #vanlife genießen immer mehr Naturliebhaber das Gefühl der Freiheit, überall hinfahren zu können und doch sofort zu Hause zu sein. Schließlich führt man sein Zuhause gleich mit sich. Ein Campingbus ist aus meiner Sicht also auch der ideale Begleiter für uns Angler.

8. BONUSGRUND
WEIL MAN FREUNDE FÜRS LEBEN FINDET

Als Außenstehender könnte man vielleicht den Eindruck gewinnen, Angeln mache einsam. Wie soll man auch neue Bekanntschaften knüpfen, wenn man mutterseelenallein an einem einsamen Uferstreifen am Ende der Welt sitzt und aufs Wasser starrt. Wer würde sich schon trauen, einen solchen Einsiedler anzusprechen, und will der Angler das überhaupt oder sucht er oder sie vielleicht gerade im Angeln die Zuflucht von seinen aufdringlichen Mitmenschen?

Ich für meinen Teil suche beim Angeln zwar Zeit für mich selbst und Erholung vom Alltagsstress. Das heißt aber nicht, dass ich ungesellig wäre. Ganz im Gegenteil, schließlich bin ich Kölner. Und wer könnte einen Petrijünger besser verstehen als der ebenfalls angelnde beste Freund? Es wird Sie also nicht verwundern, dass meine besten Freunde ebenfalls Angler sind. Dabei ist eines bemerkenswert: Das Angeln hat uns zwar zusammengebracht, doch was uns zusammenhält, ist weniger das Angeln selbst. Es sind neben dem Freiheitsdrang und der Liebe zur Natur insbesondere die Dinge, die wir zusammen beim Angeln erlebt haben, die uns verbinden.

Beim Angeln lernt man einen Menschen wirklich kennen, so meine Erfahrung. Wann sonst hat man einmal die Gelegenheit, sich fernab der Zivilisation, ihren Ablenkungen und ihrem Stress, zu unterhalten und sich dabei wirklich aufeinander einzulassen. Haben Sie einmal eine ganze Woche nur mit einer Person ohne Kontakt zu anderen Menschen verbracht? Entweder sind Sie danach noch bessere Freunde oder Sie gehen sich tierisch auf die Nerven. Das passiert aber seltener, als man meinen sollte. Aber auch in einer kleineren Gruppe macht Angeln für mich doppelt so viel Spaß wie alleine. Das heißt nicht, dass man sich pausenlos bespaßen muss oder verpflichtet wäre, dem anderen ein Ohr abzukauen. Man darf natürlich auch mal schweigen.

Wenn ich mit meinen Freunden im Angelurlaub bis in den frühen Morgen am Lagerfeuer sitze und auf den See starre, spielt es ohnehin keine Rolle, ob wir schweigen oder uns angeregt unterhalten. So oder so fühle ich mich dann in die Zeit unserer Jugend zurückversetzt, als es noch keine Verpflichtungen gab, unsere Zeit unendlich schien und wir dachten, dass wir unsterblich seien.

9. BONUSGRUND

WEIL FISCHE VIELE NAMEN HABEN

Neben ihren biologischen Namen sind für unsere heimischen Fische eine ganze Reihe unterschiedlicher Bezeichnungen gebräuchlich. Die einen gehören im eigentlichen Wortsinne in die Kategorie »Anglerlatein«. Sie sind Fachbegriffe der Anglerschaft, mit denen Nichtangler in der Regel wenig bis gar nichts anfangen können. Andere Bezeichnungen sind lokal geprägt. Treffen sich ein Hamburger und ein Münchener, meinen sie also womöglich den gleichen Schuppenträger, auch wenn sie von ganz unterschiedlichen Fischen zu sprechen scheinen. Darüber hinaus haben wir Angler eine Reihe von Kosenamen für unsere beschuppten Freunde entwickelt.

BRASSEN

Gerade unter den deutschen Friedfischen geht es wild her. So wird der in meiner Region vor allem als »Brassen« bekannte Weißfisch andernorts auch als »Brachse«, »Bresen« oder »Pliete« bezeichnet. Ob es nun »der Brassen« oder doch »die Brasse« heißt? Fragen Sie mich bitte etwas Leichteres. Die Bezeichnung »Bresen« dürfte eher im Süddeutschen beheimatet sein. Als »Pliete« ist der Brassen vor allem in Norddeutschland bekannt. Unter Anglern weit verbreitet ist außerdem die alternative Bezeichnung »Blei«, die wohl auf die teilweise bleigraue Färbung der Fische zurückzuführen ist. Ich habe auch schon mal gehört, die Bezeichnung stamme von der Körperform des Brassen, die an ein früher standardmäßig zum Grundangeln verwendetes Sargblei erinnert. Ob das stimmt? Keine Ahnung, aber es hört sich doch irgendwie nicht ganz abwegig an, oder?

ROTAUGEN

Das Rotauge ist gewissermaßen der Brot- und Butterfisch der deutschen Petrijünger. Rotaugen kommen in quasi jedem Gewässer vor. Beginnt man mit dem Angeln, ist das Rotauge meist der erste Fisch, den man fängt, denn sie kommen zahlreich vor und sind verhältnismäßig leicht zu überlisten. Gleichzeitig dienen sie als wertvolle Nahrungsgrundlage für Raubfische. Besonders bei älteren Anglern ist das Rotauge auch als »Plötze« bekannt. Nicht zu verwechseln ist das Rotauge, welches seinen Namen der Färbung seiner Augen zu verdanken hat, übrigens mit der Rotfeder. Bei der Rotfeder findet man die rote Färbung an den Flossen. Außerdem ist ihr Schuppenkleid nicht silbrig, sondern goldbraun.

WALLER

»Waller« ist die süddeutsche und gleichzeitig von Anglern zumeist verwendete Bezeichnung des europäischen Welses. Mit der Bezeichnung »Waller« kann ein Großteil der Nicht-Angler hingegen relativ wenig anfangen. Dass die süddeutsche Bezeichnung des Welses sich bei den Anglern so stark etabliert hat, mag daran liegen, dass der Waller hierzulande eigentlich nur in der Südhälfte Deutschlands anzutreffen ist. Für den Fluss Rhein, der bekanntlich von Süden nach Norden verläuft, gilt die Faustregel, dass sich der Ansitz auf Waller erst flussaufwärts ab Koblenz lohnt.

STACHELRITTER

Unter den Raubfischen gibt es erstaunlicherweise weniger Namensvielfalt. Hecht, Zander und Barsch heißen meines Wissens nach überall gleich. Sehr verbreitet ist dafür der Kosename »Stachelritter«. Er trägt der stacheligen Rückenflosse von Barsch und Zander Rechnung. Insbesondere beim Barsch sind die Stachelflossen sehr ausgeprägt. Bei ihm erinnert mich auch irgendwie das gesamte Erscheinungsbild an den Träger einer Ritterrüstung.

WASSERSCHWEINE

Der Karpfen wird von vielen auch als »Wasserschwein« bezeichnet. Dies wird zum einen an seinem Äußeren liegen, denn er ist ähnlich wie das Schwein ein Masttier, das erhebliche Ausmaße annehmen kann. Zum anderen suchen Karpfen – wie Schweine – ihre Nahrung wühlend am Boden.

DORSCH ODER KABELJAU?

Der Dorsch dürfte mit großem Abstand zu der beliebtesten Beute der deutschen Meeresangler gehören. Und auch als Speisefisch ist der Dorsch äußerst beliebt. Hier wird er jedoch meist »Kabeljau« genannt. Und das ist wohl auch richtig, denn als »Dorsch« bezeichnet man eigentlich nur die jungen Kabeljaue vor der Geschlechtsreife sowie die in der Ostsee lebenden kleineren Exemplare. Trotzdem hat sich unter den Anglern der Begriff Dorsch auch für echte Brocken etabliert und so bleibt es auch für mich bei der Bezeichnung »Dorsch« für alle Kabeljaue.

10. BONUSGRUND

WEIL MAN SEIN HOBBY ZUM BERUF MACHEN KANN

Ja, Sie haben richtig gehört. Auch als Angler kann man sein Hobby zum Beruf machen. Aber kündigen Sie jetzt bitte nicht gleich Ihren Job oder brechen gar Schule, Lehre oder Studium ab. Eines ist nämlich sonnenklar: Als Profiangler verdienen hierzulande nur die allerwenigsten ihre Brötchen.

Aber ganz aussichtslos ist es eben doch nicht, dass aus einem Hobby etwas mehr wird – ich bin dafür schließlich der lebende Beweis. Schaut man auf die Branche der Angelladenbesitzer und Angelzeitungsredakteure, sieht es zugegebenermaßen nicht gerade rosig aus. Aber die Angelbranche insgesamt boomt, man muss nur wissen, wo man sein Talent einbringen kann. Daher habe auch ich meine Zurückhaltung bei diesem Thema überdacht.

Der Boom des Onlinehandels und der digitalen Vermarktung macht auch vor dem Angelsport nicht halt. Die Erfolgsgeschichte ehemaliger Startups wie die der Onlineplattform Carpzilla belegen dies eindrucksvoll. Gleichzeitig hat das mediale Wettrüsten unter den Angelgeräteherstellern längst begonnen und gewinnt zunehmend an Fahrt. Dabei geben modern ausgerichtete Unternehmen wie der englische Premiumhersteller für Karpfenangeln Korda den Ton an. Nicht nur dort – so scheint es – sprießen Jobs im Bereich des digitalen Marketings sowie des Web- und Videodesigns wie Pilze aus dem Boden. Wer neben seiner Liebe zum Angeln noch eine der vorgenannten beruflichen Expertisen mitbringt, hat realistische Aussichten auf einen Traumjob in der Angelindustrie. Und die ist heutzutage nicht nur kunterbunt, sondern vor allem auch international.

Ich persönlich freue mich über die Neubelebung der Angelindustrie. Auch ich habe schon ab und an mit mir gerungen, ob ich nicht den Schritt wagen und mich hauptberuflich dem Angelsport widmen soll. Letztlich habe ich mich jedoch dagegen entschieden. In der Woche Jurist, am Wochenende und im Urlaub Angler, das passt schon ganz gut für mich. Also bleibe ich lieber ein An[gel]walt.

Dass immer mehr Kreative das Angeln zu ihrem Beruf machen, hat aus meiner Sicht übrigens einen schönen Nebeneffekt für unser Hobby: So wird das Angeln mehr in den Fokus der Öffentlichkeit gerückt und das in einer Art und Weise, die der Ästhetik des Angelns gerechter wird, als Fischpräparationen auf Wandtafeln oder Fotos mit dicken Fischen es leisten könnten. Das sorgt früher oder später hoffentlich nicht nur für noch mehr Interesse, sondern vielleicht sogar für mehr Akzeptanz – sogar bei unseren Kritikern.

11. BONUSGRUND

WEIL ES DIE KREATIVITÄT FÖRDERT

Angeln macht erfinderisch, könnte man auch sagen. Aber das Klischee, Angeln sei Glückssache und zudem langweilig, scheint sich in den Köpfen der Nichtangler irgendwie festgesetzt zu haben. Wo bleibt da denn der Raum für Kreativität? Aber wer weiß, wie wichtig es einem Angler ist, einen Fisch zu fangen, dem dürfte klar sein, zu welchen kreativen Höchstleistungen ein Angler bereit ist, wenn es denn sein muss. Denn eines ist klar: Als Schneider nach Hause zu gehen, ist keine Option, koste es, was es wolle.

BASTELN WIE DIE KINDER

Schon beim Binden einer Montage ist Einfallsreichtum und Fingerspitzengefühl gefragt. Spätestens wenn kein Fisch anbeißt oder der Fang im Drill verloren geht, wird jeder vernünftige Angler ins Grübeln geraten. Jetzt muss alles überdacht werden. Stimmt vielleicht der Angelplatz oder der Köder nicht, oder liegt es etwa doch an der

Montage? Viele Angler erachten gerade die letzten Zentimeter vorm Fisch als alles entscheidend für Erfolg oder Misserfolg. Ist nun ein großer oder ein kleiner Haken besser, sollte das Vorfach lieber kurz oder lang sein und ist wirklich Monofilament oder doch Geflochtene das Mittel der Wahl? Jeder Aspekt will genaustens bedacht sein, denn alles hat Auswirkungen auf die Mechanik des Rigs und somit letztlich auf den Fangerfolg. Manche mögen diese Obsession als sinnlose Bastelei abtun. Aber auch Basteln fördert die Kreativität, Probieren geht über Studieren, und aus Fehlern lernt man bekanntlich. Also basteln Sie ruhig munter drauflos. Was für die Entwicklung von Kindern gut ist, kann für Erwachsene so falsch nicht sein.

UNTERWEGS MIT MACGYVER

Kennen Sie noch MacGyver? Er war der Fernsehheld meiner Kindheit. Kein Problem war ihm zu groß und aus jeder Situation kannte er einen Ausweg. Sein Geheimnis war seine Kreativität. Aus einem Haufen Schrott und etwas Klebeband konnte MacGyver notfalls ein Raumschiff bauen. Und auch beim Angeln sind diese Fähigkeiten gefragt. Denn am Wasser gelten andere Regeln als zu Hause auf der Couch. Hier gibt es keinen 24-Stunden-Hausmeisterdienst, kaputte Gegenstände werden nicht über Nacht wie von Zauberhand durch Amazon ersetzt, und wenn etwas schiefgeht, gibt es keine Reset-Taste. Not macht bekanntlich erfinderisch. Bei der Recherche im Netz werden Sie Tausende lustige Angelimprovisationen finden. Auch ich habe mir schon Zeltstangen aus Ästen geschnitzt, Konservendosen mit einem stumpfen Löffel geöffnet und eine gebrochene Rute mit einem alten Kugelschreiber und ein paar Pflastern geflickt.

HART AM FISCH

Für einen Angler gibt es nur eins, das schlimmer ist, als keinen Biss zu bekommen, und das ist den Fisch im Drill in einem Hindernis zu verlieren. Eine Situation, mit der sich ein Vollblutangler einfach nicht zufriedengeben kann oder darf. In meinem Freundeskreis habe ich dafür einen Experten. Ich weiß bis heute nicht, wie es Jan gelingt, jeden noch so vertüddelten Fisch aus dem größten Unterwasserdschungel zu befreien. Sein Einsatz im Sommer 2012 hätte jeden Navyseal vor Neid erblassen lassen. Endlich, nach Tagen des erfolglosen Ausharrens, bekam ich einen Anbiss. Und dann schien es gleich ein richtiger Brocken zu sein. Unermüdlich riss der Karpfen Schnur von meiner Rolle und noch eh ich mich versah, hing der Fisch in mehreren Metern Tiefe in Totholz und Wasserpflanzen fest. Entmutigt näherte ich mich dem Dilemma mit dem Schlauchboot. Nach einer halben Stunde ergebnisloser Plackerei – ich wollte schon entmutigt die Schnur kappen – kam Jan mir zu Hilfe. Nur mit einer Taucherbrille bewaffnet, schnappte er sich meine Angelrute, sprang ins Wasser und tauchte samt Rute zum Grund des Gewässers. Dort angekommen, klammerte er sich mit den Beinen an einem Ast fest und drillte den Fisch unter Wasser. Ich traute zunächst meinen Augen nicht. Doch in diesem Winkel gelang es ihm tatsächlich, den Fisch zu befreien und später sicher zu landen. Auf so eine Idee kann wirklich nur ein so fischverrückter Angler wie Jan kommen.

QUELLEN

1. Zitat aus *Aus der Mitte entspringt ein Fluss*, einem Film von Robert Redford, nach der Romanvorlage von Norman Maclean.
2. Röthig (Hrsg.): *Sportwissenschaftliches Lexikon*. Hofmann, Schorndorf 1992.
3. Robert Arlinghaus, *Der unterschätzte Angler*, Kosmos Verlag, S. 34.
4. *The Hidden Harvests – The Global Contribution of Capture Fisheries*, The World Bank, FAO, WorldFish Center (2010).
5. de.wikipedia.org/wiki/Sportfischer
6. www.claydyerfishing.com
7. www.adelaidenow.com.au
8. de.wiktionary.org
9. www.babs-angeln.de
10. www.br.de
11. www.blinker.de
12. www.unmoralische.de
13. newwest.net
14. www.bild.de
15. ml.spiegel.de
16. http://de.wikipedia.org/wiki/Noodling
17. www.t-online.de/sport/id_52546832/irre-jana-maisel-holt-67-wm-und-42-em-titel-im-trockenangeln.html
18. www.planet-wissen.de/natur_technik/tiere_im_wasser/fische/sinne.jsp
19. http://de.wikipedia.org/wiki/Schwimmblase
20. http://xn--gewsserwart-n8a.de/das-alter-von-fischen/
21. http://schonzeiten.de/
22. www.vdsf-fischerjugend.de/500818938210c0b01/50081893bf1006117.htm
23. www.shortnews.de/id/313902/riesen-wels-gefangen-250-kg-schwer-und-mit-wolf-im-magen
24. www.bassmaster.com/news/million-dollar-catch#
25. www.royal-fishing.de/
26. www.youtube.com/watch?v=GkAoIc8cjGM
27. *Aus der Mitte entspringt ein Fluss*, Buch: Norman Maclean, Film: Robert Redford.
28. www.vdsf-fischerjugend.de
29. www.stiftungfuerzukunftsfragen.de/de/newsletter-forschung-aktuell/254.html
30. de.wikipedia.org/wiki/Verein
31. Vgl. Hirt/Maisack/Moritz, *TierSchG*, 1. Aufl. 2003, § 1 Rn. 12; Lorz/Metzger, *TierSchG*, 5. Aufl. 1999, § 1 Rn. 20.
32. BGH NJW 1987, S. 1833; ihm folgend OLG Düsseldorf NuR 1994, S. 517.

33 Vgl. zum Begriff »Leiden«: Lorz/Metzger, *TierSchG*, 5. Aufl. 1999, § 1 Rn. 32ff.; Hirt/Maisack/Moritz, *TierSchG*, 1. Aufl. 2003, § 1 Rn. 17ff.
34 Vgl. Cooke/Bunt/Ostrand/Phillipp/Wahl, 2004, *Journal of Applied Ichtyology* 20 (1), S. 28ff.; Pope/ Willis, 2004, *Fisheries Management and Ecology* 11 (1), S. 39ff.; Brobbel/Wilkie/Davidson/Kieffer/Bielak/Tufts, 1996, *Canadian Journal of Fisheries and Aquatic Sciences* 53 (9), S. 2036ff.; Pankhurst/Dedual, 1994, *Journal of Fish Biology* 45 (6), S. 1013ff.; Schwalme/Mackay, 1985, *Journal of Comparative Physiology* B 156, S. 67ff.
35 www.amsaaleknick.de/Anglerwitze/anglerwitze.html
36 Wikipedia und Blinker.de
37 ebd.
38 ebd.
39 Carpzilla.de und igb-berlin.de
40 Wikipedia und Blinker.de

BILDNACHWEIS

Coverillustration und Illustrationen im Buch: © Natalya Aleksakhina/thinkstock.de | **Bildteil I:** S. 4-5: © Philipp Braun; S.6 oben: © Jan Ulak; S.7 oben: © Mark Dörner; S.7 unten: © Frank W.; S.8 oben rechts: © Max Middelhoff; S.8 unten: © Frank W.; S. 9 oben: © Frank W.; S. 9 unten: © Mark Dörner; S.10 unten: © habrda/depositphotos.de; S.11 oben: © Fabio Floridia; S.11 unten: © Dirk Ulmer; S.12 oben: © Mark Dörner; S.14 unten: © Philipp Braun; S.15 oben: Philipp Braun | Alle anderen Fotos sind dem Privatarchiv Moritz Rott entnommen | **Bildteil II:** S.1: © Voyagerix/fotoia.de; S.2 oben: © xtr2007/fotoia.de; S.2 unten: © Vlad Sokolovsky/fotoia.de; S.3 oben: © wwwarjag/depositphotos.de; S.3 unten: © Fedir/fotoia.de; S. 4 oben: © bukhta79/depositphotos.de; S.4/5 unten: © KPixMining; fotoia.de; S.5 oben: © pressmaster/depositphotos.de; S.6 oben: © Mark Dörner; S.6 unten links: © Nordreisender/fotoia.de; S.6 unten rechts: korzun/depositphotos.de; S.7 oben: © omarparguera/fotoia.de; S.7 unten: © go2dim/fotoia.de; S.8/9: © Sabine/fotoia.de; S.10 oben: © arjen2405/depositphotos.de; S.10 unten: © Jan Ulak; S.11 oben links: © Юрий Фатеев/fotolia.de; S.11 oben rechts: © schankz/fotoia.de; S.11 unten: © Tom/fotoia.de; S.12 oben: © Bernard GIRARDIN/fotoia.de; S.12/23 unten: © Bilderjet medi@/fotoia.de; S.13 oben: © AlexLipa/depositphotos.de; S.14 oben: © graphicphoto/depositphotos.de; S.14 unten: © Kot_Old/depositphotos.de; S.15 oben: © Goodluzdepositphotos.de; S.15 unten: © Sandralise/depositphotos.de; S.16: © Mark Dörner

MORITZ ROTT ist Baujahr '85 verheiratet und deutscher Angelprofi. Seit frühester Kindheit ist er mit dem Angelvirus infiziert. Der hauptberufliche Jurist ist als Autor für diverse Angelsportmagazine tätig, berät die Angelindustrie bei der Entwicklung neuer Produkte und engagiert sich ehrenamtlich für den Sport. Auf sein Konto gehen einige Rekordfänge, zu denen meist Karpfen zählen.

Moritz Rott
111 GRÜNDE, ANGELN ZU GEHEN
Das große Glück am kleinen Haken
Aktualisierte und erweiterte Neuausgabe
mit elf Bonusgründen und zwei farbigen Bildteilen

ISBN 978-3-942665-61-2
© Schwarzkopf & Schwarzkopf Media GmbH, Berlin 2018
Vermittelt durch Literaturagentur Brinkmann, München | Alle Rechte vorbehalten. Dieses Werk ist urheberrechtlich geschützt. Jede Verwendung, die über den Rahmen des Zitatrechtes bei korrekter und vollständiger Quellenangabe hinausgeht, ist honorarpflichtig und bedarf der schriftlichen Genehmigung des Verlages.

VERLAG
Schwarzkopf & Schwarzkopf Media GmbH
Kastanienallee 32, 10435 Berlin
Telefon: 030 – 44 33 63 00
Fax: 030 – 44 33 63 044

INTERNET | E-MAIL
www.schwarzkopf-schwarzkopf.de
www.facebook.com/schwarzkopfverlag
info@schwarzkopf-schwarzkopf.de